UNEORI CÂŞTIGI, UNEORI ÎNVEŢI

Descrierea CIP a Bibliotecii Naționale a României
MAXWELL, JOHN C.
Uneori câștigi, uneori înveți:
cele mai importante lecții de viață sunt deprinse din eșecuri
John C. Maxwell. - București : Amaltea

ISBN 978-973-162-124-1

159.923.2

SOMETIMES YOU WIN, SOMETIMES YOU LEARN
LIFE'S GREATEST LESSONS ARE GAINED FROM OUR LOSSES
JOHN C. MAXWELL

UNEORI CÂȘTIGI, UNEORI ÎNVEȚI
CELE MAI IMPORTANTE LECȚII DE VIAȚĂ SUNT DEPRINSE DIN EȘECURI
JOHN C. MAXWELL

ISBN 978-973-162-124-1

— UNEORI —
CÂŞTIGI
— UNEORI —
ÎNVEȚI

CELE MAI IMPORTANTE LECȚII DE VIAȚĂ SUNT DEPRINSE DIN EŞECURI

JOHN C. MAXWELL

EDITURA AMALTEA
www.amaltea.ro

Cuprins

Notă din partea autorului

Ani la rând, am avut oportunitatea de a mă întâlni şi de a sta de vorbă cu John Wooden, antrenor emerit al echipei de baschet de la UCLA. Mă pregăteam o zi întreagă înainte de a-l vedea, doar ca să mă hotărăsc ce întrebări să îi pun. Eram perfect conştient că este un adevărat privilegiu să înveţi de la un asemenea mentor.

John era întotdeauna extrem de amabil şi de atent. Ultima dată când ne-am văzut, m-a întrebat la ce mai lucrez. Tocmai terminasem de schiţat sumarul lucrării de faţă şi eram cât se poate de încântat. Am scos paginile din servietă şi i le-am arătat, explicându-i mai detaliat ce anume intenţionam şi ce mă îndemnase să scriu acele rânduri.

„Ce idee minunată. Poţi ajuta mulţi oameni", mi-a spus el. Imediat după aceea, m-a luat pe nepregătite, fiindcă pur şi simplu nu mă aşteptam să îmi propună aşa ceva. „Pot să scriu prefaţa?", m-a întrebat.

Era realmente o adevărată onoare! Evident că răspunsul meu a fost afirmativ.

John a scris prologul, aşa cum promisese. Din nefericire, la câteva luni a murit. Am fost extrem de afectat. Mi-am dat seama că, probabil, era unul dintre ultimele materiale pe care le scrisese.

Lumea editurilor era chiar curioasă. Publisherul meu a decis să scriu mai întâi *Cele cinci niveluri ale leadershipului,* iar apoi *Cele cincisprezece legi ale dezvoltării personale.* În tot acest timp, cartea de faţă a rămas în aşteptare. După o întârziere de câțiva ani, am reuşit, în sfârşit, să o finalizez.

Iată, aşadar, cum a ajuns John Wooden să scrie cuvântul înainte pe care îl vei citi în cele ce urmează. Îi sunt recunoscător pentru gândurile sale bune. Chiar dacă a plecat din această lume înaintea noastră, nu îl vom uita niciodată!

Cuvânt înainte

John C. Maxwell este genul acela de persoană cu care sunt mândru să fiu prieten.

Nu este vorba numai de faptul că a scris peste cincizeci de cărți de leadership şi dezvoltare personală, deşi amănuntul în sine este impresionant. Nici despre faptul că lucrările şi cuvintele sale au inspirat milioane de oameni din întreaga lume, determinându-i să îşi reevalueze alegerile şi prioritățile - deşi este un lucru extrem de important. Nici despre faptul că este o persoană cu principii şi credință - nişte calități admirabile, de altfel. Sunt mândru că John este prietenul meu fiindcă înțelege foarte bine că, mai presus de orice, viața înseamnă să înveți - şi să te foloseşti de lecțiile deprinse astfel încât să devii un angajat, un şef, un părinte, un frate, un prieten sau un vecin mai bun.

Această filosofie a fost piatra de temelie a vieții mele şi îi sunt recunoscător lui John că mi-a amintit mereu că poți învăța câte ceva tot timpul. Nu m-am considerat niciodată un antrenor, ci mai degrabă un profesor a cărei sală de clasă a fost terenul de baschet. Pe de altă parte, am înțeles dintotdeauna că sunt şi voi rămâne mereu un învățăcel. Am încercat în fiecare zi să aflu ceva nou, să ajung să am o perspectivă diferită asupra lucrurilor sau să pot înțelege lumea într-un fel mult mai matur. Acest mod de gândire m-a ajutat să am permanent o minte tânără şi optimistă. De fiecare dată când m-am întâlnit cu John, cu agenda lui galbenă plină de întrebări pe care voia să mi le pună, m-am bucurat să văd că unul dintre cei mai buni oameni din lume atunci când vine vorba de dat răspunsuri este totuşi dornic să aprofundeze anumite probleme, apelând la mine cu o mulţime de chestiuni. Din punctul meu de vedere este o modalitate de a nu uita niciodată că şi eu ar trebui să procedez la fel.

La urma urmei, nu ne oprim din învăţat atunci când am obţinut în sfârşit diploma mult visată. În realitate, abia din acest moment ar trebui să începem să învăţăm. Nu lecţiile care ni se predau la şcoală sunt cele care ne ghidează în viaţă, fiindcă ele ne oferă doar instrumentele de bază astfel încât să putem face faţă în lumea reală, cea de dincolo de pereţii sălii de clasă. Iar în lumea reală vei mai şi suferi uneori – şi vei mai şi pierde, indiferent că este vorba despre viaţa personală sau profesională, de bani, de sănătate sau de problemele sentimentale. Asta e garantat. Nu ţi se garantează însă modul în care vei reacţiona la asemenea provocări.

Aşa cum ne spune şi John în această carte, există o mare diferenţă între cei care învaţă de pe urma acestor pierderi şi cei care nu o fac. Vrei ca spiritul tău să zacă undeva într-un soi de infirmerie, mult prea obosit să încerce din nou să lupte? Sau vei profita de oportunitate ca să studiezi, să evaluezi şi să reconsideri ceea ce s-a întâmplat – folosindu-te de aceste aspecte astfel încât data următoare să fii mult mai bine înarmat?

Elementele referitoare la procesul învăţării pe care John le descrie în paginile ce urmează reprezintă nişte observaţii profunde legate de modul în care se desfăşoară acest proces, fiecare caracteristică fiind punctată cât se poate de clar. Disecând „ADN-ul celor care învaţă" – aşa cum spune chiar el – John ne arată principalele componente de care avem nevoie ca să facem faţă diferitelor tipuri de pierderi, transformând lecţiile aferente în arme valoroase cu care să luptăm împotriva eşecurilor pe care le-am putea avea pe viitor.

Îi provoc pe toţi cei care s-au simţit la un moment dat dezamăgiţi, care au fost nevoiţi să facă nişte paşi înapoi sau care au primit, într-o formă sau alta, veşti proaste (cu alte cuvinte, aproape orice om de pe planetă) să citească mesajul lui John şi să îmi spună că nu au descoperit cel puțin un punct de vedere care să le modifice substanțial perspectiva din care privesc cele mai întunecate și mai neplăcute momente din viață.

Dacă urmezi sfaturile lui John și înveți să consideri pierderile niște oportunități de a te dezvolta învățând ceva din ele, atunci vei deveni de neînvins. În viață vei avea în mod inevitabil și neplăceri, însă dacă ești „echipat" așa cum se cuvine, pierderea în sine nu te va copleși. Fiindcă cel care va trage niște învățăminte după ce a trecut și prin momente mai proaste va fi stăpânul propriei vieți.

Paginile de față reprezintă mai mult decât un ghid care ne învață cum să depășim perioadele mai dificile, fiindcă ne oferă cel mai prețios dar dintre toate: speranța.

John Wooden, antrenor emerit UCLA
(1910-2010)

Lui Paul Martinelli, lui Scott Fay şi miilor de traineri din întreaga lume care fac parte din John Maxwell Team.

Sunteţi o parte din sufletul meu.

Le împărtăşiţi şi altora valorile mele.

Îmi puneţi în practică viziunea.

Îi învăţaţi pe alţii lucruri de valoare şi îmi depăşiţi cu mult aşteptările.

Vă mulţumesc că vă străduiţi să îmi transmiteţi mai departe moştenirea cât timp eu sunt încă pe acest pământ.

Mulțumiri

Aş dori să le mulțumesc în mod special pe această cale celor trei colaboratori ai mei:

- Charlie Wetzel, editorul meu;
- Stephanie Wetzel, social media manager;
- Linda Eggers, asistenta mea.

1

Eşecurile sunt dureroase

Robert Schuller, un prieten foarte bun de-al meu, m-a întrebat la un moment dat: „Ce ai încerca să faci dacă ai şti sigur că nu dai greş?". Este o întrebare extraordinară, extrem de inspiraţională. Când o aud, cei mai mulţi oameni încep să viseze din nou, motivaţi fiind să îşi îndeplinească ţelurile şi să îşi asume mai multe riscuri.

Am şi eu, la rândul meu, o întrebare pe care o consider cel puţin la fel de importantă. Ce anume înveţi atunci când dai greş?

Oamenii sunt dispuşi să vorbească destul de repede despre visurile lor, dar aproape niciodată nu sunt suficient de pregătiţi pentru a răspunde la întrebările referitoare la propriile defecte. Majoritatea preferă să nu vorbească despre greşelile şi eşecurile personale. Nu vor să se confrunte cu propriile pierderi, fiind jenaţi de ele. Şi când se trezesc că au dat greş, îşi spun un lucru cât se poate de banal: „Uneori câştigi, alteori mai şi pierzi..." Mesajul este următorul: „Poţi spera să învingi, dar aşteaptă-te să mai şi pierzi... indiferent de situaţie, împacă-te cu ea."

Ce e greşit aici? Ei bine, nu aşa gândesc adevăraţii învingători!

Oamenii de succes abordează total diferit o pierdere. Nu încearcă să pitească gunoiul sub preş. Nu o iau la fugă şi nici nu îşi îngroapă capul în nisip. Atitudinea lor nu este sub nici o formă una de genul *Uneori câştigi, alteori mai şi pierzi...* Ba dimpotrivă. Sunt absolut convinşi că *uneori câştigi, alteori însă înveţi*. Înţeleg foarte bine şi sunt conştienţi de faptul că cele mai bune lecţii de viaţă sunt deprinse din eşecuri - atunci când le abordăm aşa cum trebuie.

Culmea neatenției

De-a lungul vieţii, am ieşit de multe ori victorios, dar am avut şi partea mea de pierderi. Unele, evident, nu din vina mea. Cu toate acestea, de cele mai multe ori am avut o contribuţie proprie, în sensul că am făcut alegeri greşite şi erori absolut prosteşti. Pe 12 martie 2009, mi-am dat cu adevărat în petic. Am încercat să trec de controlul de securitate de la aeroport în condiţiile în care îmi uitasem în servietă un pistol. Era caz penal! Şi a fost de departe cel mai stupid lucru pe care l-am făcut vreodată. Iată cum s-a întâmplat totul.

În urmă cu un weekend, fusesem în Birmingham, Alabama, pentru a susţine un discurs la Church of the Highlands - o biserică extraordinară, cu un lider minunat, pe nume Chris Hodges (de altfel, un bun prieten de-al meu, membru al EQUIP, organizaţia non-profit pe care am înfiinţat-o pentru a preda leadershipul în întreaga lume). Oamenii de acolo erau fantastici şi m-am simţit foarte bine în compania lor.

De cele mai multe ori când urmează să susţin asemenea conferinţe, prefer zborurile comerciale. Dar atunci când locul respectiv este departe de casă şi asta înseamnă că nu mă pot întoarce în aceeaşi zi, astfel încât să dorm în patul meu, încerc să găsesc un zbor privat. Aşa s-a întâmplat şi în momentul în care a trebuit să ajung la Chris, în Birmingham.

În drum spre aeroport, la zborul de întoarcere, un prieten de-al lui Chris, care se afla alături de noi, a ţinut neapărat să îmi facă un cadou: un pistol Beretta.

„Pentru Margaret", mi-a spus el, „ca să se simtă în siguranţă când tu nu eşti acasă."

Am prieteni care ştiu o mulţime de lucruri despre arme. Unii sunt chiar vânători pasionaţi. I-am însoţit într-o mulţime de asemenea ocazii. Am tras cu puşca şi cu pistolul, însă nu pot spune că mă pricep la arme. Şi, ca să fiu sincer, nici nu prea mă interesează. Nu sunt nici pro, nici contra armelor de foc. Şi nici la capitolul tehnică nu stau foarte bine. Ştiam doar că pistolul îmi fusese dăruit din toată inima, aşa că l-am acceptat şi l-am pus în servietă.

După aterizare, pilotul a observat cât este de frumos şi m-a întrebat dacă ştiu să îl încarc.

„Habar nu am", i-am răspuns eu.

„O să-ţi arăt eu", mi-a spus el.

Mi-a încărcat pistolul, a verificat să aibă siguranţa trasă şi mi l-a dat înapoi. L-am pus din nou în geantă şi m-am îndreptat spre casă. După care am uitat cu totul de el.

Următoarele zile am fost extrem de ocupat. Urma să susţin o conferinţă în Dallas şi m-am concentrat asupra acestui angajament. Pentru o fracţiune de secundă, în timp ce lucram la discurs, m-am gândit: „Să nu uit să scot pistolul din geantă". Însă chiar aveam inspiraţie, aşa că nu voiam să mă opresc din lucru, spunându-mi că mă voi ocupa de asta ulterior.

A trecut vremea, iar eu eram la fel de ocupat. Lucram aproape tot timpul, aşa că, înainte să-mi dau seama, a sosit şi ziua plecării, îndreptându-mă către aeroport.

Dacă eşti ceva mai în vârstă, poate că îţi aduci aminte de un personaj de desene animate numit Dl. Magoo – un bărbat care trecea printr-o mulţime de situaţii periculoase, fără să aibă totuşi vreo neplăcere. Unii dintre prietenii mei începuseră să mă strige Dl. Magoo. (Dacă eşti mai tânăr, gândeşte-te la Forrest Gump. Uneori îmi mai spuneau şi aşa.)

În joia aceea nefericită, m-am îndreptat către poarta de acces şi am pus servieta pe banda rulantă. Chiar înainte să fiu verificat cu detectorul de metale, mi-am adus aminte de pistol.

Intrând în panică, am ţipat: „Am un pistol acolo! Am un pistol!"

Vă spun cu mâna pe inimă că este realmente cel mai stupid lucru pe care l-am făcut vreodată. Mă simţeam un idiot. Şi, pentru ca lucrurile să fie şi mai rele, mulţi dintre cei de la punctul de control mă cunoşteau, inclusiv cel care verifica ecranul de scanare a bagajelor de mână şi care mi-a spus: „Domnule Maxwell, îmi pare sincer rău, dar sunt nevoit să raportez acest incident." Nu eram deloc surprins. Au oprit îmbarcarea, mi-au pus cătuşe la mâini şi m-au luat de acolo.

Şeful diviziei de securitate care a completat raportul pentru poliție mă cunoştea şi el, dar, cu toate acestea, timp de o oră, cât a durat totul, s-a comportat cât se poate de oficial. După ce a finalizat însă procedura, s-a întors spre mine şi mi-a spus zâmbind: „Îmi plac foarte mult cărțile dumneavoastră. Dacă ştiam că ne vom întâlni în acest context, îmi aduceam câteva ca să îmi dați un autograf."

„Dacă mă scoți din asta, îți trimit câte cărți vrei tu cu autograf, pentru tot restul vieții", i-am răspuns eu. Cel care mi-a făcut fotografia pentru arhiva poliției mă recunoscuse şi el. Când am fost adus în încăperea în care lucra, m-a întrebat surprins: „Domnule Maxwell, ce căutați aici?"

Mi-a scos cătuşele şi i-a spus ofițerului că nu era nevoie de aşa ceva. Inutil să spun că nu am zâmbit deloc când m-a fotografiat.

Evaluarea pierderilor

Imediat după ce am fost eliberat pe cauțiune, m-am întâlnit cu avocatul meu, care mi-a spus pe un ton categoric: „Trebuie neapărat să nu se afle nimic."

„Imposibil", i-am răspuns eu, povestindu-i de toți cei implicați, care mă şi recunoscuseră, de altfel. Evident, ştirea a apărut în presă chiar în acea seară. Pentru a-i înştiința pe toți ce anume se întâmplase şi pentru a diminua pagubele la nivel de imagine, înainte ca totul să se răspândească, am postat pe Twitter următorul mesaj: „Definiția prostiei: primeşti un pistol cadou, îl uiți în servietă şi pleci la aeroport. Ofițerii de la securitate nu au fost deloc încântați!"

„Atunci când am învățat din greşeli, m-am dezvoltat pe plan personal."
– Hugh Prather

Mi s-a întâmplat de foarte multe ori să nu fiu atent. Evident că ştiam că nu trebuie să te duci la aeroport cu un pistol în bagajul de mână. După incidentul acela, m-am admonestat destul de sever pentru neglijența de care dădusem dovadă. Cuvintele lui Hugh Prather mi se potriveau perfect: „Uneori reacționez făcând greşeli, ca şi cum m-aş trăda singur. Teama de a nu cumva să greşesc pare să fie bazată pe o convingere ascunsă de-a mea, aceea că, în principiu, sunt perfect şi că, dacă aş putea fi mai atent, nu voi păți nimic. Însă o greşeală este un fel de declarație prin care spun cine sunt, un indicator al căii pe care intenționez să o urmez... Atunci când am învățat din greșeli, m-am dezvoltat pe plan personal."

Concluzia pe care am tras-o în urma acestei experiențe a fost că trebuie să fiu mai atent. Greşelile sunt acceptabile atâta vreme cât pagubele nu sunt foarte mari. Sau, aşa cum se spune în Texas: „Nu contează cât de puțin lapte mulgi atât timp cât ai o vacă!"

Sunt convins că fiecare dintre noi am fost la un moment dat pe cale să comitem greşeli stupide – sau chiar am făcut-o. Aş fi putut să „îmi pierd vaca" în urma acestui incident. Nimeni nu se controlează atât de bine încât să nu comită niciodată o greşeală prostească. Poți pierde într-o singură clipă tot ceea ce ai construit într-o viață întreagă. Speram totuşi ca integritatea care mă caracterizase vreme îndelungată să cântărească mai mult decât un act stupid.

Din fericire, când povestea a fost făcută publică, prietenii au strâns rândurile în jurul meu şi m-au susținut. Fiindcă ştiam că oamenii îmi vor pune întrebări, am scris imediat pe blogul meu, JohnMaxwellonLeadership.com, o postare intitulată „Stupid este cel care face lucruri stupide". Reacția cititorilor a fost pur şi simplu copleşitoare. Cuvintele lor de încurajare mi-au ridicat extraordinar de mult moralul.

Câțiva prieteni au dat dovadă chiar de foarte mult umor. În momentul în care am susținut un discurs la Crystal Cathedral, Gretchen Schuller mi-a spus pe un ton cât se poate de serios: „John, cei de la departamentul de securitate vor să te percheziționeze înainte să te apuci să ne vorbeşti." Bill Hybels mi-a scris un mesaj amuzant: „Nici un scandal legat de sex sau de bani? Absolut plictisitor..." Angela Williams i-a trimis un e-mail asistentei mele, Linda Eggers: „Spune-i lui John că este eroul meu. Chiar a crescut în ochii mei. Provin dintr-o familie de «pistolari». Soacra mea a fost arestată în anii '80, pe aeroportul din Atlanta, fiindcă avea în geantă un pistol mare, genul acela Clint Eastwood... de care uitase." Iar Jessamyn West mi-a transmis: „Este foarte uşor să uiți greşelile pe care le-au făcut ceilalți; este nevoie însă de mult mai mult efort ca să uiți că au asistat la greşelile pe care le-ai făcut tu însuți."

După care am început să primesc sugestii pentru titlul următoarei mele cărţi:

- Dezvoltă gangsterul din tine
- Cele 21 de legi de neîncălcat ale securităţii din aeroporturi
- 21 de motive ca să nu îţi uiţi revolverul în servietă atunci când zbori cu avionul
- Cum să conduci o bandă de gangsteri
- Cum să călătoreşti cu pistolul în geantă

Acum mă simt norocos, fiindcă nu mi s-a deschis un proces şi incidentul nu mi-a fost înregistrat în cazier. Chiar mă amuz când îmi aduc aminte. Mai mult, la scurtă vreme mi-am creat un memo care să îmi aducă aminte de faptul că, în viaţă, uneori câştigi, iar alteori ai ceva de învăţat. Îl port în servietă (în locul pistolului!). Este o coală de hârtie plastifiată. Pe o parte este coperta revistei *Success Magazine*, din aprilie 2009. Apărusem acolo şi arătam extraordinar! Un zâmbet de un milion de dolari! Costum bleumarin. O postură care denota succesul şi încrederea. O jumătate de milion de oameni au cumpărat revista aceea, mi-au văzut fotografia şi mi-au citit ideile referitoare la succes.

Pe cealaltă parte era fotografia de la poliţie. Fusese făcută la doar două săptămâni de la apariţia revistei. Fără costum bleumarin şi fără zâmbet de copertă! O postură tristă, care transmitea doar descurajare şi care spunea foarte clar că distanţa dintre glorie şi decădere nu este una foarte mare.

De ce eşecurile sunt atât de dureroase

În viaţă, uneori câştigi. În tinereţe jucam baschet şi eram destul de bun, având şi un simţ al competitivităţii foarte dezvoltat. Îmi plăcea să înving şi îmi displăcea profund să pierd. Pe la douăzeci şi ceva de ani, s-a organizat un meci în care concurau două echipe formate din foşti jucători din perioada liceului. Abia aşteptam să demonstrăm că puteam încă să jucăm la acelaşi nivel, partida fiind epuizantă din punct de vedere al efortului fizic. Evident, voiam să câştig, aşa că am fost foarte agresiv. După ce mi-am trântit un adversar la podea, acesta a urlat la mine: „Calmează-te, e doar un joc!"

„Atunci lasă-mă să câştig", a fost răspunsul meu.

Nu sunt foarte mândru de ceea ce am făcut, dar cred că ilustrează perfect faptul că toți ne dorim să învingem. Atunci când câştigi, nu te afectează nimic; când pierzi însă, totul te copleşeşte. Şi singura dată când auzim pe cineva spunând „e doar un joc" este atunci când pierde.

Gândeşte-te la pierderile pe care le-ai suferit în viață şi la felul în care te-au făcut să te simți. Evident, nu foarte bine. Şi nu doar durerea momentului ne afectează, ci apar şi alte dificultăți, despre care vom vorbi în continuare.

1. Eşecurile ne blochează din punct de vedere emoțional

Autorul şi speakerul Les Brown a spus: „Momentele bune le dăm repede uitării. Momentele mai proaste sunt resimțite însă drept în suflet." Din punctul meu de vedere, este perfect adevărat. Nu am uitat nici acum anumite lucruri mai puțin fericite care mi s-au întâmplat. Pun pariu că e valabil şi în cazul tău. Experiențele negative ne afectează mult mai mult decât cele pozitive şi, dacă te asemeni cu mine, chiar ajungi să te confrunți cu un blocaj emoțional.

„Momentele bune le dăm repede uitării. Momentele mai proaste sunt resimțite însă drept în suflet."
– Les Brown

Nu cu multă vreme în urmă, am experimentat un asemenea blocaj emoțional după ce am făcut o greşeală cât se poate de stupidă. Ron Puryear, un prieten foarte bun de-al meu, m-a invitat pentru câteva zile la el în Idaho, unde avea o casă minunată, cu vedere la râu, ca să mă relaxez şi să încep să lucrez la carte. Priveliştea era superbă, îți tăia pur şi simplu răsuflarea. Dat fiind că urma să susțin o serie de conferințe în Spokane, în Edmonton şi în Los Angeles - toate fiind oraşe aflate în partea de vest - am decis să îi accept oferta.

M-au însoțit şi Steve, ginerele meu, şi Mark, un prieten, care urmau să meargă cu mine şi în Canada, la Edmonton. Când ne-am urcat în maşină ca să mergem la aeroport, Steve a întrebat: „Aveți toți pașapoartele la voi?". Aproape că mi s-au înmuiat picioarele. Pe-al meu îl uitasem acasă!

Nu puteam să facem cale-ntoarsă ca să-l luăm, fiindcă pașaportul meu era în Florida, la peste două mii de kilometri distanță. În șase ore ar fi trebuit să țin un discurs în Edmonton. Simțeam că mi se face rău.

Cum era posibil ca o persoană ca mine, care călătorește tot timpul, să facă o greșeală atât de stupidă? Mă simțeam pur și simplu un idiot.

Steve, Mark, Linda (asistenta mea) și cu mine am încercat să rezolvăm problema în următoarele două ore. Cu fiecare minut care trecea, îmi dădeam seama că am o mare problemă. Știam că nu voi fi lăsat să urc la bordul avionului către Canada în condițiile în care nu aveam pașaportul la mine. (Evident, am întrebat!) Aflasem și că nu îl pot primi în timp util prin curier rapid. Nici un membru al familiei mele din Florida nu putea lua un zbor comercial ca să mi-l aducă. Nu îmi puteam respecta angajamentul în seara aceea. Situația părea imposibil de rezolvat.

Într-un final, după ce ne-am străduit, am găsit o soluție. Gazda noastră din Edmonton a fost de acord să mute evenimentul în seara următoare. Între timp, am apelat la un zbor privat din Florida până în Spokane ca să intru în posesia pașaportului. Chiar mă simțeam ridicol!

La miezul nopții ne-am îmbarcat în avionul către Edmonton. Am ajuns acolo de dimineață, pregătiți pentru conferința din seara respectivă. Într-un final totul a fost în regulă.

Vestea cea bună este că rezolvasem problema. Vestea cea proastă a fost că toată distracția m-a costat cam 20.000 de dolari.

Pe tot parcursul zilei, am avut parcă un soi de blocaj emoțional. Mă întrebam încontinuu:

Cum a fost posibil ca o persoană ca mine, care călătorește atât de mult, să facă o asemenea greșeală de începător?

Câte neplăceri le creasem celor care fuseseră nevoiți să amâne evenimentul?

De ce nu mă gândisem la problema pașaportului cu douăzeci și patru de ore înainte, astfel încât să economisesc câteva mii de dolari?

Cum m-aș fi descurcat dacă nu aș fi găsit o soluție?

Toate aceste gânduri și întrebări m-au epuizat din punct de vedere emoțional. Pentru a încerca să-mi revin, am băut un smoothie plin de vitamine, am fost să înot și am încercat să mă odihnesc. Însă indiferent de măsurile luate, eram supărat pe mine fiindcă fusesem atât de idiot. Mă simțeam ca un fel de sclav al propriilor mele sentimente și dispoziții.

De obicei trec peste greșeli și eșecuri destul de repede, dar de data aceasta chiar nu puteam s-o fac. Mi-a fost foarte greu să las în urmă toate acele întrebări de tip „ce-ar fi fost dacă...". Acum zâmbesc când îmi aduc aminte, dar tot mă simt cam stupid dacă mă gândesc că am putut uita un lucru atât de important.

Se spune că dacă o navă ar putea gândi și dacă ar avea sentimente, nu ar părăsi niciodată portul. S-ar teme de valurile uriașe pe care le-ar putea întâlni pe parcursul călătoriei. Anxietatea și teama sunt niște emoții care ne fac mai slabi. La fel se întâmplă și în cazul eșecurilor. Ne pot diminua încrederea în propriile forțe, ne pot paraliza și îmbolnăvi. Ca să avem succes, trebuie să găsim o cale de a ne debloca la nivel emoțional.

2. Eșecurile ne afectează la nivel mental

Viața este o succesiune de eșecuri și de pierderi, începând cu părăsirea căldurii și confortului din uterul care ne-a adăpostit timp de nouă luni. În copilărie pierdem luxul dependenței totale de părinții noștri. Renunțăm la jucăriile favorite, la zilele în care ne jucam și exploram încontinuu. Pierdem privilegiul de a ne dedica timpul tuturor plăcerilor iresponsabile ale tinereții. Ne separăm de protecția pe care ne-o oferă familia atunci când ne luăm zborul din cuib și începem să avem responsabilitățile specifice adultului. Pe parcursul vieții, pierdem joburi și funcții. Încrederea în propriile forțe poate fi pusă sub semnul îndoielii. Pierdem bani. Ratăm oportunități. Ne îndepărtăm de prieteni și membri ai familiei. Și nici măcar nu vreau să vorbesc despre pierderile fizice pe care le suportăm odată cu înaintarea în vârstă. Pierdem toate aceste lucruri şi chiar şi mai multe, până când ne confruntăm cu cea mai mare pierdere - cea a vieții în sine. Nu poate fi negat faptul că în viață pierdem tot felul de lucruri. Unele sunt mai mari, altele mai mici. O parte din ele ne afectează şi sănătatea mentală, fiindcă unii gestionează mai bine astfel de situații, iar alții nu.

Calitatea care face diferența dintre o persoană care are succes şi una care nu are este capacitatea de a gestiona dezamăgirile şi pierderile.

Calitatea care face diferența dintre o persoană care are succes şi una care nu are este capacitatea de a gestiona dezamăgirile şi pierderile. Este realmente o provocare, fiindcă pierderile ne copleşesc la nivel mental. Ştim că trebuie să purtăm acele bătălii. Şi când se întâmplă acest lucru, gândim la fel ca Harry Neale, antrenorul echipei Vancouver Canucks în anii '80, care spunea: „Anul trecut nu am putut câştiga în deplasare, iar anul acesta nu am învins niciodată la noi acasă. Nu ştiu unde altundeva am putea juca!"

De foarte multe ori eşecurile ne afectează la nivel mental. Ne înving pur şi simplu, iar noi avem probleme în a găsi soluții la aceste provocări. Pe măsură ce se înmulțesc, ne apasă din ce în ce mai mult. Regretăm ceea ce am pierdut în trecut. Ne temem de pierderile pe care le-am putea suferi în viitor. Regretele ne consumă energia. Nu putem construi nimic dacă avem regrete. Teama de viitor ne copleşeşte.

Ne dorim să avem succes, însă ne pregătim în schimb pentru eşecuri. Autorul J. Wallace Hamilton a vorbit despre acest lucru în revista *Leadership*: „Creşeterea numărului de sinucigaşi, de alcoolici şi chiar al celor care suferă de căderi nervoase este o dovadă a faptului că mulți se pregătesc pentru succes, în condițiile în care ar trebui să învețe cum să facă față eşecurilor. Eşecul este mult mai des întâlnit decât succesul; sărăcia este mai prezentă decât bogăția, iar dezamăgirea mai prezentă decât bucuria şi satisfacția."

În viață trebuie să ne aşteptăm să facem greşeli şi să suferim diverse pierderi. Ideal ar fi să le luăm însă aşa cum au venit, nu să le permitem cumva să ne afecteze. După cum spunea William A. Ward: „Omul, asemenea unui pod, a fost conceput să ducă o anumită încărcătură pentru moment, nu deodată toată greutatea adunată într-un an întreg."

3. Eşecurile creează o breşă între ceea ce ar trebui să întreprinzi şi ceea ce faci în realitate

Reuşitele aduc în viaţa noastră un ciclu pozitiv. În momentul în care câştigăm, avem o încredere mai mare în noi. Şi, cu cât avem mai multă încredere, cu atât e mai probabil să acţionăm la momentul oportun. Tendinţa de a trece de la teorie la practică atrage după sine succesul.

Cu toate acestea, eşecurile pot crea în viaţa noastră şi un ciclu negativ. Pierderile, în special în cazul în care sunt numeroase, pot duce la nesiguranţă. Şi în momentul în care nu te simţi sigur pe tine, ai îndoieli vizavi de propria persoană. Vei ezita atunci când trebuie să iei decizii. Chiar dacă ştii ce ar trebui să faci, eşti destul de reticent. Dacă este creată o asemenea breşă şi nu este depăşită, succesul este aproape imposibil.

Tot reflectând la eşecurile pe care le-am avut şi la modul în care m-au afectat, am văzut că au existat momente când m-au făcut să mă blochez. Şi am descoperit că şi altora li s-a întâmplat la fel. Există unsprezece capcane în care oamenii au tendinţa să cadă:

- **Capcana greşelii:** „Mi-e teamă ca nu cumva să fac ceva greşit." Eşecurile ne trag înapoi!
- **Capcana oboselii:** „Mă simt epuizat astăzi." Eşecurile ne seacă de puteri.
- **Capcana comparaţiei:** „Ceilalţi sunt mult mai calificaţi decât mine." Eşecurile ne fac să ne simţim inferiori faţă de cei din jur.
- **Capcana alegerii momentului potrivit:** „Nu acum e momentul." Eşecurile ne fac să ezităm.
- **Capcana inspiraţiei:** „Simt că nu-mi place ceea ce fac acum." Eşecurile ne demotivează.

- **Capcana stabilirii priorităților:** „Poate că nu e chiar atât de important." Eșecurile ne fac să trecem cu vederea situația de ansamblu.
- **Capcana perfecțiunii:** „Există cu siguranță modalitatea perfectă de a proceda, iar eu trebuie să o descopăr înainte de a începe ceva." Eșecurile ne fac să ne îndoim de propria persoană.
- **Capcana așteptărilor:** „Am crezut că o să fie mai ușor, dar nu a fost așa." Eșecurile ne fac să vedem mai degrabă dificultățile.
- **Capcana echitabilității:** „Nu eu trebuia să fac asta." Eșecurile ne fac să ne întrebăm: „De ce eu?"
- **Capcana opiniei publice:** „Dacă dau greș, ce vor crede ceilalți?" Eșecurile ne paralizează.
- **Capcana încrederii în sine:** „Dacă nu reușesc, înseamnă că sunt un ratat." Eșecurile ne fac să ne privim într-o lumină mai proastă.

Toate aceste capcane apar în urma unor eșecuri – și toate contribuie la lărgirea breșei dintre a ști și a face. Dacă ne dorim să avem succes, trebuie să astupăm această breșă.

4. De cele mai multe ori primul eșec nu este și cel mai mare pe care îl vei avea vreodată

În momentul în care am dat greș, avem o opțiune. Dacă reacționăm imediat în mod corespunzător, pierderea ni se pare mai mică. Dacă nu procedăm însă așa cum trebuie – sau dacă nu reacționăm în nici un fel – percepem pierderea respectivă ca fiind mult mai mare. Și de cele mai multe ori avem și alte eșecuri. Iar următoarea dată când dăm greș, rateul pare și mai mare, copleșindu-ne asemenea unei furtuni violente. Și pe măsură ce numărul eșecurilor crește, încrederea noastră în propriile forțe ajunge la pământ.

Înrăutățim și mai mult lucrurile atunci când ne comparăm cu alții, fiindcă doar foarte rar ne raportăm la cineva de același nivel cu noi. Fie ne comparăm pe noi înșine la potențial maxim cu altă persoană al cărei potenţial este minim, fie invers. Acest aspect poate duce la un ciclu negativ de discuţii pe care le avem cu noi înşine. Iată însă ce trebuie să ştii:

Cea mai importantă persoană cu care stai de vorbă eşti tu însuţi, aşa că ai grijă ce-ţi spui.

Cea mai importantă persoană pe care o evaluezi eşti tu însuţi, aşa că fii atent ce gândeşti.

Cea mai importantă persoană pe care o iubeşti eşti tu însuţi, aşa că fii atent ce faci.

Kripalvananda, cunoscut scriitor şi instructor de yoga, a spus: „Preaiubite copil, nu te mai chinui. De fiecare dată când te judeci singur, inima-ţi e sfâşiată." Sunt de părere că în perioadele mai grele, în care ai avut ceva de pierdut, este foarte simplu să cazi în capcană şi să te gândeşti că ai fi putut proceda diferit. Felul în care ne vorbim poate deveni unul extrem de negativ. Şi cu cât devine mai negativ, cu atât eşecul ni se pare mai mare. Dacă predica pe care ne-o ţinem singuri este distructivă şi ne face să ne simţim vinovaţi, aproape că nu mai suntem capabili să ne eliberăm din acest ciclu de negativism.

Cea mai importantă persoană cu care stai de vorbă eşti tu însuţi, aşa că ai grijă ce-ţi spui.

Dacă putem preveni din timp efectele unui eşec şi nu permitem să ia amploare, atunci putem merge mai uşor mai departe. Nu e simplu, însă chiar şi cei care s-au confruntat cu o pierdere foarte mare pot învăţa cum să o facă. Am citit mai demult că generalul Robert E. Lee a fost la un moment dat în vizită la o văduvă bogată din Kentucky, după terminarea Războiului Civil. Femeia i-a arătat ce mai rămăsese dintr-un superb copac distrus aproape în întregime de artileria Unioniştilor, explicându-i cât de tare o afectase şi aşteptându-se ca el să o compătimească. În schimb, după câteva secunde de pauză, a sfătuit-o: „Ar fi bine să-l tăiaţi de tot, doamnă, şi să uitaţi de el."[1] I-a spus, de fapt, să treacă mai departe. Fiecare dintre noi avem nevoie să ştim cum să facem acest lucru într-o manieră pozitivă.

5. Nu vom mai fi niciodată la fel în urma unui eşec

Antrenorii echipelor sportive trăiesc într-o lume a câştigurilor şi a pierderilor. Legendarul antrenor de fotbal Knute Rockne spunea: „O ratare este chiar indicată pentru suflet. Dar mai multe la rând nu sunt bune pentru antrenor." Iar Paul Richards, manager în Liga întâi, afirmă: „Dacă poţi spune că moralul clubului la care joci este bun după ce, din douăsprezece partide, ai pierdut zece, atunci nu stai foarte bine la capitolul inteligenţă." Nu trebuie totuşi să fii antrenor sau jucător ca să resimţi impactul unei pierderi.

> **„Dacă poţi spune că moralul clubului la care joci este bun după ce, din douăsprezece partide, ai pierdut zece, atunci nu stai foarte bine la capitolul inteligenţă."**
> ***– Paul Richards***

Îmi amintesc şi acum şedinţele de consiliere pe care le-am avut acum câţiva ani cu un bărbat care se certase foarte tare cu fratele lui. Nu mai vorbiseră de foarte mult timp unul cu celălalt. În timp ce îl ascultam şi îl urmăream, mi-am dat seama că se enerva din ce în ce mai tare pe măsură ce retrăia detaliile conflictului dintre ei. Într-un final, în culmea iritării, a spus: „Uite ce mi-a făcut. Uite ce a putut face din mine."

Am aşteptat puţin până s-a calmat şi era pregătit să mă asculte. I-am spus pe un ton cât se poate de calm: „Uită-te ce îţi faci singur!"

Fusese nedreptăţit? Da! Însă se agăţa cu dinţii de o experienţă neplăcută, astfel că pierderea devenea mult mai mare.

Numărul şi severitatea eşecurilor nu sunt la fel de importante ca modul în care experimentezi aceste eşecuri. Da, de fiecare dată când dai greş, suferi. Şi toate rateurile au un impact asupra ta – doar foarte rar unul pozitiv. Eşecurile ne schimbă. Totuşi, nu trebuie să le permitem să ne controleze şi nici ca teama ca nu cumva să părem incompetenţi sau nepricepuţi să ne paralizeze. Nu putem lăsa frica de eventualele consecinţe negative să ne împiedice să ne mai asumăm riscuri. Dacă experienţele negative îţi învăluiesc viitorul, e ca şi cum ai trăi într-un coşciug – te acoperi cu ceva şi pui capăt vieţii.

O veche legendă din Grecia ne spune povestea unui atlet care alerga foarte bine, dar care s-a clasat pe locul al doilea în cea mai importantă cursă la care participase vreodată până atunci. Mulţimea a celebrat învingătorul şi ulterior a fost ridicată şi o statuie în onoarea lui. Între timp, eroul nostru începuse să aibă senzația că e un ratat. Era ros de invidie. Nu se mai putea gândi la altceva decât la faptul că fusese învins și la ura față de cel ce i-o luase înainte. De fiecare dată când vedea statuia, își aducea aminte de gloria lui pierdută. Așa că s-a hotărât să o distrugă.

Într-o noapte, s-a dus acolo și a dat câteva târnăcoape în soclu, în ideea să îl slăbească. A revenit și în următoarele seri, muncind puțin câte puțin. Cu toate acestea, statuia rămânea în picioare, iar el era din ce în ce mai iritat. Într-o seară însă, când a lovit mai puternic cu ciocanul, marmura statuii s-a crăpat. S-a prăbușit peste el cu totul, omorându-l pe loc. Transformase astfel un eșec minor într-o greșeală care i-a fost fatală.

Cum putem diminua efectele negative ale eșecurilor astfel încât să nu ne mai afecteze? În primul rând, începem prin a ne debarasa de ele la nivel emoțional. În 1995, în perioada în care era un star al echipei de baschet Philadelphia 76ers, Jerry Stackhouse a fost întrebat care este filosofia lui de viață în condițiile în care făcea sport de performanță. Iată răspunsul său: „Dacă ai câștigat, uită. Dacă ai pierdut, uită." Dacă vrem să depășim perioadele mai proaste și să nu mai fim afectați de eșecurile suferite, trebuie să trecem peste ele – după care să tragem și niște învățăminte.

Transformă o pierdere într-un câștig

Dacă tot este să ai un eșec – și vei avea, fiindcă toată lumea trece prin așa ceva – atunci de ce să nu îl transformi într-un câștig? Cum poți face acest lucru? Învățând din el și trăgând niște concluzii. Un eșec nu este considerat o pierdere totală dacă înveți ceva din el. Pierderile pe care le ai ajung să te definească dacă le permiți. Dacă rămâi pe loc în urma unui rateu, atunci te vei bloca acolo. Trebuie să știi însă următorul lucru: alegerile pe care le faci sunt cele care te definesc. Poți alege schimbarea, poți alege să te dezvolți pe plan personal și poți alege să înveți ceva de pe urma unei greșeli.

Nu înseamnă neapărat că este și simplu de pus în practică. Charlie Brown, personajul meu favorit din seria de benzi desenate

Peanuts, se îndepărtează de Lucy după un meci de baseball, cu capul în pământ, absolut decepționat.

„Încă un meci pierdut! Doamne, Dumnezeule!", a mormăit Charlie. „M-am săturat să pierd. Indiferent ce fac, pierd!"

„Charlie Brown, privește problema și altfel", îi răspunde Lucy. „Învățăm mai mult când pierdem decât atunci când câștigăm."

„Înseamnă că sunt cea mai deșteaptă persoană din lume!", este replica lui Charlie.

Eșecurile ne oferă oportunitatea de a învăța, însă mulți oameni nu văd lucrurile așa. Și, în aceste condiții, nereușitele sunt realmente dureroase.

Am discutat însă la modul ideal, fiindcă nu toată lumea învață din greșeli. O pierdere nu se transformă într-o lecție decât dacă ne străduim noi înșine din răsputeri. Eșecul ne oferă oportunitatea de a învăța, însă mulți nu profită de ea. Și, fiindcă nu o fac, suferința este una foarte mare.

Nu este ușor să înveți ceva în această perioadă, fiindcă înseamnă să faci anumite lucruri nefirești. Este greu să zâmbești când nu ești fericit. Este dificil să reacționezi pozitiv când ești copleșit de necazuri. Este nevoie de disciplină să faci tot ceea ce trebuie în condițiile în care nimic nu merge cum trebuie. Cum putem fi puternici din punct de vedere emoțional atunci când suntem epuizați din acest punct de vedere? Cum să dăm ochii cu cei din jur dacă ne simțim umiliți? Cum să ne revenim când suntem permanent făcuți una cu pământul?

Am scris lucrarea de față pentru a răspunde la aceste întrebări, dar și la altele asemănătoare, legate de modul în care poți învăța din greșeli, fiindcă sunt convins că te poate ajuta. Scopul meu principal în viață este să le ofer ceva de valoare oamenilor. Sper ca această carte să îți fie de folos și să îți arate cum să înveți ceva din greșeli. Cei mai mulți dintre noi avem nevoie de cineva care să ne ajute și să ne explice cum să procedăm. Dacă și tu îți dorești să înveți ceva din eșecuri, trebuie să privești rateurile dintr-o perspectivă diferită, să îți dezvolți calitățile care să te ajute să reacționezi așa cum trebuie și să îți consolidezi abilitatea de a învăța din ele. Sunt de părere că poți face acest lucru folosindu-te de următoarele elemente:

Modestia - spiritul învățării
Realitatea - fundamentul învățării
Responsabilitatea - primul pas al învățării
Perfecționarea - esența învățării
Speranța - motivația învățării
Disponibilitatea de a învăța - calea care trebuie urmată
Adversitățile - factorii care declanşează învățarea
Problemele - oportunități de a învăța
Experiențele neplăcute - perspectiva învățării
Schimbarea - prețul învățării
Maturitatea - valoarea învățării

Sfântul Ignațiu de Loyola, unul dintre cei mai mari predicatori din lume, a spus la un moment dat că învățăm doar lucrurile pe care suntem pregătiți să le învățăm. Pe măsură ce am călătorit în toată lumea şi am cunoscut o mulțime de lideri, am observat două lucruri. În primul rând, foarte mulți oameni trec prin momente dificile. Ideea acestei cărți mi-a venit în timp ce mă aflam în Asia, unde trebuia să susțin o serie de conferințe. Îmi dădeam seama că oamenii au probleme şi îmi doream foarte mult să găsesc o modalitate de a-i ajuta să ajungă să aibă o viață mai uşoară. În al doilea rând, nu am mai trăit niciodată o perioadă ca aceasta de acum, când atât de multe persoane îşi doresc nu numai să învețe, ci şi să îşi reanalizeze valorile şi prioritățile. Dacă priveşti totul din perspectiva corectă, eşecurile reprezintă, de fapt, oportunități de a te schimba şi de a te perfecționa.

Poate că te afli acum într-un moment în care ai avut un eşec şi chiar eşti pregătit să înveți. Emmet Fox a spus la un moment dat că dificultățile apar la momentul potrivit, astfel încât să te ajute să te dezvolți şi să reuşeşti să le depăşeşti. „Singurul ghinion adevărat", observa el, „singura tragedie reală apare atunci când avem un eşec, dar nu învățăm nimic din el".

Să încercăm să tragem împreună nişte învățăminte astfel încât să putem spune: „Uneori câştigi, alteori înveți".

2

Modestia: spiritul învăţării

Ai observat cât de repede îşi revin unii oameni în urma diferitelor eşecuri suferite? Învaţă din ele şi ajung să fie mai buni ca înainte. În acelaşi timp însă, alţii par să dea greş, să se simtă la pământ şi să nu se mai ridice niciodată. După ce au anumite experienţe negative, alunecă în jos pe un fel de spirală. Şi indiferent cât de mult vrei să îi ajuţi, nu poţi, fiindcă ei pur şi simplu nu învaţă din propriile greşeli.

Care este diferenţa între aceste două categorii de oameni? Cred că nu are legătură cu statutul social, cu amploarea evenimentelor negative sau cu orice alt lucru pe care nu îl pot controla. Diferenţa se află undeva în interior. Este vorba despre spiritul acelui individ. Cei care profită de pe urma adversităţilor posedă un spirit al umilinţei şi al modestiei, fiind dispuşi, prin urmare, să facă schimbările necesare astfel încât să tragă nişte învăţăminte de pe urma propriilor greşeli, eşecuri şi pierderi. Din acest punct de vedere, diferă foarte mult de persoanele acelea cu o mândrie excesivă, care nu sunt dispuse să permită întâmplărilor mai puţin fericite să le fie un profesor şi care, drept urmare, nu învaţă absolut nimic.

Mândria nu este o atitudine indicată

Toată lumea trece prin experienţe mai puţin plăcute. În urma lor, unii ajung să aibă o atitudine mai umilă. Alţii dimpotrivă, devin mai încăpăţânaţi şi acest lucru ajunge să se reflecte în toate acţiunile lor - ceea ce nu este deloc indicat, fiindcă unei asemenea persoane îi este foarte greu să înveţe ceva.

„Despre mândrie este vorba atunci când vrei să vezi cine are dreptate. Modestia înseamnă să vezi cum trebuie să procedezi corect."
– Ezra Taft Benton

Ezra Taft Benton observa: „Despre mândrie este vorba atunci când vrei să vezi cine are dreptate. Modestia înseamnă să vezi cum trebuie să procedezi corect." Este o descriere cât se poate de exactă. Mândria îi face pe oameni să se justifice, chiar şi atunci când ştiu că au greşit. Şi este doar începutul! Să analizăm puţin impactul negativ pe care mândria îl poate avea asupra unei persoane:

- **Vină:** în loc să îşi asume responsabilitatea, oamenii vanitoşi dau vina pe cei din jur. Sunt de părere că altcineva este de vină în momentele în care nimic nu merge aşa cum ar trebui.
- **Negare:** în loc să dea dovadă de obiectivitate, ei nu se confruntă cu realitatea. Un lider mândru al unei companii va alege să ignore ceea ce este perfect evident pentru cei din jur. Un membru vanitos al unei familii disfuncţionale va crede că modul în care se comportă el este cel mai bun.
- **Obtuzitate:** în loc să fie deschişi la minte şi receptivi, sunt defensivi şi nu acceptă ideile noi, având o atitudine de genul „aşa am procedat dintotdeauna", nefiind interesaţi de inovaţie şi de perfecţionare.
- **Rigiditate:** în loc să fie flexibili, sunt extrem de rigizi. Îţi spun tot timpul că trebuie să faci ca ei, fiindcă altfel renunţă. Fantomele trecutului - chiar şi ale succeselor din trecut - îi bântuie şi îi trag înapoi.
- **Nesiguranţă:** oamenii mândri se pun pe ei în valoare, în detrimentul celorlalţi, tocmai fiindcă sunt nesiguri pe ei. Îşi arogă meritele în cazul reuşitelor şi dau vina pe ceilalţi atunci când se confruntă cu situaţii mai puţin plăcute. Când indivizii nesiguri pe ei se află în funcţii de conducere, în loc să pună accentul pe spiritul de echipă, contribuie la scăderea moralului şi îşi îndepărtează cei mai buni oameni.

- **Izolare:** în loc să stabilească legături, se trezesc izolați – de ei înșiși, de familii, de comunitate sau de clienți. Au senzația că totul se învârte în jurul lor, când, în realitate, ar trebui să țină cont și de cei din jur.

În cazul tău este valabilă vreuna dintre aceste descrieri? Recunosc cu părere de rău că în primii ani în care mi-am format deprinderile de leadership nu eram suficient de modest astfel încât să fiu conștient că am multe de învățat. Ba chiar dimpotrivă: eram foarte vanitos și competitiv, dorindu-mi permanent să câștig. Și când se întâmpla acest lucru, eram de nesuportat. Dacă învingeam pe cineva, îi subliniam acest lucru – atât persoanei respective, cât și tuturor celor care o cunoșteau. Îi puneam pe toți la curent cu isprava mea. Mai rău este că nici măcar nu eram conștient de acest lucru. Nu-mi dădeam seama că nu sunt dispus să învăț nimic – asta până când prietenii mei mi-au făcut cadou un tricou pe care scria „E greu să fii modest când ești atât de bun ca mine". Toată lumea a râs când mi-a fost înmânat, iar eu mi-am dat seama că încercau, de fapt, să-mi atragă atenția și că acele cuvinte erau perfect adevărate.

Mai târziu am stat de vorbă cu unul dintre ei și l-am întrebat dacă chiar credea ce scria acolo. „Da", mi-a răspuns el, „să știi că așa ești. Dar noi te iubim și suntem convinși că te poți schimba."

Acest lucru m-a făcut să deschid ochii. Cuvintele lui m-au ajutat să mă văd mai bine, așa că am decis să îmi schimb atitudinea – să nu mă mai consider un expert, ci un învățăcel.

Mi-a luat foarte mult să implementez această decizie – aproape trei ani. Persoanele arogante nu se transformă peste noapte în unele modeste. Însă pentru mine a fost începutul schimbării, fiindcă îmi doream foarte mult să ajung să fiu suficient de umil încât să pot învăța mai mult. Am în continuare încredere în mine, dar mă străduiesc în fiecare zi să nu ajung în situația în care încrederea să devină o barieră care să mă împiedice să învăț ceva nou.

Se poate să fii deja o persoană modestă și umilă, care și-a însușit foarte bine spiritul învățării. Dacă așa stau lucrurile, atunci este extraordinar. Dar dacă nu, iată vestea cea bună: te poți schimba. Dacă eu am putut, o poți face și tu. Și dacă nu-ți dai seama exact cam cât de umil şi modest eşti (mai ales dacă prietenii nu ți-au semnalat încă acest lucru), următorul exemplu te-ar putea ajuta. Kirk Hanson, profesor universitar şi director executiv al Markkula Center for Applied Ethics, de la Universitatea Santa Clara, ne propune o listă de caracteristici ale liderilor care nu vor să învețe nimic, susținând că ele sunt un soi de călcâi al lui Ahile pentru aceştia. Cred, de altfel, că sunt valabile pentru toți cei care nu posedă spiritul învățării. Am modificat puțin enunțurile, transformându-le în întrebări, astfel încât să vezi dacă se aplică şi în cazul tău.

- Ai tendința să crezi că le ştii pe toate?
- Ai tendința să crezi că tu ar trebui să conduci totul?
- Eşti uneori de părere că regulile nu sunt valabile şi pentru tine?
- Crezi că nu ar trebui să dai greş?
- Ai tendința să crezi că faci lucrurile de unul singur?
- Crezi că eşti mai bun ca alții mai puțin talentați sau cu o funcție inferioară?
- Crezi că eşti la fel de important ca organizația în sine sau chiar mai important?

Nu uita că ceea ce ai finalizat, nu ceea ce ai început contează cel mai mult în viață.

Dacă ai răspuns afirmativ la majoritatea întrebărilor, atunci nu posezi spiritul învățării. Însă nu trebuie să te descurajezi. Nu-ți face probleme că începutul este unul nepotrivit. Te poți schimba. Nu uita că linia de finiş, nu cea de start contează cel mai mult în viață.

Binele se transformă în mai bine grație modestiei

Oamenii talentați au performanțe foarte bune, însă cei cu adevărat foarte buni ajung pe culmi fiindcă posedă acest spirit al învățării. Mi s-a confirmat de curând acest lucru, în momentul în care am citit o poveste din prima parte a vieții unuia dintre eroii mei: John Wooden. Fostul antrenor de baschet la UCLA este o adevărată legendă. A câştigat de-a lungul timpului toate premiile şi trofeele posibile. A fost prima persoană care a intrat în Basketball Hall of Fame atât ca jucător, cât şi ca antrenor.[1]

Wooden era foarte talentat - atât de talentat încât, de fapt, era în pericol să se lase copleşit de mândrie şi să nu mai fie dispus să învețe nimic. Era întotdeauna cel mai bun jucător din echipă - căpitanul echipei de baschet din liceu la trei campionate interstatale. A fost însă norocos să învețe o lecție exact pe la începutul carierei, care l-a ajutat să îşi dezvolte spiritul modestiei. Iată ce ne povesteşte:

> Îmi uitasem acasă echipamentul de baschet şi nu voiam să mă mai întorc să-l iau - ar fi trebuit să merg un kilometru şi ceva până la ferma unde locuiam. În plus, eram cel mai bun jucător din echipă - aşa că eram sigur că antrenorul nu mă va lăsa pe bancă. Mă înşelasem totuşi.
>
> Când am înțeles într-un final că nu mi se permite să joc fără echipament, i-am spus unui coleg de echipă să se ducă până acasă la mine să mi-l ia. La urma urmei, eu eram vedeta, nu-i aşa? De ce să nu fi avut voie să le cer un favor sau două celor care mă aclamau de pe banca de rezerve? Cu acea atitudine, nu e de mirare că jocul a început fără ca eu să mă aflu pe teren. Când am încercat să îl conving pe antrenor, rugându-mă de el să mă lase să joc - fiindcă era clar că vom fi învinşi - el mi-a spus cât se poate de simplu: „Johnny, există lucruri mai importante decât să câştigi..."
>
> Lucruri mai importante decât să câştigi? Nu mulți antrenori ar putea convinge un băiat de treisprezece ani să creadă aşa ceva. Însă cum stăteam eu necăjit acolo pe bancă, văzând cât de prost joacă echipa mea, am început să-mi dau seama că antrenorul Warriner avea poate dreptate. Poate chiar trebuia să învăț câte ceva. În timp, am ajuns să apreciez foarte mult semnificația acestei întâmplări. Lecția de viață referitoare la modestie şi umilință pe care a trebuit să mi-o însuşesc ar fi atârnat foarte greu la capitolul înfrângeri pentru o echipă de liceu. Aşa că, la începutul celei de-a doua reprize, antrenorul m-a băgat pe teren.[2]

La treisprezece ani, Wooden avea toate acele caracteristici pe care Kirk Hanson crede că le posedă liderii aroganţi. Era convins că este mai bun decât ceilalţi, că nu trebuie să se supună aceloraşi reguli pe care le respecta toată lumea, că echipa nu s-ar putea descurca fără el şi că el *este* echipa. Din fericire, a avut un antrenor care credea că există lucruri mai importante decât victoriile - de exemplu, să înveţi. Şi, tot din fericire, Wooden şi-a însuşit această lecţie în prima parte a vieţii.

Cred că este una dintre principalele caracteristici care l-au ajutat să devină ceea ce a devenit. Această lecţie de modestie i-a influenţat întreaga viaţă, dar şi stilul de a antrena, transformându-l într-o persoană care a învăţat continuu. A fost un lucru care i-a permis să pună întrebări pe care alţi antrenori nu erau dispuşi să le pună. Un lucru care l-a determinat să facă schimbări pe care alţii nu erau dispuşi să le facă. Un lucru care l-a inspirat să respecte un sistem de valori pe care alţii erau dispuşi să îl încalce. Un lucru care i-a dat forţa de a accepta cu graţie victoriile. Acestea au fost şi motivele pentru care îşi dorea ca lumea să îşi aducă aminte de el - nu fiindcă reuşise să câştige o mulţime de campionate, ci fiindcă se străduise din răsputeri să îşi înveţe jucătorii care sunt cele mai importante lucruri în viaţă.

Poţi învăţa întotdeauna câte ceva, dacă îţi doreşti asta

John Wooden a înţeles foarte bine că uneori câştigi, iar alteori înveţi - dar doar atunci când ai o atitudine umilă. Modestia este elementul de bază pentru toţi cei care trag nişte învăţăminte de pe urma victoriilor şi a eşecurilor. Este cheia succesului la cel mai înalt nivel al său.

Poftim? - te-ai putea întreba. *Nu sunt de acord! Îţi pot enumera o mulţime de oameni care au avut extrem de multe realizări, deşi atitudinea lor era una arogantă.* Da, şi eu pot să o fac. Ce realizări *ar fi putut* însă să aibă dacă ar fi fost dispuşi să înveţe? Poate că ar fi fost şi mai buni. Modestia deschide uşa învăţării şi a unui nivel şi mai mare de succes. Vom vedea în continuare şi motivele.

1. Modestia ne permite să ne vedem pe noi înşine şi lumea din jur aşa cum suntem

Ken Blanchard, autor şi consultant pe probleme de business, spunea: „Modestia şi umilința nu înseamnă că te consideri inferior. Ci să te gândeşti mai puțin la tine." Când ne concentrăm mult prea mult asupra noastră, pierdem din vedere ansamblul. Modestia ne ajută să ne recăpătăm perspectiva corectă. Ne face să ne dăm seama că, deşi se poate să fim *o parte* a imaginii, nu reprezentăm *întreaga* imagine.

„Modestia şi umilința nu înseamnă că te consideri inferior. Ci că te gândeşti mai puțin la tine."
– Ken Blanchard

Am avut privilegiul ca, din când în când, să îmi petrec ceva timp alături de Billy Graham. Realizările sale în calitate de lider religios sunt realmente legendare. Acest lucru i-ar putea face pe alții să îşi piardă perspectiva, însă pe el nu îl afectase deloc. Ceea ce m-a impresionat întotdeauna la el, în afară de realizările pe care le-a avut, a fost modestia. La un moment dat, aflându-se în lift, a fost recunoscut şi întrebat: „Sunteți Billy Graham, nu-i aşa?".

„Da", a răspuns el.

„Ei bine", i-a spus interlocutorul, „sunteți un om cu adevărat extraordinar".

„Nu, nu sunt un om extraordinar", i-a răspuns Graham. „Doar că transmit un mesaj foarte bun".

Când suntem mai degrabă vanitoşi decât modeşti, modul în care ne vedem pe noi înşine şi lumea din jur se distorsionează foarte mult. Carl Jung, unul dintre pionierii psihiatriei, a spus: „Mândria ne face să ne înşelăm singuri. Căci undeva acolo, dincolo de suprafața conştiinței, o voce ne spune încetişor că ceva nu e în regulă."

În aceste condiții, pierdem din vedere imaginea de ansamblu şi ne este foarte greu să învățăm ceva. Cum să descoperim ce ne lipseşte sau ce anume trebuie să învățăm dacă *nu putem vedea* acele lucruri?

Modestia îți deschide ochii şi îți lărgeşte perspectiva. Fiindcă nu ne străduim să ne justificăm astfel încât să apărem într-o lumină

„Arată-mi un tip care se teme ca nu cumva să apară într-o lumină proastă şi îţi garantez că e un tip pe care îl vei învinge de fiecare dată."
– Lou Brock

bună, putem judeca mai bine. Marele jucător de baseball Lou Brock a spus: „Arată-mi un tip care se teme ca nu cumva să apară într-o lumină proastă şi îţi garantez că e un tip pe care îl vei învinge de fiecare dată." De ce? Fiindcă nu vede nimic din ceea ce îl înconjoară.

Este destul de greu să avem o imagine exactă a ceea ce suntem - mai ales pe termen lung. Modestia ne poate ajuta însă în acest sens. John Wooden a înţeles acest lucru şi a încercat să îşi ajute şi jucătorii să aibă o atitudine umilă. Nu voia ca ei să fie afectaţi nici de criticile, nici de laudele lui. Ştia că, indiferent că erau meritate sau nu, criticile le displăceau întotdeauna, iar laudele erau preţuite.

„Punctul vostru forte ca indivizi", obişnuia să le spună Wooden, „depinde de modul în care reacţionaţi la critici şi la laude. Dacă permiteţi ca ele să vă influenţeze, vom avea cu toţii de suferit... Evident, nu puteţi controla în nici un fel criticile sau laudele care vi se aduc. Treceţi-le pe toate prin filtrul gândirii. Oponenţii voştri nu au decât să ţină cont de opiniile celor din jur. Dar voi nu."[3]

Modestia te ajută să vezi în continuare lucrurile aşa cum sunt ele în realitate, să înveţi şi să îţi doreşti să te perfecţionezi. Dacă mândria te face să fii obtuz şi să încerci întotdeauna să te justifici, modestia te determină să fii mai deschis şi să vrei să fii mai bun. Modestia te ajută să vezi lucrurile în perspectivă şi să ai un simţ ai umorului mai dezvoltat.

Winston Churchill, unul dintre cei mai buni prim-miniştri pe care i-a avut Marea Britanie, a fost întrebat la un moment dat: „Nu sunteţi uimit că, de fiecare dată când ţineţi un discurs, vă ascultă o mulţime de oameni?"

„Mda, este destul de flatant", a răspuns el. „Dar de fiecare dată când am senzaţia asta, mă gândesc că dacă, în loc să ţin un discurs, aş fi condamnat la moarte prin spânzurare, ar fi de două ori mai mulţi oameni."[4]

2. Modestia ne permite să învăţăm şi să ne dezvoltăm pe plan personal atunci când ne confruntăm cu eşecuri

Dacă oamenii sunt suficient de modeşti încât să aibă o imagine clară şi realistă asupra lor înşişi, atunci au o viziune la fel de clară şi de realistă şi în momentul în care comit diverse erori, în care dau greş sau suferă diferite pierderi. Această capacitate de a vedea lucrurile foarte clar le permite să înveţe şi să se dezvolte. Succesul nu înseamnă să elimini toate problemele şi greşelile, ci să te dezvolţi la nivel personal atunci când treci prin aşa ceva. Elbert Hubbard a descris foarte bine acest aspect: „Un ratat este un individ care a făcut o gafă, dar nu a fost capabil să profite de această experienţă."

Cum poate învăţa din greşeli o persoană care are o atitudine umilă? Făcând o pauză şi reflectând. Sunt absolut convins că nu experienţa este cel mai bun profesor, ci evaluarea acesteia. Am învăţat acest lucru dintr-o carte religioasă, în care se spunea: „În ziua fericirii, fii fericit, însă în ziua nenorocirii, ia aminte."[5] Se crede că Ecleziastul a fost scris de regele Solomon, din Israel, considerat a fi cel mai înţelept om care a trăit vreodată. Şi când vorbeşte cineva atât de înţelept, ar fi bine să ascultăm.

Succesul nu înseamnă să elimini toate problemele şi greşelile, ci să te dezvolţi la nivel personal atunci când treci prin aşa ceva.

Oamenii înţelepţi şi modeşti nu se tem niciodată să recunoască faptul că au greşit. Şi, când o fac, e ca şi cum ar spune că sunt mai înţelepţi astăzi decât au fost ieri. Există, desigur, şi beneficii secundare. Aşa cum spunea marele romancier american Mark Twain: „Recunoaşte întotdeauna sincer că ai greşit. Ceilalţi îşi vor lăsa astfel garda jos şi îţi vor oferi oportunitatea de a greşi în continuare."

Oamenii înţelepţi şi modeşti nu se tem niciodată să recunoască faptul că au greşit. Şi, când o fac, e ca şi cum ar spune că sunt mai înţelepţi astăzi decât au fost ieri.

Greşelile ne pot fi cei mai buni profesori. Dacă suntem dispuşi să ni le recunoaştem şi să învăţăm din ele, vom fi mult mai înţelepţi. Putem face acest lucru de fiecare dată când găsim puţin timp să reflectăm la ele, întrebându-ne:

Ce anume nu a mers bine?
Când am greşit?

Unde am greşit?
De ce am greşit?
Am fost şi eu de vină că totul a mers prost?
Ce pot învăţa din această experienţă?
Cum pot profita pe viitor de ceea ce am învăţat de pe urma acestei greşeli?

Răspunsul la aceste întrebări poate presupune un anumit disconfort, în special pentru cei orientaţi către acţiune. Însă merită întotdeauna. Fiecare fiinţă umană face greşeli. Modestia ne permite însă să învăţăm ceva din ele.

3. Modestia ne permite să renunţăm la ideea de perfecţiune şi să continuăm să încercăm

Am un nepot absolut minunat, pe John, băiatul fiului meu, Joel (şi aş susţine acest lucru şi dacă nu ar fi nepotul meu!) Este foarte isteţ, însă are tendinţa de a fi un pic prea serios şi perfecţionist. Ca să îl ajute cumva, părinţii lui i-au cumpărat o carte intitulată *Greşeli bune*, de Charlotte Foltz Jones. Au citit-o împreună, ca să îl ajute să înţeleagă că nu trebuie să fii perfect ca să ai succes.

Iată câteva idei:

> Să le spunem accidente. Să le numim greşeli. Sau chiar coincidenţe.
>
> Dacă toate aceste lucruri ar fi cunoscute, am fi uimiţi să aflăm câte mari invenţii şi descoperiri au fost făcute întâmplător, fără ca nimeni să fi intenţionat acest lucru.
>
> Inventatorii despre care se discută în această carte nu numai că au fost foarte inteligenţi, ci şi atenţi. Este foarte uşor să ai un rateu şi apoi să abandonezi cu totul ideea respectivă.
>
> Este foarte dificil ca, în condiţiile în care ai greşit, să îţi dai seama că poţi profita de acea greşeală...
>
> Inventatorii menţionaţi în această carte ar trebui să ne înveţe pe fiecare dintre noi lecţia despre care ne-a vorbit foarte bine Bertolt Brecht în 1930: „Inteligenţa nu înseamnă să nu

faci nici o greşeală. Ci să vezi imediat cum să o transformi în ceva bun."[6]

Una dintre poveştile favorite ale lui John din cartea respectivă este cea a farmacistului John Pemberton din Atlanta, Georgia. În 1886, voia neapărat să găsească un remediu pentru clienții lui. Inventase deja „Vinul franțuzesc Coca - un tonic ideal pentru nervi, care ajută la stimularea organismului şi la menținerea sănătății", „Elixirul cu portocală şi lămâie" şi „Loțiunea indiană care stimulează creşterea părului". De data aceasta încerca să pună la punct un nou medicament care să vindece pacienții de oboseală, care să ajute sistemul nervos şi să atenueze durerile de cap.

Pemberton era mulțumit de produsul său, un sirop pe care îl combina cu apă şi pe care îl servea rece. Pur şi simplu din neatenție, asistentul lui a amestecat la un moment dat siropul cu apă minerală, iar băutura s-a transformat complet. Pemberton nu a fost foarte mândru să recunoască faptul că modul în care concepuse inițial loțiunea era inferior celui obținut de asistentul său şi, prin urmare, a decis să nu îl vândă ca medicament, ci ca suc.[7] În prezent, Coca-Cola este cea mai populară băutură răcoritoare din lume.

4. Modestia ne permite să profităm la maximum de pe urma greşelilor

Iată-ne şi la ultima modalitate prin care o atitudine umilă față de învățare ne poate ajuta - permițându-ne să profităm la maximum de pe urma greşelilor şi a eşecurilor. Mark Twain a fost rugat la un moment dat să spună care este cel mai mare inventator din toate timpurile. „Întâmplarea", a replicat el. Inteligent răspuns, care dezvăluie în acelaşi timp un mare adevăr. Dacă avem o atitudine umilă, suntem deschişi să vedem greşelile care pe nişte posibilități de inovație şi succes.

Mark Twain a fost rugat la un moment dat să spună care este cel mai mare inventator din toate timpurile. „Întâmplarea", a fost răspunsul său.

Istoria este plină de poveşti cu oameni de ştiință şi inventatori care, din greşeală, au ajuns să facă descoperiri majore. În 1839, Charles

Goodyear făcea un experiment cu cauciuc. Substanţa, derivată din arborele cu acelaşi nume, era cunoscută de câteva secole. De-a lungul timpului, oamenii încercaseră să îi dea o mulţime de întrebuinţări practice, dar când era încălzit se topea, iar când era răcit se fărâmiţa. Goodyear a încercat să îl amestece cu diferite substanţe, însă nici una nu îl transforma într-un amestec ce putea fi utilizat. După care, la un moment dat, a scăpat din greşeală cauciuc amestecat cu sulfură pe o sobă fierbinte. Căldura a transformat cauciucul într-o substanţă fermă şi flexibilă. Nici măcar aerul rece nu îl făcea casant. Eroarea pe care o făcuse l-a ajutat să transforme cauciucul în substanţa folosită în atât de multe produse şi industrii în zilele noastre.[8]

Celofanul este o altă substanţă descoperită absolut întâmplător. Jacques Brandenberger, un inginer din Elveţia specializat în textile, voia să descopere un material rezistent la apă după ce văzuse o sticlă de vin vărsată pe o faţă de masă. Însă ceea ce obţinuse era mult prea băţos şi casant ca să fie şi practic. Brandenberger a descoperit însă că filmul transparent se desprindea din material sub formă de foiţă. În 1908 crease deja o maşinărie care putea fabrica celofanul.[9]

Penicilina a fost, de asemenea, rezultatul unei erori. În 1928, când, din neglijenţă, mucegaiul a pătruns accidental într-un vas Petri, cercetătorul Alexander Fleming nu l-a aruncat, ci a studiat rezultatele. A izolat şi a identificat o bacterie, ceea ce a dus la crearea vaccinului ce a salvat nenumărate vieţi.

Posibilitatea de a folosi microundele la gătit a fost descoperită în momentul în care un inginer şi-a topit din greşeală un baton de ciocolată în buzunar, folosindu-se de ele în timpul unui experiment. Teflonul a fost descoperit când un cercetător care încerca să inventeze noi agenţi de refrigerare a lăsat peste noapte o mostră descoperită. Post-it-urile au fost create în urma unei erori făcute de cei care încercau să dezvolte un nou adeziv.

„Dacă nimic altceva nu funcţionează, nemurirea poate fi asigurată în urma unei greşeli spectaculoase."
– John Kenneth Galbraith

Dacă ai atitudinea potrivită atunci când lucrezi la ceva, poţi transforma o greşeală într-o oportunitate. Succesul şi faima nu sunt obţinute întotdeauna de cei mai talentați dintre noi. Uneori sunt dobândite de persoanele care pot transforma în avantaje situațiile mai neplăcute. Sau, aşa cum spunea John Kenneth Galbraith: „Dacă nimic altceva nu funcționează, nemurirea poate fi asigurată în urma unei greşeli spectaculoase."

Portretul modestiei

Admir foarte mult modestia de care a dat dovadă cel care a fost numit în America „omul Renaşterii". Prima sa dragoste era arta, iar când s-a făcut mai mare şi-ar fi dorit să fie pictor. Avea însă un mod de gândire tipic celui care vrea să învețe şi un spirit modest, ceea ce i-a alimentat curiozitatea şi l-a făcut să fie interesat de o mulțime de domenii. La Yale a studiat filosofia religiei, matematica şi ştiința, terminându-şi studiile la vârsta de 19 ani. La vremea aceea, părinții insistau să se angajeze ucenic într-o librărie. Însă principala sa pasiune era pictura, aşa că a încercat să îşi convingă părinții să îl trimită în străinătate ca să aprofundeze această disciplină. După câțiva ani, au fost în sfârşit de acord să îl lase să plece în Anglia, unde să studieze pictura, în care a excelat. O sculptură de-a lui din ipsos a obținut medalia de aur din partea Societății de Arte Adelphi, iar tablourile sale pe pânză au primit laude din partea criticilor de la Academia Regală.

La întoarcerea în Statele Unite, şi-a deschis un studio în Boston şi a devenit un pictor respectabil, care călătorea în toate oraşele, câştigându-şi banii din portrete. În timp ce se afla în Concord, New Hampshire, a cunoscut o fată despre care le-a povestit părinților într-o scrisoare din 20 august 1816:

> Iubiți părinți,
>
> Vă scriu câteva rânduri, doar ca să vă spun că sunt bine şi lucrez. Poimâine voi primi 100 de dolari, ceea ce cred că e destul de bine pentru trei săptămâni de muncă. Mă interesează totuşi şi alte lucruri în afară de bani. Poate vă mai aduceți aminte de familia Walker... care are şi două fete, cea mai mare fiind foarte frumoasă, drăguță şi veselă... Poată mă flatez singur, dar cred că ar putea fi o pretendentă; ştiu că vă gândiți

că tot timpul mă îndrăgostesc de cineva, dar chiar mi-e teamă să nu ajung un burlac bătrân... în plus, am 25 de ani; nu e nevoie să ne grăbim, căci fata are doar 16 ani.[10]

Era îndrăgostit nebunește. La mai puțin de o lună, le-a trimis părinților încă o scrisoare:

> Am avut un succes peste așteptări... cu cât o cunosc mai bine, cu atât mai drăguță mi se pare. Este foarte frumoasă, fără să fie neapărat cochetă. E modestă, sinceră și cu sufletul deschis. De fiecare dată când am avut câte un necaz, am apelat mereu la acest caracter extraordinar, modest și vesel. Când veți citi aceste rânduri, cred că nu mă veți acuza că mă grăbesc. Am îndrăznit să îi ofer inima mea și, în loc de răspunsuri obscure și neclare, pe care mi le-ar fi putut da o demimondenă care ar fi vrut să îmi pună sufletul pe jar, mi-a spus sincer, dar cu modestie și timiditate, că și ea simte la fel... a fost suficient ca să ne logodim. Nimeni, niciodată, nu a fost atât de binecuvântat ca mine... eu, care am fost atât de nerecunoscător. Rugați-vă pentru mine... deși nu consider că merit așa ceva, am avut parte de tot ceea ce visam.[11]

Fata l-a așteptat doi ani și, pe 29 septembrie 1818, s-au căsătorit. După aproape un an, au avut și primul copil – o fetiță.

Pe măsură ce familia i se mărea, la fel s-a întâmplat și cu succesul pe care l-a cunoscut ca pictor. A lucrat pentru oameni importanți, cum ar fi inventatorul Eli Whitney, pentru președintele Universității Yale, Jeremiah Day, pentru scriitorul și lexicograful Noah Webster, pentru marchizul de Lafayette, dar și pentru James Monroe, președintele Statelor Unite. Nici un moment nu a uitat însă de pasiunea lui pentru invenții și inovații. A creat împreună cu fratele lui o pompă de apă pentru mașinile de pompieri, pe care au și brevetat-o, fără să reușească însă să câștige și bani de pe urma ei. De asemenea, a inventat și mașina de tăiat marmura, folosită la sculptură, pe care nu a putut însă să o patenteze.

Părea că totul îi merge cât se poate de bine. În 1825 însă, în timp ce se afla la New York pentru o pictură, a primit o scrisoare de la tatăl său, care îi spunea că soția i se îmbolnăvise. S-a grăbit spre casă, însă femeia murise deja. S-a simțit pur şi simplu devastat de pierderea suferită. Mai rău a fost că, până să ajungă acasă, fusese şi îngropată. Nici măcar nu putuse asista la înmormântare.

Numele acestui bărbat era Samuel F.B. Morse. Şi-a revenit din durerea provocată de moartea soției, dar rămăsese cu o frustrare, aceea a imposibilității de a comunica rapid. Prin urmare, a început să studieze electricitatea şi electromagnetismul, astfel că, în 1832, a conceput un dispozitiv capabil să trimită mesaje telegrafice la distanțe mari. De asemenea, a început să formuleze un cod compus din puncte şi liniuțe, ce putea fi folosit la comunicare.

Începutul secolului al XIX-lea a fost propice experimentelor şi progreselor rapide în domeniul electricității. Morse se inspira cu modestie din lucrările altora şi le studia invențiile. Şi-a modificat concepția de mai multe ori. În 1838, a făcut o demonstrație care să arate cum funcționează dispozitivul, pe care l-a numit telegraf. Inventarea acestui aparat, alături de codul care îi poartă numele, l-au ajutat pe Morse să devină faimos. Practic, el a dus lumea în epoca modernă a comunicațiilor. Dacă până atunci aveai nevoie de zile, săptămâni sau chiar luni ca să comunici cu cineva aflat la distanță, grație lui Morse totul dura câteva minute. Tehnologia creată de el a schimbat lumea.

Morse a primit multe premii pentru faptul că a inventat telegraful, însă nu şi-a pierdut niciodată modestia. La un moment dat, a spus: „Am reuşit să găsesc o aplicare valoroasă în practică a electricității, nu fiindcă eram mai bun ca alții, ci doar fiindcă Dumnezeu, cunoscut pentru bunătatea lui, trebuie să dezvăluie cuiva anumite lucruri şi s-a mulțumit să mi le dezvăluie mie."[12] Având această atitudine, nu e de mirare că şi-a putut reveni în urma pierderilor suferite, învățând câte ceva din fiecare. Poseda spiritul învățării. Iar noi, la rândul nostru, ar trebui să ne străduim să fim la fel.

Romancierul J.M. Barrie observa: „Viața omului este un jurnal în care acesta intenționează să scrie o poveste, dar scrie alta; şi cel mai

„Viaţa omului este un jurnal în care acesta intenţionează să scrie o poveste, dar scrie alta; şi cel mai greu îi este când compară volumul aşa cum este el scris cu felul în care ar fi putut să arate."
–J.M. Barrie

greu îi este când compară volumul aşa cum este el scris cu felul în care ar fi putut să arate." În cazul meu acest lucru a fost valabil. Din foarte multe puncte de vedere, nu am reuşit să fac ceea ce mi-am propus şi nici să fiu aşa cum mi-aş fi dorit. Cu toate acestea, în momentul în care comparăm ceea ce ne-am fi dorit să facem cu ceea ce am făcut de fapt, dacă avem o atitudine umilă şi suntem deschişi să tragem nişte învăţăminte, avem şanse mai mari de succes. Şi dacă ştim că am dat tot ce am avut mai bun în noi, poate că vom fi mulţumiţi de ceea ce am devenit şi de realizările noastre.

3

Realitatea: fundamentul învățării

Charlene Schiff s-a născut într-o familie bună, în micul orăşel Horochow, din Polonia. A avut o copilărie frumoasă. Tatăl ei era profesor de filosofie la universitatea din apropiere. O iubea foarte mult şi avea răbdare cu ea, chiar şi atunci când făcea năzbâtii. La un moment dat, mama ei se apucase să zugrăvească prin casă, iar Charlene a luat o pensulă şi a vopsit şi ea pianul. Tatăl ei nici măcar nu a țipat la ea. Ținea la disciplină, dar lua în considerare şi faptul că vedea că îi pare rău. Aşa că s-a folosit de acest incident ca să o învețe cât de important este să nu distrugă bunurile altor oameni.

Mama Charlenei era învățătoare, însă a renunțat la cariera ei ca să îşi crească cele două fetițe. Avea grijă de ele, le cumpăra haine şi jucării şi le încuraja în fiecare zi. Avea o viață minunată.

Realitatea cea urâtă îşi arată colții

Lucrurile au început însă să se schimbe pentru Charlene. În 1939, când fetița avea zece ani, Polonia a fost invadată de Germania şi de Uniunea Sovietică şi împărțită în două. Horochow, oraşul în care locuia Charlene, fusese anexat de către sovietici. În ciuda acestui lucru, viața lor nu se schimbase foarte mult. În 1941, situația a ajuns să fie complet diferită. A fost momentul în care Hitler a decis să ocupe întreaga Polonie, iar trupele sale au intrat şi în oraş. În scurtă vreme tatăl ei a fost luat de nazişti şi nu l-au mai văzut niciodată. Iar

Charlene, mama şi sora ei au fost mutate într-un ghetou evreiesc, forțate să locuiască într-o singură cameră cu alte trei familii. Charlene avea doar unsprezece ani.

Mama lor fusese obligată să muncească. Şi fetele făceau la fel. Nu prea aveau ce mânca şi se luptau permanent să supraviețuiască. Femeia îşi făcuse însă un plan. Începuse să caute oameni de la țară care să fie dispuşi să le primească la ei acasă şi să le ascundă. A găsit la un moment dat un fermier care a fost de acord să ia o fată. Au decis împreună să plece sora lui Charlene, care era cu cinci ani mai mare. Un altul a spus că le va primi şi pe ele două.

„Într-o zi, în 1942 - cred că era pe la începutul verii, căci nu îmi amintesc data exactă - m-am trezit şi mi-am luat rămas bun de la sora mea", povesteşte Charlene. Fiindcă nu am mai auzit nimic despre ea câteva zile la rând, presupuneam că a ajuns cu bine şi că totul se desfăşurase conform planului. Mama a venit de la serviciu şi mi-a spus să mă îmbrac cu cele mai bune haine şi să îmi iau şi ceva de schimb la mine, fiindcă urma să părăsim ghetoul în acea seară."[1]

Locul în care trăiau era mărginit pe trei părți de garduri înalte, iar pe una dintre laturi de un râu. Când s-a înnoptat de tot, şi-au părăsit locuința şi au luat-o înspre râu. Rătăceau aşa, când la un moment dat au auzit nişte împuşcături. Pe malul apei aşteptau soldații. „Vă vedem, evreilor!", strigau ei. Mai erau şi alții care avuseseră aceeaşi idee ca şi mama ei şi care voiau să scape de acolo. Mulți dintre cei care se ascundeau s-au ridicat în picioare, cu mâinile sus, ca să se predea. Au fost împuşcați pe loc.[2]

Charlene şi mama ei s-au ascuns într-o mlaştină. Apa ajungea până la gâtul fetiței. Femeia a încercat să o liniştească şi îi dădea să mănânce pâine umedă. Au stat acolo patru zile, după care, când s-a trezit, Charlene a descoperit că mama ei dispăruse.

Un copil singur pe lume

Realitatea era copleşitoare. La unsprezece ani, era complet singură, într-un loc ostil unde se aştepta să fie vânată şi omorâtă asemenea unui animal. „Simțeam că îmi vine să urlu, dar ştiam că trebuie să îmi țin gura", îşi aminteşte Charlene.[3]

Când soldații au plecat în sfârşit, Charlene a luat-o înspre ferma celor care le promiseseră ei şi mamei ei că le vor adăposti. În loc de bun-venit, i s-a spus că poate rămâne doar o zi în hambar, iar când se lasă seara să plece, fiindcă altfel va fi predată naziştilor.

La început, Charlene nu şi-a dat seama de gravitatea situației: „Trăiam ca un animal, treceam dintr-o pădure în alta, în căutarea mamei mele. Nici nu voiam să mă gândesc că nu aş mai vedea-o niciodată. Trebuia să o găsesc. Încotro să mă îndrept, ce să mănânc, cine să aibă grijă de mine?"[4]

O realitate atât de îngrozitoare i-ar face pe unii să cedeze, iar pe alții să se adapteze şi să învețe să supraviețuiască. Charlene a ales ultima variantă. Fetița care crescuse complet dependentă de mama ei a învățat să se descurce pe cont propriu, într-o pădure. Din când în când se mai întâlnea cu alți evrei care fugeau şi ei de autorități. La un moment dat s-a intersectat cu un grup mic de bărbați, femei şi un copil, care reuşiseră să fugă din ghetoul în care trăiau. Au fost descoperiți cu toții de copilul unui fermier, aşa că s-au ascuns într-o căpiță. Înarmați însă cu furci, sătenii i-au omorât pe toți, cu excepția lui Charlene.

În altă ocazie, pe când Charlene se întorcea la locul unde dormea, s-a împrietenit cu o fată cam de 18 ani, care s-a oferit să o ajute. S-au înțeles să se întâlnească a doua zi de dimineață. Pe timpul nopții, Charlene a avut un sentiment ciudat. În ziua următoare, a ajuns acolo mai devreme, s-a cățărat într-un copac înalt şi a aşteptat. Fata a apărut, de această dată însoțită de fratele ei. Charlene i-a auzit spunând că vor să o fure şi să o predea autorităților ca să obțină o recompensă.[5]

Charlene a avut parte şi de lucruri bune în toți aceşti ani, deşi nu se întâmpla foarte des. La un moment dat a fost descoperită într-un hambar de o fetiță angajată la ferma din sat, care i-a adus mâncare şi îmbrăcăminte. „Nu-mi venea să cred", îşi aminteşte ea. „Eram în sfârşit tratată ca o ființă umană, cu bunătate şi generozitate. Aproape că uitasem cum e." Fetița a hrănit-o pe Charlene timp de două săptămâni. Într-o zi însă, doi polițişti care ajunseseră la fermă au împuşcat-o, crezând că este evreică.[6]

„Am stat doi ani singură în pădure", își amintește Charlene. „Dormeam ziua într-o groapă pe care mi-o săpasem singură, iar noaptea rătăceam ca să găsesc ceva de mâncare - orice. Mă îmbolnăvisem foarte rău."[7]

În 1944, Charlene a fost descoperită de trupele sovietice, care au cules-o literalmente leșinată în locul în care se ascundea. Au dus-o la spital, unde a fost repusă pe picioare de către asistente. Scopul ei era să plece în Statele Unite, unde și alți membri ai familiei ajunseseră înainte de război. În cele din urmă, în 1948, a reușit să ajungă acolo. Trei ani mai târziu, se căsătorea.

Charlene nu și-a dorit să vorbească despre experiențele ei și le-a ținut pentru sine timp de mai mulți ani. În cele din urmă însă, Ed, soțul ei, a convins-o că trebuie să spună și altora povestea ei. „Ai această obligație față de cei șase milioane de martiri", i-a spus el[8]. Iar într-un final a făcut-o, împărtășindu-și povestea în speranța că ceilalți vor trage niște învățăminte. „Îmi doresc să trimit un mesaj de speranță tuturor tinerilor din zilele noastre", a spus Charlene. „Sunt optimistă și simt că generațiile mai tinere vor învăța din greșelile pe care generația mea le-a făcut și că vor lupta împotriva indiferenței și a nedreptății."[9]

O fundație solidă

Dacă vrem să avem succes în viață și să învățăm ceva de pe urma eșecurilor, trebuie să fim capabili să înfruntăm realitatea și să ne creăm o fundație pe care să ne dezvoltăm. Acest lucru poate fi foarte dificil. Oamenii care trec prin experiențe îngrozitoare, așa cum i s-a întâmplat și lui Charlene Schiff, pot fi devastați. Uneori însă, chiar și pierderi mai mici decât cele pe care le-a suferit ea ne pot face să ne dorim să evităm realitatea. Putem da vina pe alții pentru circumstanțele în care ne aflăm. Ne putem găsi justificări sau scuze. Sau ne retragem în lumea noastră - ca unul dintre cei cu care am colaborat la un moment dat. Suferise de insomnie timp de treizeci de ani, până când, într-un final, s-a decis să apeleze la un psihiatru.

„De ce nu puteți dormi noaptea?", l-a întrebat medicul.

„Fiindcă încerc să rezolv problemele lumii", i-a răspuns bărbatul.

Psihiatrul a insistat: „Şi le rezolvaţi vreodată?"

„De cele mai multe ori, da", i-a replicat el cu toată convingerea.

„Atunci de ce nu puteţi dormi?", a întrebat medicul.

„Ei bine, doctore, cred că din cauza paradelor impresionante care se organizează în onoarea mea."

Este mai uşor să treci de la eşec la succes decât de la scuze la succes.

Indiferent cât de uşuraţi ne simţim atunci când evadăm, fie şi pentru moment, din realitatea care ne înconjoară, adevărul este că e mai simplu să trecem de la eşec la succes decât de la scuze la succes. În momentul în care ne pierdem simţul realităţii, ne putem rătăci. Nu putem face nici o schimbare pozitivă în viaţa noastră dacă suntem confuzi din cauza lucrurilor care ni s-au întâmplat. Nu poţi avea o viaţă mai bună dacă te păcăleşti singur.

Trei faţete ale realităţii

Realitatea fiecăruia dintre noi este diferită. Cu toate acestea, există anumite faţete ale realităţii care sunt valabile pentru toată lumea.

1. Viaţa este dificilă

Unii par să fie convinşi că viaţa ar trebui să fie uşoară. Este o problemă foarte mare în America zilelor noastre. Ne aşteptăm ca drumul către succes să fie unul lin. Ne aşteptăm ca viaţa noastră să fie cât se poate de lipsită de greutăţi. Ne aşteptăm ca guvernul să ne rezolve problemele. Ne aşteptăm să înhăţăm premiul cel mare fără să plătim nici un preţ. Nu asta este viaţa reală! Viaţa este grea. În cartea sa, *Cele mai importante lecţii de viaţă*, Hal Urban scrie:

> Odată ce acceptăm că viaţa e grea, începem să ne dezvoltăm pe plan personal. Începem să înţelegem că fiecare problemă se poate transforma într-o oportunitate. Începem să descoperim cum suntem cu adevărat. Începem să acceptăm problemele cu care ne confruntăm. În loc să lăsăm greutăţile să ne învingă, le considerăm un instrument care ne testează caracterul.

> În acelaşi timp, trebuie să înțelegem că societatea ne bombardează zilnic cu mesaje care ne transmit exact opusul. Pentru început, să ne gândim că tehnologia ne-a înzestrat cu butoane pe care putem apăsa. Putem deschide uşa de la garaj, să pregătim masa de seară, să spălăm vasele, să ne plătim facturile sau pur şi simplu să tastăm butonul corespunzător. În plus, ni se spune până la refuz că există modalități mai simple şi mai uşoare să facem anumite lucruri. În ultimele zile, am citit sau am auzit că poți slăbi câteva zeci de kilograme, că poți vorbi fluent o limbă străină, că poți avea o emisiune la radio, că poți obține o licență să oferi diverse servicii şi să câştigi un milion de dolari din afaceri imobiliare. Poți face toate aceste lucruri în doar câteva zile, fără să depui un efort foarte mare. Mda, când or zbura porcii...
>
> Vedem aceste reclame fiindcă specialiştii în advertising şi în marketing înțeleg foarte bine comportamentul ființei umane. Ei ştiu foarte bine că cei mai mulți oameni *nu* se împacă cu greutățile pe care le întâmpină şi vor continua să caute modalități de a le uşura viața.[10]

Nu există nici o modalitate sigură şi rapidă de avea succes. Nimic din ceea ce merită să ai în viață nu vine fără efort. Este şi motivul pentru care psihiatrul M. Scott Peck îşi începe cartea intitulată *The Road Less Traveled* în felul următor: „Viața e dificilă" – dorind astfel să pună bazele mesajului pe care avea să îl transmită în tot restul cărții. Dacă nu înțelegem şi nu acceptăm faptul că viața este grea, atunci există riscul să dăm greş şi să nu învățăm absolut nimic.

2. Viața este grea pentru toți cei din jur

Chiar dacă suntem dispuşi să acceptăm că viața este grea pentru cei mai mulți dintre oameni, în adâncul sufletului sperăm că acest lucru nu este valabil şi în cazul nostru. Îmi pare rău să te anunț că este. Nimeni nu este scutit de probleme, de eşecuri şi de pierderi. Dacă ne dorim să progresăm, atunci trebuie să trecem peste dificultăţi. Sau, aşa cum spunea marele poet Ralph Waldo Emerson: „Omul păşeşte ca să avanseze."

Viaţa nu este uşoară şi nici dreaptă. Şi mie mi s-au întâmplat lucruri nedrepte. Şi pariez că şi ţie. Am făcut greşeli, m-am păcălit singur, am rănit oameni pe care îi iubesc şi am trecut prin dezamăgiri crunte. Nu putem evita toate problemele. Şi nu ar trebui nici măcar să încercăm. De ce? Fiindcă oamenii care au succes în viaţă nu încearcă să scape de suferinţă, de pierderi sau de nedreptăţi, ci învaţă pur şi simplu să facă faţă acestor lucruri, să le accepte şi să meargă mai departe. Acesta este şi scopul meu. Şi ar trebui să fie şi al tău.

„Omul păşeşte ca să avanseze."
– Ralph Waldo Emerson

3. Pentru unii viaţa este mai dificilă decât pentru alţii

Revenind la una dintre benzile mele desenate favorite, *Peanuts*, nefericitul Charlie Brown îşi descarcă sufletul în faţa lui Lucy, sfătuitoarea lui. Îi spune că este foarte confuz în legătură cu direcţia în care se îndreaptă în viaţă, iar ea îi răspunde: „Viaţa este ca un şezlong de pe puntea unui vas. În croaziera vieţii, unii îl aşază în partea din spate a navei, ca să vadă pe unde au fost. Alţii îl pun în partea din faţă, ca să vadă încotro se îndreaptă." Lucy îl întreabă: „Pe-al tău unde l-ai aşezat?"

Iar Charlie îi răspunde: „Nicăieri, că nu l-am putut desface niciodată."

Să recunoaştem: pentru unii viaţa este mult mai dificilă decât pentru alţii. Terenul pe care se desfăşoară nu este nivelat la fel. Se poate ca tu să treci prin mai multe greutăţi în viaţă decât mine. Sau, dimpotrivă, prin mult mai puţine. Viaţa ta în acest moment poate semăna cu navigarea în nişte ape limpezi. Ori prin ape tulburi. Iar faptul că ne comparăm cu alţii nu este deloc productiv. Viaţa nu este întotdeauna dreaptă şi nici nu ar trebui să ne aşteptăm să fie. Cu cât ne confruntăm mai repede cu realitatea, cu atât vom reuşi mai bine să-i facem faţă.

Nu îţi îngreuna şi mai mult viaţa

Viaţa ta este probabil destul de grea deja. Realitatea este că trebuie să te confrunţi neapărat cu aceste dificultăţi. Una dintre soluţiile cu ajutorul căreia poţi avea succes este să nu îngreunezi şi mai mult lucrurile - ceea ce, din nefericire, fac foarte mulţi oameni.

Ca să te ajut puţin, aş vrea să punctez cinci modalităţi prin care cei din jur îşi fac viaţa mult mai dificilă, astfel încât tu personal să le poţi evita.

1. Viaţa este mult mai dificilă pentru cei care încetează să se mai dezvolte pe plan personal şi să înveţe ceva nou

După cum bine ştim, unii oameni nu fac nici un fel de efort să se dezvolte la nivel personal, fiind de părere că acest lucru apare cumva de la sine. Alţii nu pun preţ pe dezvoltarea personală şi speră să progreseze în viaţă fără să facă ceva special în acest sens. Pentru asemenea persoane, viaţa este mult mai dificilă decât ar putea fi dacă şi-ar dedica puţin timp autoperfecţionării.

Cei care nu se dezvoltă pe plan personal se aseamănă cu oamenii aceia de ştiinţă care colaborau cu Galilei. Acesta încerca să-i convingă să creadă în ceea ce învăţa el despre fizică. Râdeau însă de el şi refuzau să îi recunoască descoperirile, pretinzând că teoriile lui nu pot fi adevărate, fiindcă, în principiu, contraziceau învăţăturile lui Aristotel.

La un moment dat, Galilei s-a hotărât să le facă o demonstraţie care să le ofere o dovadă clară asupra uneia dintre observaţiile sale, aceea că două obiecte cu masă diferită aruncate deodată de la aceeaşi înălţime vor atinge pământul în acelaşi timp. În ziua demonstraţiei, s-a urcat în vârful Turnului din Pisa. În timp ce mulţimea privea de jos, a aruncat în acelaşi timp o piatră de zece kilograme şi una de un kilogram. Au atins simultan pământul. Nu mai exista nici un dubiu că teoria lui Galilei era corectă. Cu toate acestea, mulţi au refuzat să creadă în ea - în ciuda dovezilor pe care le văzuseră cu propriii ochi. Aşa că au continuat să predea teoriile depăşite ale lui Aristotel. Ţineau cu dinţii în continuare de ceea ce aveau - chiar dacă era vorba despre ceva greşit –, în loc să se schimbe şi să se dezvolte pe plan personal.

În timp ce unii îşi fac singuri viața mai grea fiindcă refuză să se dezvolte, există şi oameni care îşi creează ei înşişi greutăți: cei care sunt atât de mulțumiți de reuşitele lor, încât încep să se plafoneze.

Acum câțiva ani, am vizitat împreună cu Margaret Muzeul Nobel din Stockholm, capitala Suediei. Am stat acolo câteva ore, ascultând poveştile despre oamenii care au schimbat în bine viața atât de multor persoane. Ghidul ne-a spus la un moment dat un lucru care chiar ne-a surprins, şi anume că foarte puțini laureați ai Premiului Nobel au mai făcut ceva semnificativ după ce le-au fost recunoscute meritele. Îmi venea greu să cred, dar după ce m-am documentat puțin, mi-am dat seama că aveam dreptate. Daniel McFadden, laureat al Premiului Nobel pentru Economie în anul 2000, a spus: „Dacă nu eşti atent, Premiul Nobel îți poate pune capăt carierei. Dacă nu aveam grijă, mi-aş fi petrecut restul vieții tăind panglici." T.S. Eliot, care a primit Premiul Nobel pentru Literatură, declara: „Premiul Nobel este biletul către propria înmormântare. Nimeni nu a mai făcut ceva notabil după ce l-a primit."

Succesul ne poate distorsiona modul în care vedem realitatea. Ne poate face să credem că suntem mai buni – fără să fim, de fapt. Ajungem să fim convinşi că nu prea mai avem ce să învățăm sau că nu vom mai da greş niciodată. Sunt concepte periculoase pentru orice persoană care îşi doreşte să se perfecționeze.

„Evaluează şi notează la fel partidele, indiferent că ai pierdut sau ai câştigat."
– Jim Tressel

Cum luptăm împotriva unor asemenea idei? Confruntându-ne cu realitatea. Antrenorii de succes înțeleg importanța unei evaluări realiste. În fotbal, de exemplu, asta înseamnă să îți petreci timpul vizionând meciurile şi notând performanța echipei. Prietenul meu, Jim Tressel, fost antrenor la Ohio State, a spus: „Notează la fel partidele, indiferent că ai pierdut sau ai câştigat." De ce? Fiindcă există tendința de a nu fi la fel de obiectiv atunci când evaluezi şi notezi o victorie sau un rateu. Victoria îi face pe oameni să se relaxeze şi să se bucure de sentimentul acela plăcut. Uneori poate fi tocmai drumul către eşec.

2. Viața este mult mai dificilă pentru cei care nu gândesc eficient

Unul dintre cele mai importante lucruri care îi diferențiază pe cei care au succes de cei care nu au este modul în care gândesc. Cred atât de mult în acest principiu încât am scris și o carte, *Cum gândesc oamenii de succes*. Cei care reușesc în viață gândesc diferit de cei care nu reușesc. Fac ceea ce fac din motive bine întemeiate, de care țin cont tot timpul, încercând permanent să se perfecționeze. Acest lucru nu înseamnă că cei care gândesc corect au succes întotdeauna. Căci și ei greșesc la fel ca toți ceilalți. Însă nu fac *aceeași* greșeală în mod repetat - motiv pentru care viața lor este total diferită. Frank Gaines, fost primar în Berkeley, California, în perioada 1939-1943, explica:

> Nu mă deranjează oamenii care fac o greșeală dacă au un motiv. Dacă îmi pot spune cu sinceritate „Am gândit așa și am crezut că... astfel încât am luat decizia...", dacă se vede clar că au parcurs un proces de gândire astfel încât să ajungă acolo unde au ajuns, chiar dacă lucrurile nu au fost în regulă, atunci nu am nimic împotrivă. Trebuie să fii atent însă la cei care nici măcar nu îți pot spune de ce au făcut ceea ce au făcut.

Trebuie să recunosc că, deși pun un mare accent pe modul de gândire corect, mi s-a întâmplat și mie să nu folosesc raționamentele potrivite. Un prim exemplu ar fi cel din anii '80, când eram pastorul principal la o biserică din San Diego, California. Pe vremea aceea, mulți pastori ca mine auziseră de dezvoltarea uimitoare a unei congregații din Seul, strângând mici grupuri de enoriași care se întâlneau peste tot prin oraș. M-am dus până în Coreea de Sud ca să aflu cum reușiseră. Am petrecut acolo o perioadă minunată, care m-a inspirat foarte mult - atât de mult încât am revenit acasă și le-am împărtășit și celor din congregația mea povestea micilor grupuri de enoriași. Și ei au fost, la rândul lor, inspirați.

La câteva săptămâni, în entuziasmul meu, mi-am propus să creez în anul următor treizeci de asemenea mici grupuri. Oamenii mi-au răspuns bucuroși, așa că ne-am lansat programul. Mi-aș dori foarte mult să-ți spun că a avut un succes nemaipomenit, dar n-a fost așa. În doar câteva luni, puteam afirma foarte clar că nu funcționa. Până la sfârșitul anului, în loc să avem treizeci de grupuri, aveam doar trei! Ce se întâmplase, de fapt? Nu reușisem să instruiesc suficient de mulți lideri care să conducă acele grupuri. Iar grupurile care erau înființate fără să aibă un lider talentat se dezintegrau imediat.

Problema în sine mi se pare acum foarte clară: o organizație poate susține doar atâtea grupuri câți lideri a instruit ca să le conducă. Aceasta este realitatea. La vremea aceea nu gândeam așa, însă mi-am învățat repede lecția. În următorii doi ani am pregătit sute de lideri și abia după aceea am lasat din nou programul bazat pe grupurile mici de enoriași. Și a doua oară a avut succes.

Când nu reușim să gândim așa cum trebuie, ne îngreunăm foarte mult viața. Un banc pe care l-am auzit acum câțiva ani ilustrează foarte bine ideea. Se referă la strategiile pe care oamenii le folosesc atunci când descoperă că, în realitate, călăresc un cal mort. Încearcă următoarele lucruri:

- Cumpără un bici mai gros.
- Spun ceva de genul: „Așa am călărit mereu acest cal".
- Numesc un comitet care să studieze calul.
- Stabilesc niște vizite ca să vadă cum călăresc alții.
- Schimbă legile, stipulând că „nu toți caii ar trebui să moară".
- Înhamă mai mulți cai morți ca să mărească viteza.
- Declară că „nici un cal nu este atât de mort încât să nu poată fi călărit".
- Asigură finanțare suplimentară astfel încât calul să aibă o performanță mai mare.
- Achiziționează un produs ca să revitalizeze calul mort.
- Formează un cerc al calității care să identifice modalități de folosire a calului mort.
- Revizuiesc cerințele legate de performanță pentru cai.
- Promovează calul mort în poziția de supervizor.[11]

Aceste practici ridicole au fost citate fiindcă se folosesc în mod curent în business, însă putem proceda stupid în orice altă zonă a vieţii atunci când nu ne folosim mintea. Viaţa este şi-aşa plină de dezamăgiri, fără să mai punem şi noi paie pe foc.

3. Viaţa este mult mai dificilă pentru cei care nu îşi dau seama de realitate

Poate că cei cărora le este cel mai greu în viaţă sunt cei care refuză să se confrunte cu realitatea. Autorul şi speakerul Denis Waitley spunea: „Cei mai mulţi oameni îşi petrec întreaga viaţă pe o insulă fantastică, numită «Într-o zi voi...»" Cu alte cuvinte, au un mod de gândire de genul: *Într-o bună zi, voi face asta. Altădată voi drege asta. La un moment dat voi fi bogat.* Nu trăiesc în lumea reală.

„Cei mai mulţi oameni îşi petrec întreaga viaţă pe o insulă fantastică, numită «Într-o zi voi...»"
– Denis Waitley

Sunt ca femeia aceea nici frumoasă, nici urâtă, care vorbea cu preotul în confesional.

„Sunt vinovată de vanitate", i-a recunoscut ea părintelui.

„În dimineaţa aceasta m-am uitat în oglindă şi mi-am admirat frumuseţea."

„Asta e tot, fata mea?", a întrebat-o preotul, care o cunoştea de când era copil.

„Da, părinte", i-a răspuns ea.

„Atunci mergi în pace", i-a spus preotul. „Nu e un păcat să te înşeli."

Alex Haley, autorul cărţii *Roots*, observa: „Fie gestionezi cât poţi mai bine realitatea, fie poţi fi sigur că realitatea te va copleşi." Dacă ţi-ai propus să urci cel mai înalt munte, nu te poţi aştepta ca acest lucru să se întâmple peste noapte. Nu poţi avea pretenţia să reuşeşti dacă nu te-ai antrenat înainte şi dacă nu ai o condiţie fizică bună. Şi dacă încerci să negi realitatea şi să escaladezi muntele în orice condiţii, într-un final vei avea necazuri.

Este important şi contează ceea ce faci. Ca să ai succes, felul în care procedezi trebuie să pornească de la realitate. Jurnalistul Sydney J. Harris observa: „Un idealist crede că ceea ce se întâmplă pe termen scurt nu e esenţial. Un cinic este de părere că nu e important ceea ce se petrece pe termen lung. O persoană realistă crede că ceea ce face sau a rămas nefăcut pe termen scurt determină ceea ce se va întâmpla pe termen lung."

„Fie gestionezi cât poți mai bine realitatea, fie poți fi sigur că realitatea te va copleși."
– Alex Haley

Viața este dificilă. Dar iată și vestea cea bună: multe dintre lucrurile pe care ți le dorești în viață pot fi obținute - dacă ești dispus să te confrunți cu realitatea, dacă știi exact de unde pornești, știi care sunt costurile pe care le presupune scopul tău și dacă începi să acționezi în acest sens. Nu lăsa realitatea să te descurajeze. Fiecare individ care a ajuns într-un anumit loc a început dintr-un altul.

4. Viața este mult mai dificilă pentru cei care nu fac schimbările necesare în timp util

Fratele meu mai mare, Larry, a fost pentru mine un mentor din foarte multe puncte de vedere. Este foarte priceput în ceea ce privește afacerile și finanțele. L-am auzit de foarte multe ori spunând: „Oamenii nu trec suficient de repede peste pierderile pe care le-au suferit". M-a învățat cum să procedez astfel încât primul meu eșec să fie și ultimul. Mi s-a părut foarte greu. În loc să lăsăm rapid în urmă pierderea respectivă, încercăm să ne justificăm deciziile pe care le-am luat. Așteptăm să vedem dacă lucrurile se schimbă și dacă nu cumva am avut dreptate. Larry m-a sfătuit ca, atunci când am o problemă, să mă confrunt cu ea și fie să o remediez, fie să trec rapid la altceva.

Evander Holyfield, cunoscutul boxer de categorie grea, a spus: „Fiecare sportiv din această branșă are un plan până în momentul în care este lovit". Ce voia să spună? Stresul cauzat de o situație dificilă te poate face să uiți de planul tău și, dacă nu gestionezi foarte bine situația, atunci nu îți vei putea modifica planul în timp util. Și exact asta ar trebui să faci - să ajustezi din mers ceea ce ți-ai propus.

Deși este adevărat că nu e suficient să recunoști că ai o problemă ca să o și rezolvi, dacă te confrunți cu realitatea îți creezi o bază solidă care îți permite să faci modificările necesare - lucru care îți mărește foarte mult șansele de succes.

Linda Kaplan Thaler, o prietenă de-a mea, directoarea unei agenţii de advertising, a ajutat o mulţime de companii să îşi promoveze şi să îşi vândă produsele. A avut o mulţime de idei geniale de-a lungul timpului şi a făcut reclame pentru nenumărate produse de succes, însă era atrasă în mod deosebit de marketingul celor mai puţin cunoscute. Iată ce spune ea: „Îmi place să lucrez pentru produse care nu au avut succes pe piaţă. De ce? Fiindcă firmele respective sunt atât de disperate încât îmi permit să fac orice". Din nefericire, mulţi dintre noi nu suntem dispuşi să ne confruntăm cu realitatea şi să facem schimbările necesare decât în momentul în care este prea târziu. Dacă vrem să avem succes, nu putem aştepta atât de mult.

5. Viaţa este mult mai dificilă pentru cei care nu reacţionează corect la provocări

Cei care reacţionează aşa cum trebuie la diferitele adversităţi cu care se confruntă îşi dau seama că reacţia lor este cea care le influenţează rezultatele. Acceptă şi recunosc cum stau lucrurile şi acţionează corespunzător. La început, mie personal nu mi s-a părut uşor. Prin prisma optimismului meu nativ, aveam tendinţa de a ignora o criză, sperând că va trece de la sine. Principiul nu funcţiona însă. Să îţi doreşti un lucru nu înseamnă şi că îl obţii. Negarea nu face decât să înrăutăţească totul. La fel şi supărarea şi ţipetele, mai ales în relaţia cu cei dragi. Am fost nevoit să învăţ să-mi spun: „Asta e situaţia, am o problemă. Dacă vreau să o rezolv, va trebui să acţionez. Care este cea mai bună soluţie?". Când te confrunţi cu o provocare, poţi transforma lămâile în limonadă sau le poţi lăsa să îţi amărască viaţa. Este alegerea ta.

Confruntarea cu realitatea, menţinerea unui nivel realist de aşteptări şi atingerea potenţialului maxim nu sunt nişte lucruri uşoare, dar sunt posibile. Şi vor face o diferenţă uriaşă în viaţa ta. Te ajută să înveţi, să te dezvolţi şi să ai succes. Exact aşa a procedat Jim Lovell când a condus misiunea Apollo 13 spre Lună. În momentul în care racheta Saturn, care îi împingea spre suprafaţa lunară, s-a defectat şi au fost nevoiţi să renunţe la misiune şi să se întoarcă în siguranţă pe Pământ, viitorul nu părea prea roz. Lovell a calculat că şansele lor de supraviețuire sunt minime. „Însă nu ne mai gândeam la asta", a declarat el la reuniunea de patruzeci de ani de la eveniment, la care au participat astronauții şi coordonatorii de zbor. „Nu contează cât de mici erau şansele, ci dacă le puteai îmbunătăți".[12]

Jim Collins, cunoscutul autor şi expert în business, spune: „Există un sentiment de satisfacție care provine din faptul că vedem realitatea aşa cum este şi spunem: «Nu vom renunța niciodată. Chiar nu vom capitula. Se poate să dureze ceva, dar vom găsi o cale să reuşim»". Este cât se poate de bine să gândim aşa şi să reacționăm în acest fel în fața provocărilor. Ne creăm oportunități prin faptul că privim problema direct şi acționăm, fără să ne îndepărtăm de ea. Dacă vrei să înveți, trebuie să fii orientat către rezolvarea problemelor, către planificare şi către performanță. Realitatea este singura care nu se va prăbuşi în fața acestor lucruri.

4

Responsabilitatea: primul pas al învățării

În general, avem tendința să credem că responsabilitatea este un lucru pe care o persoană aflată într-o poziție de autoritate ni-l *acordă* - de exemplu un părinte sau un angajator. De cele mai multe ori chiar aşa şi este. În acelaşi timp însă, responsabilitatea este un lucru pe care trebuie să fim dispuşi să ni-l *asumăm*. După mai bine de patruzeci de ani în care am condus oameni şi le-am fost mentor, am ajuns la concluzia că responsabilitatea este cea mai importantă abilitate pe care o poate poseda cineva. Nu ne putem atinge niciodată potențialul maxim până când nu spunem „Da, sunt responsabil". Dacă nu îți asumi responsabilitatea, nu mai nici un control asupra propriei vieți.

Responsabilitatea este cea mai importantă abilitate pe care o poate poseda cineva.

Prietena mea, Truett Cathy, cea care a înființat compania Chick-fil-A, spune adesea: „Totul depinde de mine". Este un mod de gândire cât se poate de corect dacă vrei să câştigi. Dacă îți asumi responsabilitatea asupra propriei vieți, asupra acțiunilor şi greşelilor pe care le faci sau asupra eforturilor de a te dezvolta pe plan personal, vei putea să înveți şi, de cele mai multe ori, să şi reuşeşti. În sport, acest lucru se cheamă „poziția corespunzătoare". În momentul în care jucătorii se află în poziția corectă, vor putea juca cu succes. Nu există nici o garanție că vor şi învinge. Cu toate acestea, dacă nu mai sunt pe poziții, le este aproape imposibil să joace bine. Şi dacă ratează mai multe lovituri la rând, vor pierde şi meciul.

De fiecare dată când dăm greş, putem alege să ajungem într-un loc în care vom suferi, dar de pe urma căruia am putea profita astfel încât să ne asumăm responsabilitatea şi să facem tot ceea ce trebuie pentru a avea succes - sau putem evita chinul temporar al asumării responsabilităţii şi să ne găsim diverse scuze. Dacă reacţionăm în mod corespunzător în urma unui eşec şi devenim mai responsabili, atunci putem învăţa din erori. Prin urmare, nu vom mai fi dispuşi să facem aceeaşi greşeală din nou. Cu toate acestea, dacă evităm să ne asumăm responsabilitatea, nu ne analizăm eşecurile şi nici nu învăţăm nimic din ele, repetându-le în timp.

O voce de aur

Este povestea lui Ted Williams. Nu, nu a legendarului jucător de baseball de la Red Sox, ci a bărbatului a cărei imagine a fost surprinsă pe video, înfăţişat fiind pe marginea drumului, şi postată apoi pe YouTube. Poate ai văzut-o şi tu. Un boschetar la ieşirea de pe o autostradă, care ţinea un carton în mână, sperând să primească bani de la trecători. Un şofer cu o cameră video s-a oprit şi i-a spus: „Hei, o să te pun să munceşti pentru dolarul pe care ţi-l voi da. Spune ceva cu o voce ca la radio."[1]

Bărbatul, îmbrăcat într-o jachetă ponosită de armată, cu părul vâlvoi şi murdar, a răspuns imediat, rostind câteva fraze cu o voce absolut magnifică, făcută parcă special pentru radio. În realitate, porecla lui era chiar „Radio" şi considerase întotdeauna că vocea pe care o avea era un dar de la Dumnezeu.

Ted a devenit faimos peste noapte, iar clipul postat pe YouTube a ajuns viral. A apărut la emisiunile *Today*, *Entertainment Tonight* şi *Dr. Phil*. Era o poveste cu care oamenii rezonau - un boschetar cu un talent ieşit din comun chiar făcea audienţă. Însemna însă mai mult de-atât - o ilustrare a puterii pe care o are asumarea responsabilităţii şi a faptului că ea reprezintă primul pas al procesului de învăţare.

De la un vis frumos la coşmar

Când Ted avea zece ani, a primit cadou de la mama lui un radio Panasonic, la care asculta aproape tot timpul muzică. Cel mai mult îl atrăgeau DJ-ii. Îi urmărea în fiecare seară, învățându-le tiparele de discurs şi imitându-le inflexiunile vocii. La doisprezece ani, a primit de Crăciun un microfon şi un casetofon pe care se putea şi înregistra. Îşi crea astfel zilnic „propriile emisiuni", citind titluri de ştiri pe care le scria şi repetând frazele mai dificile. Descoperise ce vrea să facă cu viața lui: să lucreze la un post de radio.

Când a împlinit şaptesprezece ani, Ted a mai făcut un pas care credea că îl va apropia mai mult de visul său. Un angajat al Armatei i-a spus că ar putea ajunge specialist în comunicații. Aşa că a renunțat la liceu. Individul nu îi spusese însă că trebuie să ştie obligatoriu să bată la maşină, iar el habar nu avea. După ce şi-a terminat instrucția de bază, a fost trimis la cei care se ocupau de întreținerea vehiculelor.[2] În acea perioadă Ted s-a apucat de băutură. Acest lucru, dar şi un comportament total nepotrivit, l-au făcut să plece din Armată într-un mod cât se poate de dezonorant.

Ted s-a mutat în Carolina de Sud şi în cele din urmă a reuşit să se angajeze la un mic post de radio, unde a început să învețe ce înseamnă afacerile şi să aibă şi oarecare succes. După nişte probleme cu legea şi o bucată de vreme petrecută în închisoare, s-a mutat în Ohio şi s-a căsătorit cu o fată pe care o cunoştea din liceu. S-a angajat şi, ocazional, mai lucra şi ca MC la concerte sau în cluburi de noapte. La un moment dat, în oraş s-a deschis un nou post de radio, iar Ted s-a dus acolo ca DJ. „Munceam foarte mult", îşi aminteşte el. „Ajungeam dis-de-dimineață ca să înregistrez şi să fac tot felul de combinații astfel încât sunetul să iasă cât mai bine."[3] Emisiunea sa începea la ora şapte seara şi se termina la miezul nopții. În plus, mai era şi voiceover în diverse reclame.

Un drum întunecat

Cu timpul, Ted a devenit cel mai bun DJ din Columbus. Nu s-a oprit însă niciodată din băutură – nici măcar atunci când, din cauza comportamentului nepotrivit, a fost dat afară. Şi nici când şi-a schimbat jobul. Sau când căsnicia lui s-a dus pe apa sâmbetei. Şi nici când a fost retrogradat. A continuat să bea şi, în plus, fuma şi marijuana. Într-o zi însă, viața i s-a transformat în ceva groaznic. Veneau tot felul de prieteni la el în vizită, care i-au dat pentru prima dată crack, un drog care provoacă o dependență puternică, moment din care şi-a dat seama că nu mai poate trăi fără el.

„La început mă gândeam că o să fumez doar în weekenduri. Apoi în fiecare noapte şi la sfârşit de săptămână - şi că totul va fi în regulă." A continuat să se mintă singur şi să fumeze din ce în ce mai mult. „La două luni de când am luat prima dată crack, am renunțat la jobul visurilor mele - singurul lucru pe care îmi dorisem să-l fac în viață", îşi aminteşte Ted.[4] Şi-a dat demisia, astfel încât să poată fuma crack toată ziua. Şi asta a şi făcut. „La trei luni de când am fumat prima dată, tot ceea ce reuşisem să strâng în cinci ani se topise de tot."[5]

Ted nu mai avea absolut nimic. Trăia pe străzi, dormea în pădure, printre străini sau în case în care drogații stăteau la grămadă. Era un ciclu fără sfârşit de dependență, abuz de droguri, contrabandă, trafic, furtişaguri şi, ocazional, de arestări. În tot acest timp, se mințea singur că totul e în regulă. Dar nu era nicidecum. Se omora singur, încetul cu încetul. „Este greu să încetezi să te mai minți singur", spune Ted. „Adevărul e că viața mea era oricum numai plăcută nu. Nu e nimic amuzant să îți petreci câteva luni pe an în închisoare. Nimic pozitiv în faptul că nu îți făceai duş cu zilele, respirația îți mirosea îngrozitor, hainele erau umede fiindcă ploua şi trăiai sub cerul liber şi căutai tot timpul în cutiile lăsate pe străzi de Armata Salvării ca să îți găseşti ceva decent de îmbrăcat... Eram doar un individ disperat, care îşi căuta cu orice preț următoarea doză."[6] Şi asta a durat douăzeci de ani!

Din momentul în care Ted a fost descoperit cerşind la ieşirea pe autostradă, a încercat deja de mai multe ori să îşi schimbe viața, însă nu a reuşit. Faima recent dobândită nu l-a ajutat aproape deloc. Nu îşi analizase la modul serios dependența şi nici nu îşi asumase responsabilitatea pentru propriile-i fapte. A acceptat oferta dr. Phil, care îi propusese să se interneze la reabilitare, însă în realitate nu își dorea să se apuce de așa ceva. Cam o dată la două săptămâni, fugea de acolo. La câteva luni, în condițiile în care nu renunțase nici la alcool, nici la crack, se săturase.

„Am apelat din nou la dr. Phil, umil, și l-am rugat să îmi dea o a doua șansă", spune Ted. Și a meritat. „Pentru prima dată de când ratasem și ultima șansă de a fi într-un radio, în 1996, eram «curat». Nu eram vindecat. Nici o formă de dependență nu se vindecă pe deplin, pentru totdeauna. Dar pentru prima dată în viață, mă simțeam eliberat".[7] Și poate că, tot pentru prima dată în viață, învățase ceva. De ce? Fiindcă în cele din urmă și-a asumat responsabilitatea vizavi de propria persoană și față de alegerile sale - de altfel, primul pas al învățării.

Ce se întâmplă atunci când nu ne asumăm responsabilitatea

Așa cum am văzut și din povestea lui Ted Williams, dependențele nu aduc nimic bun, sunt triste și extrem de asemănătoare. În perioada în care Ted trăia pe străzi, mințea, înșela și fura pentru a avea bani de droguri. Le-a trădat încrederea celor dragi. I-a cerut bani mamei sale ca să se ducă la New York, la înmormântarea propriului tată. Când i-a primit, i-a dat pe cocaină. Și-a înșelat soția. Și-a abandonat copiii. Și a refuzat să își asume responsabilitatea, indiferent despre ce era vorba.

Povestea lui Ted este una extremă, însă nu singulară atunci când vine vorba despre evitarea asumării responsabilității. Oamenii fac de foarte multe ori acest lucru, în special atunci când dau greș și comit diverse erori - fiindcă pur și simplu nu vor să se confrunte cu acest gen de situații. Dacă nu ne schimbăm mentalitatea, în viața noastră începe să apară un tipar.

1. Ajungem să avem o mentalitate de victimă

Acum douăzeci de ani, Charles J. Sykes scria cartea intitulată *O națiune de victime*, în care descria această mentalitate care a ajuns să caracterizeze perfect națiunea americană. În partea introductivă, ne vorbește despre un agent FBI care a delapidat două mii de dolari, pe care i-a pierdut ulterior la jocuri de noroc, într-un cazinou din Atlanta. Bărbatul a fost concediat, însă a reușit să fie reangajat în același loc, după ce i-a convins pe judecători că tendința de a paria banii altora era un „handicap", fiind protejat, prin urmare, de legile federale.

Sykes ne povestește și despre cazul unui tânăr care a furat o mașină dintr-o parcare și a murit în timp ce se îndepărta de la locul faptei; familia lui a reacționat dându-l în judecată pe proprietarul parcării, pentru că nu făcuse nimic să împiedice producerea unor asemenea furturi.

Ne mai relatează și povestea unui bărbat condamnat de mai bine de treizeci de ori pentru exhibiționism, care a recunoscut că s-a expus dezbrăcat în locuri publice de peste 10.000 de ori. Când a fost respins în momentul în care a vrut să se angajeze îngrijitor într-un parc, pornind de la acuzațiile care îi fuseseră aduse, a pretins că nu se expusese niciodată într-un asemenea loc, ci doar în biblioteci publice, în curățătorii și spălătorii. Autoritățile au fost de acord cu el și au stabilit că era, probabil, victima discriminării.[8]

În timp, tendința de victimizare în Statele Unite s-a înrăutățit. În loc să își asume responsabilitatea pentru propriile vieți, mulți încearcă să se fofileze prezentându-se ca niște victime ale societății, ale economiei, ale conspirațiilor sau ale discriminării. Un mod de gândire tipic unei victime ne face să ne concentrăm asupra lucrurilor pe care nu le putem face în loc să vedem ceea ce putem face. Este un fel de rețetă a eșecului continuu.

Un mod de gândire tipic unei victime ne face să ne concentrăm asupra lucrurilor pe care nu le putem face în loc să vedem ceea ce putem face. Este un fel de rețetă a eșecului continuu.

În momentul în care Ted Williams s-a trezit la realitate și a început să își asume responsabilitatea vizavi de propria-i viață, și-a dat seama că cea mai gravă problemă a lui fusese faptul că era convins că i se cuvin lucruri și că e îndreptățit să le primească – ceea ce a și stat la baza celor mai multe necazuri pe care le avusese. „Pentru mine acest lucru a fost o problemă toată viața", spunea el. „M-am aşteptat ca în armată să intru la Comunicaţii, chiar dacă nu eram calificat. Aveam convingerea că cei de la radio mă vor cocoloşi, chiar dacă abuzam de încrederea lor."[9] Viaţa a început însă să i se schimbe abia atunci când s-a simţit recunoscător pentru ceea ce avea şi şi-a asumat responsabilitatea pentru propriile-i fapte.

2. Avem o perspectivă nerealistă asupra vieţii

Viaţa nu e mereu aşa cum ne-am dori. Dacă ne-am propus să urmăm o anumită cale, totul va fi mai simplu, mai drept şi mai amuzant. Nu vor mai exista suferinţă şi frământări. Vom munci doar dacă ne face plăcere. Şi nu vom muri niciodată. Dar lucrurile nu funcţionează aşa. Viaţa nu e deloc simplă şi nici dreaptă. Uneori suferim. Chiar şi cel mai bun job din lume presupune să te ocupi şi de sarcini mai puţin plăcute şi vor exista şi momente mai proaste. Şi fiecare dintre noi vom muri la un moment dat.

Este drept acest lucru? Nu. Johnny Carson spunea la un moment dat: „Dacă viaţa ar fi dreaptă, atunci Elvis ar mai trăi şi acum şi toţi cei care îl imită ar fi morţi." Avem parte uneori de lucruri mai bune decât am merita, iar alteori mai proaste. Şi nu există nici o garanţie că într-un final va exista un echilibru. Biblia ne spune că Dumnezeu face ca soarele Lui să răsară şi peste cei răi, şi peste cei buni şi trimite ploaie şi peste cei drepţi, şi peste cei nedrepţi.[10] Evident, ne putem întreba care sunt motivele. Însă doar foarte rar ne ajută să căutăm răspunsuri. Se poate să nu ne dăm seama niciodată de ce se întâmplă anumite lucruri. Dacă ne îndreptăm atenţia asupra motivelor, este posibil să nu progresăm niciodată cu adevărat.

„Dacă viaţa ar fi dreaptă, Elvis ar mai trăi şi acum şi toţi cei care îl imită ar fi morţi."
– Johnny Carson

O altă capcană este să ne comparăm permanent cu alţii. Acest lucru poate duce la frustrări uriaşe şi la o lipsă acută de satisfacţie, fiindcă întotdeauna poţi întâlni pe cineva mai bun decât tine. Am citit de curând povestea amuzantă a unei femei, care a spus că într-o viaţă viitoare ar vrea să fie urs:

Dacă eşti urs, atunci hibernezi. Timp de şase luni nu faci nimic altceva decât să dormi. M-aş putea împăca foarte bine cu asta. Înainte să hibernezi, se presupune că ar trebui să mănânci cât vrei tu de mult. Nici cu asta nu aş avea vreo problemă. Dacă eşti ursoaică, dai naştere unor pui mici (sub cinci sute de grame), în timp ce dormi, iar când te trezeşti, ai nişte odrasle drăguțe, deja măricele. Cu asta chiar că n-aş avea nici o problemă. Dacă eşti mama ursoaică, toată lumea te ştie de frică, fiindcă sari la toți cei care vor să îți deranjeze cu ceva puii. Iar dacă vreun micuț nu te ascultă, îl pui imediat şi pe el la punct. M-aş descurca perfect. Dacă eşti ursoaică, partenerul tău *se aşteaptă* să te trezeşti mormăind. *Se aşteaptă* să ai păr pe picioare şi grăsime în exces. Daaaa... vreau să fiu ursoaică![11]

„Acele lucruri care te fac să suferi te ajută să evoluezi."
– Benjamin Franklin

Benjamin Franklin scria: „Acele lucruri care te fac să suferi te ajută să evoluezi". Este perfect adevărat, dar doar dacă faci efortul să înțelegi cum funcționează cu adevărat viața şi să accepți asta. În loc să te gândeşti *de ce* se întâmplă anumite lucruri, mai bine am reflecta la *cum* funcționează ele. Există foarte multe lecții pe care le-ai putea învăța, lecții care te-ar putea pregăti pentru bătăliile viitoare.

3. Încercăm foarte des să dăm vina pe alții pentru eşecurile noastre

Un alt tipar de comportament la care recurg oamenii în momentul în care nu îşi asumă responsabilitatea vizavi de propriile fapte şi încearcă să dea vina pe altcineva este procesul creativ folosit pentru a găsi un țap ispăşitor. La un moment dat consiliam un bărbat a cărei viață era un dezastru. Într-una dintre discuțiile noastre, mi-a spus: „Trei lucruri sunt în neregulă cu mine: soția, mama şi copilul". Iată ceea ce numesc eu „a da vina pe altcineva"...

Companiile de asigurări primesc o mulțime de mesaje, care mai de care mai creative, din partea şoferilor care refuză să îşi asume responsabilitatea. Mă amuză foarte tare aceste lucruri. Iată câteva dintre ele:

„Chiar înainte să intru în intersecție, mi-a apărut în față un gard şi nu am mai văzut nimic."

„O altă maşină invizibilă a apărut parcă din neant, m-a lovit şi a dispărut."

„Stâlpul de telefon se apropia rapid de mine. Am încercat să mă dau la o parte din calea lui, dar m-a acroşat din spate."

„Cauza indirectă a acestui accident a fost un tip micuț cu gura mare dintr-o maşină minusculă."

„Am condus această maşină patru ani la rând, când am adormit la volan şi am avut un accident."

„Eram în drum spre spital, aveam deja o problemă la cauciucul din spate, când mi s-au stricat şi bucşele şi am avut un accident."

„Ca să evit să ating bara din spate a maşinii din față, am intrat într-un pieton."

Autorul şi editorul Christopher Buckley a povestit la un moment dat un incident în care a fost implicat actorul David Niven, cel care a jucat în prima ecranizare *Pantera roz*. Iată ce a declarat:

> Povestea mea favorită - despre care se vorbeşte cu deferență în familia noastră - i s-a întâmplat lui David Niven, care este un amic de-al tatălui meu. Era cel mai drăguț om pe care îl cunoscusem vreodată. Nu avea nici urmă de răutate în el. Ce să mai... un tip cât se poate de politicos şi respectuos. Se afla la un moment dat la o recepție şi a început să discute cu cineva. Cei doi stăteau la baza unei scări impunătoare, când au văzut coborând două femei, care se îndreptau spre ei. David s-a întors spre interlocutorul său şi i-a spus: „Cred că e cea mai urâtă femeie pe care am văzut-o vreodată."
>
> Tipul s-a holbat şi i-a răspuns: „E soția mea". Disperat să dreagă cumva gafa, a adăugat: „La cealaltă mă refeream!". Bărbatul i-a zis uitându-se chiar ciudat la el: „E fiica mea!" David i-a răspuns: „Nu eu am zis-o!"

Buckley continuă: „Când aducem vorba despre asta, acasă la noi o numim «apărarea în stil David Niven». A picat la țanc."[12]

Orice moment în care încerci să dai vina pe altcineva îţi poate rezolva problema pentru moment, dar nu te ajută deloc pe termen lung. Nu te poţi dezvolta pe plan personal dacă te străduieşti să găseşti pe cineva pe care să dai vina în loc să îţi analizezi temeinic defectele.

4. Renunţăm la posibilitatea de a ne controla viaţa

Cine este responsabil pentru ceea ce ţi se întâmplă în viaţă? Crezi că tu personal va trebui să îţi asumi responsabilitatea? Sau eşti de părere că nu tu controlezi totul şi că nu poţi face mai nimic în acest sens?

Psihologii spun că unii oameni posedă un simţ *intern* al controlului şi că se bazează în primul rând pe ei înşişi atunci când vine vorba de reuşite sau de eşecuri. Alţii au un simţ *extern* al controlului, dând vina pe cei din jur atunci când ceva nu merge aşa cum ar trebui. Care dintre ei au un succes mai mare? Cei care îşi asumă responsabilitatea. Care sunt mai mulţumiţi? Cei care îşi asumă personal responsabilitatea. Care dintre ei învaţă din greşeli şi continuă să se dezvolte pe plan personal şi să se perfecţioneze? Cei care dau dovadă de responsabilitate.

Asumarea responsabilităţii vizavi de propria viaţă este o chestiune de alegere. Acest lucru nu înseamnă că trebuie să crezi că deţii controlul asupra întregii tale vieţi. Nici măcar nu este posibil aşa ceva. Îţi poţi asuma însă responsabilitatea vizavi de tine şi de fiecare alegere pe care o faci. Am văzut la un moment dat o piesă de teatru a lui Eric Plasker, intitulată „Aleg viaţa". Poate că eşti tentat să treci mai repede peste rândurile care urmează, dar te rog să nu o faci:

Aleg să mor.	Aleg să trăiesc.
Aleg să urăsc.	Aleg să iubesc.
Aleg să închid.	Aleg să deschid.
Aleg să plâng.	Aleg să râd.
Aleg să neg.	Aleg să cred.
Aleg să ignor.	Aleg să aud.
Aleg să am dreptate.	Aleg să fac legături.

Aleg să mă împrăştii.
Aleg să muncesc.
Aleg să fiu supărat.
Aleg să disper.
Aleg să renunț.
Aleg să sufăr.
Aleg să distrug.
Aleg să dau greş.
Aleg să sting focul.
Aleg să dispar.
Aleg să îi urmez pe alții.
Aleg să plutesc în derivă.
Îmi aleg opțiunile.

Aleg să mă concentrez.
Aleg să mă joc.
Aleg să accept.
Aleg să sper.
Aleg să insist.
Aleg să mă vindec.
Aleg să creez.
Aleg să am succes.
Aleg să aprind focul.
Aleg să excelez.
Aleg să conduc.
Aleg să mă implic.
Îmi aleg viața.[13]

Henry Ward Beecher, adept al aboliționismului, spunea: „Dumnezeu nu întreabă pe nimeni dacă îşi acceptă viața. Aceasta nu este o opțiune pentru nimeni. Trebuie să iei totul aşa cum vine. Poți alege doar cum să procedezi." Cum îți vei trăi viața? Vei lăsa ca ea să treacă pur şi simplu pe lângă tine? Sau vei evalua fiecare oportunitate cu entuziasm şi responsabilitate?

„Dumnezeu nu întreabă pe nimeni dacă îşi acceptă viața. Aceasta nu este o opțiune pentru nimeni. Trebuie să iei totul aşa cum vine. Poți alege doar cum să procedezi."
– Henry Ward Beecher

5. Eliminăm posibilitatea de a ne dezvolta pe plan personal astfel încât să avem succes

În momentul în care nu reuşim să ne asumăm responsabilitatea vizavi de propriile fapte, nu numai că ne dezvoltăm o mentalitate de victimă, ci ajungem să avem o perspectivă nerealistă asupra modului în care decurge viața, încercăm să dăm vina pe cei din jur şi renunțăm la a mai ne controla viața, eliminând şi orice posibilitate reală de a ne dezvolta pe plan personal şi de a avea succes – adevărata tragedie atunci când nu reuşim să fim responsabili.

Succesul este o adevărată călătorie. Trebuie să îl abordăm gândindu-ne inclusiv la ceea ce vom face pe termen lung. Trebuie să ne concentrăm asupra prezentului, ca să putem merge mai departe.

Scuzele sunt un fel de ieşiri de pe drumul succesului, care nu ne duc nicăieri. Este destul de simplu să deviezi de la acest drum, dar nu la fel de simplu să revii. Este practic imposibil să treci de la situaţiile în care îţi găseşti scuze direct la succes. Trebuie mai întâi să revii pe drumul cel bun şi să îl urmezi în continuare. Dacă vrem să facem ceva şi să ne asumăm responsabilitatea, atunci vom găsi o modalitate. Dacă nu, vom căuta scuze. Acest lucru ne poate elibera de presiune şi să ne facă să ne simţim mai bine pe termen scurt, dar nu vom avea şi succes.

Richard Bach spunea: „Renunţă la convingerile tale limitative, căci te ţin în loc." Indiferent că îmi place sau nu, sunt responsabil pentru locul în care mă aflu astăzi. Circumstanţele prezente sunt consecinţa directă a alegerilor mele din trecut. Viitorul meu poate fi rezultatul modului în care gândesc acum şi al acţiunilor pe care le întreprind. Dacă eu sunt responsabil, atunci şi tu eşti.

Ce se întâmplă atunci când învăţăm să fim responsabili?

Eşecurile sunt inevitabile, însă scuzele sunt opţionale.

În cartea *You Gotta Keep Dancin'*, Tim Hansel spune: „Suferinţa este inevitabilă, dar nefericirea este opţională." Acelaşi lucru este valabil şi atunci când vine vorba despre responsabilitate. Eşecurile sunt inevitabile, însă scuzele sunt opţionale. Când începem să renunţăm să ne mai găsim scuze şi începem să ne asumăm responsabilitatea, viaţa ni se schimbă semnificativ. Iată cum.

1. Facem primii paşi pentru a învăţa ceva

În momentul în care îţi asumi responsabilitatea vizavi de propriile fapte, o faci şi vizavi de ceea ce poţi învăţa. Şi cu cât faci mai din timp acest lucru, cu atât mai bune sunt potenţialele rezultate. William Raspberry, profesor şi laureat al Premiului Pulitzer, are câteva sfaturi relevante legate de importanţa asumării responsabilităţii şi a alegerilor corecte încă din tinereţe. El observa:

> Dacă vrei să fii considerat un stâlp solid şi de încredere al comunităţii în momentul în care împlineşti cincizeci de ani,

atunci nu trebuie să fii un individ iresponsabil la douăzeci şi cinci de ani... Dacă vrei să ai grijă de reputația ta, indicat este să o faci înainte să ți-o consolidezi. Îți construieşti reputația hotărând cine şi ce eşti şi concentrându-te permanent asupra propriilor scopuri, chiar şi atunci când treci prin momente mai puțin plăcute.

Dacă îți asumi încă din tinerețe responsabilitatea asupra propriilor fapte, ai şanse mai mari să devii mai înțelept odată cu înaintarea în vârstă. Unii dintre noi avem nevoie de mai mult timp. Uneori am senzația că abia după şaizeci şi cinci de ani am început să înțeleg viața. Acum, când oficial sunt un cetățean în vârstă, pot afirma că ştiu sigur doar două lucruri. În primul rând, viața mi-a oferit multe surprize şi nu a fost aşa cum m-aş fi aşteptat. Unele lucruri au fost mai bune decât mi-am imaginat, iar altele mai rele. Indiferent cine eşti, este imposibil să ştii ce fel de viață vei avea.

În al doilea rând, atâta vreme când mi-am asumat responsabilitatea pentru lucrurile pe care le-am putut controla şi mi-am propus să învăț cât mai mult de pe urma lor, m-am simțit cât se poate de mulțumit. Din nefericire, am încercat adesea să controlez şi lucrurile care nu intrau în sfera mea directă de influență. De fiecare dată când am procedat aşa şi nu mi-a ieşit, mi-am irosit într-un fel energia şi m-am simțit descurajat. Pentru mine a fost o lecție destul de dură.

Dacă reuşeşti să stabileşti un echilibru între momentele în care îți asumi responsabilitatea şi cele în care nu poți controla tu personal totul, vei putea învăța mult mai repede. Oricum, niciodată nu e prea târziu. Acest lucru a fost valabil şi pentru Ted Williams, care avea cam cincizeci de ani când a făcut primul pas. Prin urmare, învață şi acum şi se dezvoltă pe plan personal, încercând să aibă o viață mai bună.

2. Vedem lucrurile din perspectiva corectă

Să îți asumi responsabilitatea vizavi de propriile fapte nu înseamnă că trebuie să te iei prea în serios. Când faci acest lucru, ajungi uneori să ai o perspectivă negativă în alte laturi ale vieții tale.

Henri Frederic Amiel spunea: „Cei din jur ne nemulţumesc cel mai tare atunci când suntem nemulţumiţi de noi înşine." Asumarea responsabilităţii nu înseamnă să cultivi o atitudine negativă, ci să fii dispus să vezi lucrurile din perspectiva corectă.

„Cei din jur ne nemulţumesc cel mai tare atunci când suntem nemulţumiţi de noi înşine."
– Henri Frederic Amiel

Am cunoscut oameni pe care eşecurile suferite îi copleşiseră şi care spuneau mereu lucruri precum „Această întâmplare mi-a distrus viaţa" sau „Persoana aceea mă face să-mi pierd minţile". Adevărul este că nimic nu ne poate ruina viaţa sau să ne facă să ne pierdem minţile fără permisiunea noastră. Dacă te surprinzi gândind astfel, atunci opreşte-te imediat. Ai puterea de a alege să gândeşti diferit şi poţi învăţa cum să faci acest lucru doar dacă priveşti totul din perspectiva corectă.

În 2009, la vârsta de cincizeci şi nouă de ani, jucătorul de golf Tom Watson a concurat la British Open, într-un concurs foarte dificil. Nu câştigase nici un turneu important în douăzeci şi cinci de ani de când juca, dar cu toate acestea, înainte de ultima gaură la care se trăgea cu crosa, conducea la scor. Dacă ar fi putut lua patru puncte, ar fi câştigat. A ratat însă, ajungând în playoff cu Stewart Cink, care a ieşit într-un final învingător.

Ce dezamăgire! În rândul ziariştilor se lăsase tăcerea în timp ce se îndreptau către cortul presei. Care a fost reacţia veteranului jucător de golf? „Hei, zici că suntem la înmormântare", a glumit el. Se putea amuza de acest incident, fiindcă vedea lucrurile din perspectiva corectă. Din punctul său de vedere, nu era sfârşitul lumii.

Cei care pot trage învăţăminte de pe urma eşecurilor sunt cei care nu le consideră ceva permanent, ci temporar. Sau, aşa cum a spus la un moment dat Patricia Sellers: „Cei care îşi pot reveni imediat de pe urma pierderilor nu văd eşecul ca pe un cancer, ci, mai degrabă, ca pubertatea: deşi ciudată şi inconfortabilă, este o experienţă care te transformă şi care precede maturitatea."[14]

3. Încetăm să facem încontinuu aceleaşi greşeli

Care este principala diferenţă între cei care au succes şi cei care nu au? Nu eşecul. Indiferent de grup, toţi oamenii au şi rateuri. Cu toate acestea însă, cei care îşi asumă responsabilitatea vizavi de propriile fapte învaţă din greşelile lor şi *nu le repetă.*

Dacă stai puţin să te gândeşti, cum ai învăţat să mergi când erai bebeluş? Ai încercat o dată şi ai căzut. După care ai încercat probabil altceva, nu a mers şi ai căzut iar. Mai mult ca sigur că ai testat *sute* de abordări - poate chiar câteva mii - care te-au învăţat ce anume *nu* funcţionează atunci când vine vorba despre mersul în picioare. Într-un final, ai încercat ceva care a funcţionat.

Aşa ai învăţat să păşeşti, să mănânci, să vorbeşti, să mergi pe bicicletă, să arunci mingea şi toate celelalte sarcini de bază. De ce ai crede că vei ajunge vreodată într-un loc în care să poţi învăţa fără să eşuezi şi să faci greşeli? Dacă vrei să înveţi mai mult, trebuie să te străduieşti mai mult. Indicat este să acorzi însă atenţie şi lucrurilor care *nu* funcţionează şi să faci modificările corespunzătoare.

În audiobook-ul *The Psychology of achievement,* Brian Tracy ne spune povestea a patru bărbaţi care au devenit milionari până să împlinească treizeci şi cinci de ani. Fiecare dintre ei se implicase în medie în şaptesprezece tipuri de afaceri înainte să o găsească pe cea potrivită. Care este mesajul? Pentru a ieşi învingător, nu poţi continua să faci acelaşi lucru la nesfârşit. Trebuie să te opreşti puţin, să îţi asumi responsabilitatea pentru propriile alegeri, să te gândeşti la ceea ce ai făcut corect şi la ce nu, să faci modificările necesare şi să încerci din nou. Este singura modalitate prin care poţi avea succes.

William Moulton Marston, creatorul *Wonder Woman,* remarca: „Fiecare reuşită despre care am auzit a fost obţinută fiindcă persoana respectivă şi-a putut analiza din toate punctele de vedere înfrângerile anterioare, profitând de învăţămintele trase data următoare când s-a confruntat cu acea problemă." Eşecul nu este cel mai bun profesor. Nici experienţa. Putem învăţa de pe urma experienţelor evaluate. Putem profita, aşadar, de fiecare experienţă pe care o avem.

„Fiecare reuşită despre care am auzit a fost obţinută fiindcă persoana respectivă şi-a putut analiza din toate punctele de vedere înfrângerile anterioare, profitând de învăţămintele trase data următoare când s-a confruntat cu acea problemă."
– William Moulton Marston

4. Devenim din ce în ce mai puternici

Eleanor Roosevelt observa: „Ai din ce în ce mai multă putere, curaj şi încredere cu fiecare experienţă în care ai îndrăznit să te confrunţi cu propriile temeri. Îţi vei putea spune: «Am trecut cu bine prin această oroare. Mă voi descurca şi data următoare». Trebuie să faci întotdeauna lucrurile pe care crezi că nu le poţi face."

De fiecare dată când îţi asumi responsabilitatea, când te confrunţi cu propriile temeri şi mergi mai departe în ciuda pierderilor, a eşecurilor, a greşelilor şi a dezamăgirilor, devii mult mai puternic. Şi dacă vei continua să faci ceea ce trebuie atunci când trebuie, mai devreme sau mai târziu vei ajunge să faci lucrurile pe care ţi le doreşti, atunci când îţi doreşti.

Această abilitate se dezvoltă doar dacă îţi asumi responsabilitatea de a te transforma în acea persoană pe care Dumnezeu a intenţionat ca tu să fii – nu în altcineva. În cartea sa, *Confidence: how to succeed at being yourself,* Alan McGinnis scrie:

> Pe patul de moarte, Zuscha, un rabin adept al hasidismului, a fost întrebat cum crede că arată regatul Domnului. Acesta a răspuns: „Nu ştiu. Sunt sigur însă de un lucru. Când voi ajunge acolo nu voi fi întrebat de ce nu am fost Moise. Sau de ce nu am fost David. Voi fi întrebat de ce nu am fost eu însumi, de ce nu mi-am atins potenţialul maxim."[15]

Ar trebui să ne punem singuri o întrebare similară: suntem noi înşine? Ne asumăm întreaga responsabilitate în acest sens? Dacă răspunsul este afirmativ, atunci cu siguranţă vom evolua în fiecare zi.

5. Vorbele noastre sunt dublate şi de fapte

Pasul final atunci când vine vorba despre asumarea responsabilităţii este acela în care ne asigurăm că facem ceea ce spunem. Jeff O'Leary, autorul cărţii *The Centurion Principles,* ne sfătuieşte: „La sfârşitul zilei, pune-ţi semnătura pe tot ceea ce ai lucrat. Dacă nu poţi face acest lucru, găseşte-ţi o nouă profesie." Dacă eşti dispus ca numele tău să apară pe tot ceea ce ai făcut, atunci înseamnă că eşti o persoană integră. Despre acest lucru ne vorbeşte şi autorul şi consultantul Frances Cole Jones în ultima lui carte, *The Wow Factor*:

> **„La sfârşitul zilei, pune-ți semnătura pe tot ceea ce ai lucrat. Dacă nu poți face acest lucru, atunci găseşte-ți altă profesie."**
> ***– Jeff O'Leary***

> În Marină, un *rigger* - cel care împachetează (după folosire) paraşutele pentru alți marinari - trebuie să facă cel puțin o săritură pe lună. Lor cine le împachetează paraşuta? Ei singuri. Una dintre paraşutele pe care ei înşişi le împachetează pentru alții este aleasă la întâmplare, iar individul respectiv trebuie să sară cu ea. Acest sistem este conceput astfel încât să nu existe nici un dubiu că treaba este făcută cu superficialitate – la urma urmei, poți nimeri chiar paraşuta pe care o împachetezi tu.
>
> Armata romană folosea o tehnică similară ca să verifice dacă podurile şi apeducturile sunt sigure: persoana care proiecta arcurile trebuia să stea sub arcul respectiv până când sistemul de susținere era îndepărtat.
>
> Dacă îți doreşti ca propria companie să dureze la fel de mult ca podurile romanilor, întreabă-te dacă toată lumea răspunde *cu adevărat* pentru rezultatele pe care le are, conform acestor standarde – şi dacă şi tu însuți eşti responsabil. Te concentrezi asupra fiecărei sarcini, ca şi cum însăşi viața ta ar depinde de asta?[16]

Ți se poate părea exagerat atunci când ți se cere să îți asumi responsabilitatea pentru sarcinile de care te ocupi, ca şi cum viața ta ar depinde de asta, însă nu este. De ce? Fiindcă viețile noastre *chiar depind* de ceea ce facem. Ted Williams a avut nevoie de cincizeci de ani şi aproape că l-a costat viața. Şi lucrurile stau la fel şi în cazul tău sau al meu. Această viață este singura pe care o avem pe acest pământ, aşa că nu o putem repeta. Fiecare minut pe care-l irosim a dispărut pentru totdeauna. Fie alegem să ne asumăm responsabilitatea pentru ceea ce facem, fie găsim pretexte.

Sper că şi tu, la fel ca şi mine, vei alege să te confrunţi cu realitatea şi să îţi asumi responsabilitatea. În aceste condiţii, atunci vei putea să evoluezi - ceea ce face şi subiectul următorului capitol.

5

Perfecționarea: esența învățării

Cum reușești să fii la curent cu ceea ce se întâmplă la nivel local, național și internațional, dar și cu noutățile din domeniul tău de activitate? Cei mai mulți apelează la social media, citesc câteva bloguri preferate și se uită la filmulețe pe internet. Poți obține aproape orice informație pe care ți-o dorești folosind un smartphone, o tabletă sau un computer.

Informația de dinainte de apariția internetului

Lucrurile erau complet diferite în perioada în care eu eram copil. Ca să fii la curent cu știrile, trebuia să depui ceva efort. Cei mai mulți citeau ziarele ca să afle ce se mai întâmplă prin lume. Știrile de ultimă oră puteau fi auzite la radio. Și dacă voiai să aprofundezi ceva, te duceai la bibliotecă. Totul a început însă să se schimbe în anii '50, odată cu apariția televizorului, și a luat amploare în anii '60, când s-au înființat rețelele de televiziuni de știri.

Campionul indiscutabil al acestui gen de rețele, persoana care a intrat în mod regulat în fiecare casă din America, a fost Walter Cronkite. Din 1962 până în 1981, Cronkite a fost o adevărată ancoră la *CBS Evening News*. Oamenii îi spuneau „Unchiul Walter", fiindcă era foarte iubit. Mai mult, în 1972, două sondaje de opinie l-au declarat „cel mai de încredere om din America"[1]. A prezentat știrile referitoare la asasinarea lui John F. Kennedy, Martin Luther King Jr.

şi a lui Bobby Kennedy. A transmis călătoria pe Lună a navetei Apollo 11, dar şi eşecul tragic al misiunii Apollo 13. A acoperit scandaluri precum Watergate, Războiul din Vietnam sau criza ostaticilor din Irak. A prezentat ştiri în două dintre cele mai pline de evenimente decenii din America. Mulţi l-au considerat cel mai bun om de televiziune din toate timpurile. Brian Williams, principalul vector de imagine al *NBC Nightly News* din această perioadă, spunea: „A fost părintele profesiei noastre."[2] Cronkite şi-a început cariera ca reporter de ziar şi, câţiva ani, a lucrat pentru o cunoscută agenţie de ştiri. În timpul celui de-Al Doilea Război Mondial, a fost corespondent de presă, dând dovadă de un curaj nemaipomenit. A zburat pe teritoriu inamic, a fost într-o misiune de bombardare a Germaniei şi a transmis ştiri despre bătăliile duse peste tot în Europa, inclusiv despre cea de la Bulge. Andy Rooney, multă vreme colaborator al emisiunii *60 Minutes*, îl ştia pe Cronkite din Europa din perioada războiului. În anii '90, după ce Cronkite s-a pensionat, Rooney a spus: „Toţi cei care se gândesc acum la Walter Cronkite ca la o figură de legendă a ştirilor de televiziune ar fi surprinşi să ştie cât de dur, competitiv şi luptător a fost pe vremea când făcea reportaje de presă. A devenit cel mai bun fiindcă detecta imediat potenţialul unei ştiri şi îşi făcuse o adevărată pasiune din asta. Era tot timpul foarte curios. Cel căruia îi lua interviu simţea întotdeauna că Walter era interesat de ceea ce avea el să spună, fiind la curent cu problema discutată şi ştiind o mulţime de detalii."[3]

Cronkite era un adevărat profesionist, însă la începuturi lucrurile nu stăteau chiar aşa. Succesul a apărut fiindcă era dedicat perfecţionării continue. A învăţat din prima fază o lecţie importantă, în momentul în care a fost angajat la postul de radio al Universităţii din Oklahoma, ca să transmită meciurile de fotbal. Cronkite era un vorbitor eficient, dar nu era pasionat de acest sport şi nici măcar nu cunoştea jucătorii. Aşa că s-a gândit cum i-ar putea identifica pe parcursul partidei. „Am conceput un panou electronic cu ajutorul căruia observatorii echipelor adverse, prin simpla apăsare a unui buton, recunoşteau în locul meu numele celor care se aflau pe teren la fiecare joc", îşi reaminteşte Cronkite.

S-a pregătit încrezător pentru prima sa transmisiune radio, pe care o ascultau şi directorii postului, dar şi sponsorii. Au apărut însă probleme chiar de la prima partidă. „Observatorii nu erau buni de nimic, iar panoul electric s-a dovedit inutil", spune Cronkite. Nici măcar nu ştia cine şi unde juca. S-a străduit să găsească aceste informații în program, dar comentariile sale rămâneau cu mult în urma celor petrecute pe teren, aşa că reacția spectatorilor din tribune îi preceda descrierile. După spusele lui Cronkite: „Transmisiunea a fost un dezastru."[4]

Din fericire, directorii postului au fost de acord să îi dea o nouă şansă, însă ştia că dacă îşi doreşte să aibă succes, trebuia să procedeze mult mai profesionist. Pentru asta, Cronkite şi-a făcut un plan nou. A explicat:

> Am apelat la cineva care să apese butoanele panoului meu - un angajat de-acolo. Am memorat împreună numele jucătorilor şi numerele de pe tricou, vârsta, caracteristicile fizice şi oraşele din care proveneau - pentru fiecare dintre cei treizeci-patruzeci de performeri din fiecare echipă cu care jucau cei de la Universitate.
>
> Stăteam trei-patru ore pe zi ca să facem acest lucru. Unul dintre noi spunea un element referitor la jucător - numele sau numărul de pe tricou. Celălalt trebuia să completeze detaliile.
>
> Era o muncă de rutină, care nu avea nimic strălucitor şi care începea de luni de dimineață şi se termina sâmbătă seara. Nu mai ajungeam, evident, la petrecerile de după meci. Însă practica noastră dădea roade, iar transmisiunile începuseră să aibă mare succes.
>
> Această experiență pe care am avut-o la începutul carierei mele în ştirile de televiziune m-a învățat o lecție valoroasă... De fiecare dată când vreau să acopăr un subiect, mă documentez şi citesc toate materialele disponibile, ca să aflu cât mai multe despre toate personajele implicate. Şi nu mă gândesc niciodată la planuri care să-mi permită să sar peste paşii esențiali ai meseriei mele, care mi-ar limita în mod sigur perspectiva. Motoul meu: nu există scurtături către perfecțiune.[5]

Cum reacționezi?

Cei mai mulți dintre noi nu se așteaptă să atingă perfecțiunea. Ne dorim însă să putem ajunge la un nivel înalt. Pentru asta este nevoie de autoperfecționare. Se spune că cele mai dificile cuvinte pe care trebuie să le rostești sunt: „Am greșit". În momentul în care comitem o eroare sau în care dăm greș, nu vrem să recunoaștem acest lucru. În schimb, facem unul dintre următoarele lucruri:

- **Ne enervăm:** reacționăm prin furie, resentimente, senzația de vină etc.
- **Ne ferim:** încercăm să ne ascundem greșelile pentru a ne proteja imaginea. O persoană care face o greșeală și apoi își găsește o scuză a făcut, de fapt, două greșeli.
- **Ne retragem:** ne distanțăm de cei care ne-ar putea descoperi greșeala.
- **Renunțăm:** ridicăm mâinile în sus și ne predăm. Nu abordăm niciodată greșeala într-o manieră sănătoasă.

Reacționăm ca tânărul pilot din Marină care participa la manevre. Amiralul a ordonat să fie închise toată aparatura de comunicații. Eroul nostru însă a dat drumul din greșeală la radio, după care a spus în șoaptă: „Of, Doamne, am dat-o în bară!".

Amiralul a strigat să fie deschise toate canalele și a spus: „Cel care a făcut asta să iasă imediat în față!".

S-a lăsat o tăcere apăsătoare, înainte ca vocea tânărului pilot să se audă din nou în șoaptă: „Am dat-o-n bară, dar nu chiar așa de rău!"

Da, este o poveste destul de stupidă, dar oamenii chiar reacționează așa în viața reală. De exemplu, John H. Holliday, fondatorul și editorul *Indianapolis News*, a intrat într-o zi în redacție, hotărât să îl găsească pe cel care confundase ortografia a două cuvinte asemănătoare. După mai multe verificări, și-a dat seama că el era cel responsabil. Când i s-a spus acest lucru, a replicat: „Dacă eu am scris așa, atunci probabil așa e." În următorii treizeci de ani, la *Indianapolis News* cuvântul *height* a fost scris *hight*. Este exact opusul reacției lui Cronkite.

Câteva perspective referitoare la autoperfecționare

Epoca pietrei nu a luat sfârşit fiindcă oamenii au rămas fără pietre, ci fiindcă au continuat să învețe şi să se perfecționeze. Dorința de a fi mai buni este întipărită în ADN-ul fiecărui om de succes. Pentru mine acest lucru a fost o pasiune personală timp de mai mulți ani. Printre altele, a însemnat să mă străduiesc să îmi îmbunătățesc mereu rezultatele, dar şi să îi studiez cu atenție pe cei care aveau aceleaşi preocupări. Am putut astfel să învăț câteva lucruri importante, despre care vom vorbi împreună în cele ce urmează.

1. Autoperfecționarea este primul pas pentru a-ți îmbunătăți viața

Acum câțiva ani, am condus o masă rotundă la care au participat douăzeci de oameni care avuseseră cu adevărat succes. Unul dintre ei şi-a exprimat frustrarea cauzată de faptul că avea senzația că se plafonase atât în viața personală, cât şi în cea profesională. M-a întrebat cum poate schimba acest lucru. Tot discutând, am descoperit ceva - era mult mai preocupat de succes decât de dezvoltarea personală. Iar acest lucru îi stătea în cale.

Succesul nu aduce întotdeauna după sine şi dezvoltarea pe plan personal, dar aceasta se va adăuga întotdeauna la succesele noastre. Cea mai mare recompensă pe care o primim atunci când muncim din greu are legătură cu locul în care am ajuns şi cu modul în care ne-am transformat pe parcurs. Cea mai importantă întrebare nu este „Ce am de câştigat?", ci „Ce fel de persoană devin?".

Autorii Warren Bennis şi Burt Nanus spuneau: „Capacitatea de dezvoltare personală şi de perfecționare face diferența dintre lideri şi cei care îi urmează." Aceeaşi capacitate îi separă şi pe cei care au succes şi cei care nu au – iar ea devine mai importantă pe zi ce trece.

> **„Capacitatea de dezvoltare personală şi de perfecționare face diferența dintre lideri şi cei care îi urmează."**
> ***– Warren Bennis şi Burt Nanus***

Lumea din jur se mişcă într-un ritm incredibil de rapid. Am făcut mai devreme o glumă referitoare la sfârşitul Epocii pietrei. Unii arheologi cred că această perioadă a durat câteva milioane de ani. Epoca bronzului, care a urmat după aceea, a durat în jur de două mii de ani. Epoca fierului, următoarea la rând, a ținut mai puțin de o mie de ani. Fiecare perioadă din istoria tehnologică a ajuns să se desfăşoare din ce în ce mai rapid.

În epoca modernă, tehnologia a continuat să progreseze. Acum, în epoca informației, lumea avansează într-un ritm incredibil. Economiştii de la Universitatea Berkeley au calculat de curând că, în anul 2000, cantitatea totală de informație produsă în întreaga lume a fost de 37.000 de ori mai mare decât tot ceea ce există depozitat în Biblioteca Congresului din America. În 2003, informația nouă a fost de două ori mai mare.[6] Şi aceste cifre sunt din anii în care nu apăruseră Twitter, Facebook, YouTube şi alte produse asemănătoare.

Ideea este foarte clară. Dacă nu avansezi, lumea din jur va trece pe lângă tine. Dacă vrei să ai o viață mai bună, o familie mai unită, un job sau o situație financiară mai bună, influență sau orice altceva, atunci mai întâi de toate trebuie să te dezvolți tu pe plan personal.

2. Autoperfecționarea înseamnă să ieşim din zona personală de confort

Feodor Dostoievski observa: „Oamenii se tem cel mai mult să facă un pas nou sau să rostească nişte cuvinte pe care nu le-au mai folosit." În schimb, ar trebui să se teamă mai degrabă de faptul că stau pe loc. De ce? Fiindcă dacă nu facem un pas înainte şi nu ieşim din zona personală de confort ca să ne avântăm în necunoscut, nu ne vom perfecționa şi nici nu ne vom dezvolta pe plan personal. Siguranța nu ne face să avansăm. Nu ne ajută să depăşim obstacolele. Nu ne conduce la progres. Nu vei ajunge niciodată într-un loc interesant dacă faci mereu ce e sigur. Trebuie să renunți la siguranță dacă vrei să evoluezi.

De ce anume este nevoie ca să ieşim din zona noastră de confort? După părerea mea, de trei lucruri:

Să nu ne mai temem ca nu cumva să greşim

Jack V. Matson, profesor emerit de inginerie de mediu la Pennsylvania State University şi director fondator al Leonhard Center for the Enhancement of Engineering Education, ține cursuri de design inovator bazate pe „eşecul provocat în mod inteligent". Filosofia lui este să stimuleze creativitatea studenților încurajându-i să rişte să greşească şi să îşi dea seama că eşecul este esențial pentru succes.

În perioada în care a predat la Universitatea din Houston, a susținut un curs numit Bazele eşecului şi a organizat o conferință cu participare internațională, intitulată „Celebrarea eşecului"[7]. Pe tot parcursul cursului, şi-a pus studenții să creeze ambalaje ale unor produse pe care nimeni nu le-ar fi cumpărat - în ideea că aceştia aveau să se obişnuiască să asocieze eşecul cu inovația, nu cu înfrângerea, făcându-i să iasă din zona de confort personal şi să încerce lucruri noi.

Putem învăța foarte multe de la metoda lui Matson. Trebuie să dăm greş rapid, astfel încât să trecem la fel de rapid peste eşec. Dacă nu dăm greş şi nu comitem erori, înseamnă că facem totul astfel încât să fim tot timpul în siguranță. Expertul în management Peter Drucker spunea: „Nu aş promova niciodată pe cineva într-o funcție importantă dacă până atunci nu a făcut greşeli... Fiindcă înseamnă că e mediocru."

Greşelile nu sunt eşecuri, ci dovezi că depunem un efort. În momentul în care înțelegem acest lucru, putem ieşi mult mai repede din zona personală de confort, încercând lucruri noi astfel încât să ne evoluăm.

Să nu permitem ca viața noastră să fie controlată de sentimente

Cal Ripken Jr., legendarul jucător de la Baltimore Oriole, a jucat în mai multe meciuri consecutive de baseball decât orice alt jucător: 2.632 de partide, ceea ce înseamnă că nu a ratat nici măcar un singur meci în peste şaisprezece sezoane! Întrebat dacă a intrat pe teren vreodată în condițiile în care îl durea ceva şi suferea, Ripken a răspuns: „Da, aproape zilnic."

Ripken nu a permis ca sentimentele personale - nici măcar suferința fizică - să îl copleşească şi să îl împiedice să aibă performanțe. A trecut peste ele. Dacă vrem să reuşim să ieşim din zona noastră de confort astfel încât să ne perfecționăm, trebuie să îi urmăm exemplul.

„Cea mai des întâlnită caracteristică a oamenilor de succes este că au rezistat tentaţiei de a opune rezistenţă."
– Peter Lowe

Autoperfecţionarea presupune să te implici şi după ce presiunea de moment a trecut. Speakerul Peter Lowe mi-a spus la un moment dat: „Cea mai des întâlnită caracteristică a oamenilor de succes este că au rezistat tentaţiei de a fi reticenţi şi a opune rezistenţă". Să nu fii controlat de propriile sentimente înseamnă să poţi face faţă temerilor, să ieşi din zona personală de confort şi să încerci lucruri noi. Este o parte importantă a inovaţiei.

3. Să nu încercăm să găsim „remedii rapide"

Trăim într-o societate interesată în mod deosebit de destinaţie. Foarte mulţi vor să facă doar atât cât să ajungă la liman, după care îşi doresc să se retragă. Prietenul meu, Kevin Myers, spunea: „Toată lumea caută soluţii rapide, însă în realitate toţi au nevoie de antrenament. Cei care vor să reuşească repede nu mai fac ceea ce trebuie atunci când scapă de presiune. Cei care se antrenează procedează însă aşa cum trebuie, indiferent de situaţie." Este perfect adevărat. Cei care dau greş nu pierd fiindcă se concentrează asupra eşecului. Ci pierd fiindcă se concentrează doar pe supravieţuire.

Cei care au dat greş nu pierd fiindcă se concentrează asupra eşecului. Ci pierd fiindcă se concentrează doar pe supravieţuire.

Nu se perfecţionează cei care se străduiesc să găsească remedii rapide. Ci aceia care fac paşi mici, dar siguri ca să devină mai buni cu fiecare zi ce trece. Dacă eşti setat asupra identificării unor soluţii rapide, atunci trebuie să faci tot posibilul să te dedici dezvoltării personale. Acest lucru implică două aspecte:

Acceptă faptul că perfecţionarea este un fel de bătălie fără sfârşit

Cred că toţi ne regăsim într-o formă sau alta în spusele poetului Carl Sandberg: „Există în mine un vultur care vrea să se avânte în înaltul cerului şi un hipopotam care îşi doreşte să se bălăcească în noroi." Cheia succesului este să îţi urmezi impulsul de a te avânta, nu dorinţa de a te bălăci. Şi este o bătălie fără sfârşit – cel puţin pentru mine aşa a fost. Cred că orice persoană de succes ar fi cât se poate de onestă dacă ar spune: „Am ajuns în top muncind foarte mult – luptând de fiecare dată împotriva tendinței mele de a lenevi şi a ignoranței."

Autorul şi expertul în leadership Fred Smith, care mi-a fost mentor timp de mai mulți ani, a spus că în natura ființei umane există o tendință care ne face să ne dorim să găsim un nivel de platou şi să rămânem acolo unde ne simțim confortabil. Ne descrie, de fapt, tentația de a renunța la bătălia pentru autoperfecționare. Fred a spus: „Desigur, cu toții avem nevoie din când în când de nivelul de platou. Urcăm ce urcăm şi apoi rămânem o vreme la un anumit nivel, ca să asimilăm totul. Însă imediat ce ne-am însuşit ceea ce am învățat, începem să urcăm din nou. Problema apare atunci când am făcut ultima urcare. Fiindcă înseamnă că suntem bătrâni, indiferent că avem patruzeci sau optzeci de ani."

Dacă te afli abia la începutul călătoriei tale de autoperfecționare, nu te descuraja. Punctul din care ai pornit nu e important. Toată lumea care a ajuns la un anumit nivel a plecat de undeva. Contează doar unde reuşeşti să ajungi. Fă-ți un moto din cuvintele de mai jos:

Nu mă aflu acolo unde ar trebui să fiu,
Nu sunt ceea ce vreau să fiu,
Dar nu mai sunt nici ceea ce am fost.
Nu am învățat să ajung acolo unde îmi doresc,
Dar am învățat cum să merg mai departe.

Dacă îți poți trăi viața după aceste cuvinte, în cele din urmă vei avea succes.

Acceptă faptul că perfecționarea apare ca urmare a unor progrese mărunte

În zilele noastre, oamenii caută în permanență secretul succesului. Vor un răspuns rapid, magic dacă se poate, un singur lucru care să îi catapulteze către avere sau faimă. În general însă nu aşa funcționează succesul. După cum observa Andrew Wood: „În cele mai multe cazuri, succesul nu apare deodată, grație sorții, ci din paşi simpli şi mici." Destul de plictisitor, nu-i aşa? Da, poate că nu sună foarte excitant, dar e-adevărat. În timp, micile diferenţe fac o diferenţă foarte mare! Perfecţionarea se face pe bucăţele, nu prin salturi uriaşe.

În primii mei ani de carieră, vedeam sau auzeam o persoană pe care eu o consideram de succes şi îmi spuneam: „Nu voi ajunge niciodată aşa." Şi mă descurajam pe loc. De ce? Fiindcă observam distanţa uriaşă dintre acea persoană şi mine. Diferenţa dintre locul în care mă aflam eu şi cel în care era poziţionat celălalt mi se părea insurmontabilă. Nu îmi dădeam însă seama la vremea aceea că progresul făcut de aceşti oameni şi reuşitele pe care le avuseseră apăruseră ca urmare a unor paşi mici - victorii ale voinţei, mici negări ale sinelui, credinţa în lucrurile mărunte. Cei mai mulţi dintre ei nici măcar nu conştientizau aceşti paşi parcurşi. Asemenea mie, vedeau doar acumulările de rezultate.

În timp, micile diferenţe fac o diferenţă foarte mare! Perfecţionarea se face pe bucăţele, nu prin salturi uriaşe.

Scriitorul şi artistul Elbert Hubbard observa: „Graniţa dintre eşec şi succes este atât de fină încât abia dacă ne dăm seama când o trecem - atât de fină încât ne aflăm deasupra ei şi nu ştim asta. De câte ori nu capitulează oamenii, deşi, dacă ar mai fi depus foarte puţin efort şi dacă ar mai fi avut puţină răbdare ar fi ajuns pe cele mai înalte culmi?". Este şi motivul pentru care trebuie să ne dedicăm paşilor mici prin care ne putem perfecţiona. Cine poate şti dacă nu cumva următorul pas minuscul pe care îl vom face nu ne va duce oare către îndeplinirea visului nostru?

4. Perfecţionarea presupune un angajament zilnic

David D. Glass, preşedinte şi CEO al Walmart, a fost întrebat la un moment dat de ce îl admiră pe Sam Walton, fondatorul companiei. Iată ce a răspuns: „Nu a existat nici măcar o zi în viaţa lui, de când îl cunosc eu, în care să nu devină mai bun din cel puţin un punct de vedere." Ce realizare extraordinară! Este vorba despre un angajament real faţă de perfecţionarea continuă.

La începutul drumului meu dedicat dezvoltării personale, l-am auzit pe Earl Nightingale spunând un lucru care mi-a schimbat viața: „Dacă studiezi un subiect în fiecare zi, timp de o oră, cinci zile pe săptămână, în cinci ani vei deveni expert în acel domeniu." În acel moment, mi-am promis să studiez leadershipul în fiecare zi.

Unele lucruri trebuie făcute pur şi simplu în fiecare zi. Ştii mai mult ca sigur vechiul proverb care ne spune că „un măr pe zi ține doctorul departe". Ei bine, nu vei avea aceleaşi beneficii dacă mănânci şapte mere deodată. Dacă vrei să te perfecționezi, dezvoltarea personală intenționată trebuie să se transforme într-un obicei. Obiceiul înseamnă un lucru pe care îl faci tot timpul, nu doar din când în când. Motivația te poate ajuta să mergi mai departe, dar obiceiurile pozitive pe care ți le dezvolți şi practica sunt cele care te ajută să te perfecționezi.

Pe măsură ce am început să mă perfecționez în fiecare zi, două cuvinte m-au ajutat să rămân pe drumul cel bun. Primul este *intenție.* În fiecare dimineață, când îmi încep ziua, intenționez să învăț ceva în acea zi. Îmi dezvolt astfel un mod de gândire pozitiv şi încep să văd ce anume m-ar putea impulsiona.

Celălalt cuvânt este *contemplare.* Timpul este un element esențial atunci când vine vorba despre autoperfecționare. Când îmi fac timp să mă gândesc la provocările cu care mă confrunt, la experiențele avute şi la ceea ce observ în jur, pot vedea lucrurile în ansamblul lor. Pot analiza fiecare eşec sau pierdere, fiindcă învăț ceva din ele. Timpul alocat contemplării îmi oferă şi posibilitatea de a purta o discuție pozitivă cu mine însumi. Umoristul motivațional Al Walker spunea: „Cele mai importante cuvinte pe care le rostim vreodată sunt cele pe care ni le spunem nouă personal, referitoare la noi înşine, când suntem noi singuri, doar cu noi." În timpul acestor conversații, ne putem certa singuri sau să ne simțim cumva foarte mici - sau dimpotrivă, putem învăța şi ne putem stimula astfel încât să fim tot timpul mai buni.

„Cele mai importante cuvinte pe care le rostim vreodată sunt cele pe care ni le spunem nouă personal, referitoare la noi înşine, când suntem noi singuri, doar cu noi."
– Al Walker

Dacă îţi doreşti să aloci timp pentru a te perfecţiona, poţi începe prin a-ţi pune la sfârşitul zilei câteva întrebări:

- Ce anume am învăţat astăzi? Ce am perceput cu mintea şi ce cu inima?
- Cum m-am dezvoltat astăzi pe plan personal? Ce mi-a atins sufletul şi ce mi-a afectat acţiunile?
- Ce anume voi face diferit? Dacă nu pot specifica foarte clar ce mi-am propus să fac diferit, nu voi învăţa nimic.

Unul dintre lucrurile pe care *nu* le fac în aceste momente special alocate este să mă compar cu cei din jur. Există şi un motiv. Dorinţa mea nu este să fiu superior cuiva. Vreau doar să fiu mai bun decât ieri. Intenţia şi contemplarea mă ajută foarte mult.

Perfecţionarea trebuie să fie un demers intenţionat

Perfecţionarea stă în puterea fiecăruia dintre noi, indiferent câtă experienţă avem, fie că suntem educaţi sau ignoranţi, bogaţi sau săraci. Pentru a începe chiar de azi să fii mai bun, poţi face următoarele lucruri:

1. Stabileşte clar că meriţi să devii mai bun

Pentru a te perfecţiona, trebuie să fii convins de faptul că o poţi face. Autorul Denis Whitley ne propune o definiţie minunată a dezvoltării personale – este vorba despre convingerea că visurile tale au valoare. „Dezvoltarea personală", spune el, „este convingerea că meriţi să îţi dedici efort, timp şi energie. Îţi oferă permisiunea de a investi în tine, astfel încât să îţi dezvolţi propriul potenţial."

„Dezvoltarea personală este convingerea că meriţi să îţi dedici efort, timp şi energie. Îţi oferă permisiunea de a investi în tine, astfel încât să îţi dezvolţi propriul potenţial." *– Denis Whitley*

Poţi investi în tine. Nu ai nevoie de visurile nimănui, ci doar de ale tale. Nu trebuie să te transformi decât în propria ta persoană, dar la potenţial maxim. Marele filosof Thomas Carlyle scria mai demult: „Fiecare dintre noi să devină tot ceea ce şi-a propus să devină şi să-şi atingă potențialul maxim cu care a fost înzestrat." Din punctul meu de vedere, nu există o definiție mai bună a succesului. Viața ne provoacă zi de zi să ne dezvoltăm la maximum capacitatea. Avem succes în momentul în care ne atingem nivelul cel mai înalt - când dăm tot ce avem mai bun în noi. Viața nu ne cere să ajungem întotdeauna în top, ci doar să facem tot ceea ce ne stă în puteri să ne perfecționăm nivelul de experiență.

2. Alege o latură pe care vrei să ți-o îmbunătățeşti

Am auzit la un moment dat o poveste amuzantă despre un texan care murise. Când avocatul le-a cerut tuturor membrilor familiei să se reunească pentru a deschide şi a citi testamentul, rudele s-au adunat ca să vadă dacă primesc sau nu ceva, cât de mic.

În ziua cu pricina, avocatul a deschis cu sobrietate plicul şi a început să citească:

„Vărului meu, Ed, îi las ferma mea.

Lui Jim, fratele meu, îi las banii din bancă.

Vecinului şi bunului meu prieten, Fred, îi las acțiunile.

Nu în ultimul rând, vărului meu, George, care a stat mereu prin preajma mea fără să facă nimic, dar care voia totuşi să fie amintit în testamentul meu, aş vrea să-i spun: «Salut, George!»".

Oamenii fie nu vor să îmbunătățească nimic, ca în exemplul lui George, fie sunt atât de nerăbdători să îşi atingă potențialul maxim încât vor să se perfecționeze dintr-odată pe toate planurile. Ambele variante sunt greşite. Trebuie să ne concentrăm. Aşa cum ne sfătuieşte psihologul William Jones: „Dacă e să ajungi bogat, atunci vei fi; dacă e să fii bun, atunci vei fi; dacă e să înveți ceva, atunci vei învăța. Doreşte-ți însă câte un lucru pe rând, nu îți dori în acelaşi timp o sută de alte lucruri incompatibile."

Vei avea foarte mult timp la dispoziție ca să îți îmbunătățeşti şi alte laturi. Pentru moment, concentrează-te asupra celei mai importante, care te ajută cel mai mult să îți îndeplineşti scopul. Ascultă-i sfatul lui Earl Nightingale, care ne sugerează ca, timp de o oră pe zi, să ne perfecționăm latura respectivă, pe care o considerăm cea mai importantă. Supraestimăm frecvent lucrurile pe care le putem face într-o oră sau într-o zi, subestimându-le însă pe cele pe care le putem îndeplini într-un an. Imaginează-ţi doar cât de multe vei putea termina în cinci ani.

3. După ce ai avut un eşec, identifică oportunităţi de a învăţa ceva din el

Perfecţionarea intenţionată şi strategică este esenţială dacă vrei să ai succes. La fel este şi faptul că înveţi ceva de pe urma unui eşec. Vom discuta mai detaliat despre acest lucru în capitolul referitor la adversităţi, probleme şi experienţe mai neplăcute. Cu toate acestea, trebuie neapărat specificat că, în viaţă, anumite lecţii nu pot aştepta. Trebuie să ţi se însuşeşti imediat ce ai ocazia. Dacă nu analizezi ce nu a mers bine cât timp detaliile sunt încă proaspete, poţi trece cu vederea lecţia respectivă. Mai mult, dacă nu tragi pe loc nişte învăţăminte, poţi avea din nou acelaşi eşec!

George Knox, un renumit profesor de business, spunea: „Când încetezi să încerci să fii mai bun decât erai, încetezi să fii bun. Când te opreşti din dezvoltarea personală, încetezi să mai fii util - o buruiană în grădina prosperităţii... Am ajuns să fim ceea ce suntem azi fiindcă am fost ieri ceea ce am fost. Şi gândurile care ne trec prin minte acum ne determină acţiunile de mâine." Cei care învaţă câte ceva de pe urma eşecurilor suferite îşi acordă lor înşişi această permisiune. Cunoaşterea poate fi dobândită în urma studiilor, însă înţelepciunea vine din faptul că ai învăţat din greşeli şi ai devenit mai bun.

Încerc să nu uit niciodată că trebuie să progresez. Dacă văd lucrurile din acest punct de vedere, îmi dau seama că nu trebuie să fiu perfect. Nu îmi doresc să obţin totul deodată. Nu trebuie să încerc să am toate răspunsurile. Şi nu trebuie nici să învăţ totul într-o singură zi. Fac greşeli, dar asta nu înseamnă că sunt un ratat sau că nu valorez nimic. Se mai întâmplă să nu fac ceva corect fiindcă nu stăpânesc suficient de bine o anumită latură a procesului. Acest lucru mă motivează să mă dezvolt mai departe şi să mă perfecţionez.

Cunoaşterea poate fi dobândită în urma studiilor, însă înţelepciunea vine din faptul că ai învăţat din greşeli şi ai devenit mai bun.

Dacă nu știu ceva, pentru mine este o oportunitate să încerc să învăț ceva nou.

Mi-am luat angajamentul să respect acest deziderat. Încerc să fiu asemenea industriașului Ian Mac'Gregor, care spunea: „Lucrez după aceleași principii ca cei care dresează cai. Începi cu niște garduri mai joase sau cu niște scopuri ușor de atins, după care urci." La începutul carierei, gardurile mele erau puse jenant de jos. În timp însă, am putut să le ridic mai sus – și fac și acum acest lucru, puțin câte puțin. Este singura modalitate pe care o știu dacă vreau să mă perfecționez și am încercat să nu o pierd din vedere, fiindcă perfecționarea este punctul central al învățării.

„Lucrez după aceleași principii ca cei care dresează cai. Începi cu garduri mai joase sau cu scopuri mai ușor de atins, după care urci."
– *Ian MacGregor*

6

Speranța: motivația învățării

Acum ceva vreme, dădeam autografe după un discurs pe care îl ținusem în fața unui auditoriu numeros, într-un centru de conferințe. De fiecare dată când vorbesc în public, încerc să îmi fac timp pentru asta, dar şi să socializez cu oamenii. În ziua aceea se formase o coadă destul de lungă şi semnam cât puteam de repede, astfel încât lumea să nu aştepte foarte mult.

O doamnă s-a îndreptat la un moment dat spre mine, cu o carte pe care să îi dau autograf, şi mi-a spus: „În ultimii opt ani v-am citit cărțile şi v-am ascultat îndrumările. Mi-ați făcut un cadou minunat şi vă sunt recunoscătoare pentru asta."

M-am oprit puțin, întrebându-mă despre ce dar putea fi vorba. Poate simplitatea învățăturilor mele? Caracterul lor practic? Umorul? Eram curios, aşa că am întrebat-o: „Ce dar minunat credeți că v-am făcut?"

„Speranța", mi-a răspuns ea. „De fiecare dată când vă citesc cărțile sau vă ascult, îmi dați speranță. Vă mulțumesc."

Şi-a luat cartea cu autograf şi a plecat, însă cuvintele ei mi-au rămas în suflet. Îi eram extrem de recunoscător, fiindcă mi-am dorit întotdeauna să le ofer oamenilor ceva de valoare. Dacă femeia aceea chiar avea mai multă speranță, atunci înseamnă că îmi îndeplinisem scopul.

După cum ştii, leadershipul este una dintre pasiunile mele. Învăț zilnic câte ceva despre acest subiect şi îmi face plăcere să îl predau şi altora. John W. Gardner spunea: „Prima şi cea mai importantă sarcină a unui lider este să menţină vie speranţa - că vom trăi în sfârşit într-o lume mai bună, în ciuda acţiunilor noastre, a inerţiei, a superficialităţii şi a indeciziei." Napoleon a formulat totul mult mai simplu: „Liderii sunt dealeri de speranţă".

Ca scriitor şi lider, vrea să fiu o persoană care le dă celor din jur speranţă. Cred că dacă un lider reuşeşte să îi convingă pe oameni că imposibilul e posibil, atunci el va deveni probabil. Aşadar, pe măsură ce citeşti acest capitol, indiferent de eşecurile pe care le-ai avut sau de dificultăţile pe care le-ai întâmpinat, ţine capul sus. Evident, eşecurile nu sunt plăcute, dar există o pierdere pe care nimeni nu îşi permite să o trăiască - pierderea speranţei. Dacă îţi pierzi speranţa, atunci poate fi ultima ta pierdere, fiindcă atunci când speranţa a dispărut, la fel se întâmplă şi cu motivaţia şi cu abilitatea ta de a învăţa.

Evident, eşecurile nu sunt plăcute, dar există o pierdere pe care nimeni nu îşi permite să o trăiască – pierderea speranţei.

Speranţa este un lucru minunat

În 1979, am scris prima mea carte, *Think on these things* („Gândeşte-te la aceste lucruri"). Totul a plecat de la dorinţa de a-i ajuta pe oameni să reflecteze la elementele care le definesc viaţa. Unul dintre capitole era dedicat speranţei. Iată ce scrisesem acolo, printre altele:

Ce înseamnă speranţa pentru umanitate?

- Speranţa ne aduce lumină în perioadele întunecate.
- Speranţa ne motivează atunci când suntem descurajaţi.
- Speranţa ne dă energie atunci când suntem obosiţi.
- Speranţa ne îndulceşte atunci când totul în jur este amar.
- Speranţa ne aduce cântec atunci când melodia a dispărut.
- Speranţa ne face să credem chiar şi atunci când dovezile nu prea există.
- Speranţa ascultă răspunsuri atunci când nimeni nu vorbeşte.
- Speranţa escaladează obstacolele atunci când nimeni nu face nimic.

- Speranța suportă greutățile atunci când nimănui nu-i pasă.
- Speranța zâmbeşte încrezător atunci când nimeni nu râde.
- Speranța caută răspunsuri atunci când nimeni nu întreabă nimic.
- Speranța luptă pentru victorie atunci când nimeni nu oferă încurajări.
- Speranța îndrăzneşte să ofere atunci când nimeni nu împarte.
- Speranța aduce victoria atunci când nimeni nu câştigă.

Pe scurt, speranța oferă ceva - atunci când nu avem mai nimic sau când ne-a rămas foarte puțin. Este unul dintre cele mai prețioase lucruri pe care le avem în viață.

Speranța ne inspiră. Ne oferă motivația pentru a trăi şi a învăța. Şi susțin acest lucru din mai multe motive.

1. Speranța te ajută să spui „da" vieții

Când mai avea doar foarte puțin de trăit, autorul şi teologul Paul Tillich a fost întrebat care este tema centrală a cărții sale, *Curajul de a fi*. Tillich a spus că se referea la curajul adevărat: acela de a spune „da" vieții în ciuda tuturor greutăților şi suferinței care fac parte din ființa umană. Este nevoie de curaj pentru a găsi ceva pozitiv şi semnificativ la noi înşine şi la viața noastră de zi cu zi. Şi exact acest lucru, a adăugat el, este cheia unei vieți împlinite. „O viață plină de iubire este, poate, cea mai înaltă formă prin care ai curajul de a fi tu însuți."

Unde îşi găseşte o persoană curajul de a spune „da" vieții? Cred că în speranță. În viață, trebuie să te aştepți să ai şi necazuri. Trebuie să te aştepți la adversități, dar şi la conflicte. Acest lucru nu înseamnă însă că trebuie să renunți la speranță. Urmează-i sfatul lui Ann Landers, care explica: „Aşteaptă-te ca problemele să facă parte din viața ta şi, atunci când apar, ține capul sus, priveşte-le direct şi spune-le: «Sunt mai puternic decât voi. Nu mă puteți învinge.»".

Cred că exact aşa a procedat şi preşedintele Barack Obama în cursa pentru alegerile prezidențiale din 2008. 20 ianuarie 2009 a fost o zi importantă în istorie, fiindcă pentru prima dată un afroamerican a devenit preşedintele Statelor Unite. Indiferent de opţiunile tale politice, acele alegeri au răspuns la o mulţime de întrebări referitoare la culoarea pielii şi la potenţialul unui individ. În dimineaţa aceea am luat un ziar şi am văzut următoarea reclamă care ocupa o pagină întreagă.

~~Nu poţi aboli sclavia.~~
~~Nu poţi construi o cale ferată de la Atlantic la Pacific.~~
~~Nu poţi acorda unei femei drept de vot.~~
~~Nu poţi zbura cu avionul de la New York la Paris.~~
~~Nu îi poţi învinge pe nazişti.~~
~~Nu poţi face un plan de reconstrucţie a unei Europe devastate de război.~~
~~Nu poţi vindeca poliomielita.~~
~~Nu le poţi permite copiilor de culoare şi copiilor albi să meargă împreună la aceeaşi şcoală.~~
~~Nu poţi trimite un om pe Lună.~~
~~Nu poţi adopta Legea drepturilor civile.~~
~~Nu îi poţi învinge pe ruşi la hockey.~~
~~Nu poţi pune la pământ zidul Berlinului.~~
~~Nu poţi alcătui o hartă a genomului uman.~~
~~Nu poţi alege un individ de culoare preşedintele Statelor Unite.~~

Ce mai urmează, America? Fiindcă, indiferent despre ce e vorba, răspunsul este „da".[1]

În ziua aceea, în America speranţa a fost un lucru minunat. Cuvântul *da* era pe buzele tuturor. Acesta este efectul speranţei. Îmbrăţişează-l şi îţi va da putere.

2. Speranţa ne umple de energie

Se spune că o persoană poate trăi patruzeci de zile fără mâncare, patru zile fără apă, patru minute fără aer şi doar patru secunde fără speranţă. De ce? Fiindcă speranţa ne oferă energia care ne dă viaţă. Speranţa este un element foarte puternic. Ne ajută să mergem mai departe atunci când vremurile sunt grele. Ne face să fim încântați de viitor. Ne dă motive să trăim. Ne dă putere şi curaj.

Nu cred că, întâmplător, celor care suferă de depresie le lipseşte adesea şi energia. Lipsa de speranță şi de energie merg de cele mai multe ori mână în mână. Cei cărora le este greu să aibă încredere în ei nu îşi găsesc energia necesară pentru a face față provocărilor vieții. În schimb, oamenii plini de speranță au şi energie. Ei întâmpină cu bucurie viața şi tot ceea ce le aduce ea – chiar şi în momentele mai puțin plăcute.

3. Speranța ne ajută să ne concentrăm asupra viitorului

Tatălui meu îi plăcea foarte mult să îmi spună poveşti şi glume. Iată una dintre favoritele lui:

„Pari dărâmat, bătrâne. Ce te preocupă?", a întrebat Joe.

„Viitorul", a răspuns Bill.

„De ce ți se pare că e lipsit de speranță?", a continuat el.

„Din cauza trecutului", a fost răspunsul.

Perfect, acum ştii de unde mi se trage genul acesta de umor!

Eu cu siguranță mă pot identifica cu Bill. Poate că şi tu. Ziua de ieri are tendința să ne invadeze ziua de azi cu negativism, furându-ne speranța şi bucuria. Dacă îi acordăm prea multă atenție, ne poate fura viitorul. De aceea îmi şi plac foarte mult cuvintele lui Ralph Waldo Emerson: „Termină-ți ziua şi gata, uită de ea... Ai făcut tot ceea ce ți-a stat în puteri; poate că ai avut şi unele neplăceri... uită de ele cât poți mai repede. Mâine este o nouă zi, pe care trebuie să o începi cu seninătate."

Speranța are întotdeauna un viitor. Ne ajută să avem aşteptări şi ne insuflă dorința a face planuri pentru ziua de mâine, ceea ce ne deschide oportunități mult mai mari. Iată povestea unui agent de vânzări din estul Statelor Unite, care s-a mutat într-un oraş de frontieră undeva în vest. Aflându-se la un moment dat într-un magazin general, stătea de vorbă cu proprietarul, când înăuntru a intrat un fermier. Proprietarul s-a scuzat, pentru a se ocupa de client.

Fermierul i-a întins o listă cu produsele de care avea nevoie, spunându-i însă să îi dea marfa pe datorie.

„Faci vreo treabă în primăvara asta?", l-a întrebat proprietarul.

„Sigur, Will", a spus fermierul.

„Te extinzi sau te restrângi?"

„Mă extind. Am cultivat 360 de acri de pământ."

„Îmi pare bine să aud asta, Josh. Îţi dau pe credit."

Vânzătorul era cam confuz. „Am văzut toate tipurile de sisteme de creditare", i-a spus el, „dar niciodată aşa ceva. Cum funcţionează?"

„Ei bine", i-a explicat proprietarul, „dacă cineva se restrânge, asta înseamnă că e în defensivă, încercând să păstreze ceea ce are. Dar dacă se extinde, înseamnă că se dezvoltă. Dau întotdeauna pe credit cuiva care se extinde, căci înseamnă că are speranţă."

Priveşti înainte? Ai vreo speranţă pentru viitor? Dacă ai aşteptări mari pentru ziua de mâine, atunci probabil că vrei să îţi atingi potenţialul maxim. Cum faci acest lucru? Dezvoltându-te, învăţând şi perfecţionându-te. Lipsa de speranţă alimentează indiferenţa. Speranţa aduce cu sine motivaţie.

4. Speranţa face diferenţa

Am citit de curând *No Ordinary Times*, biografia lui Franklin şi Eleanor Roosevelt din perioada celui de-Al Doilea Război Mondial, scrisă de Doris Kearns Goodwin. Multe pagini erau dedicate Angliei şi prim-ministrului Winston Churchill, dar şi modului în care acesta a gestionat totul în perioada conflictelor cu naziştii.

Churchill a fost cu siguranţă un lider al speranţei pentru oamenii lui. Pe măsură ce naziştii au invadat Europa şi au bombardat fără milă Anglia, sarcina de a se apăra împotriva lui Hitler părea imposibilă. Cu toate acestea, în ciuda faptului că la prima vedere nu aveau nici o şansă, englezii au fost superiori.

Cum de a putut o naţiune relativ mică, care o vreme nu a avut nici aliaţi, să reziste naziştilor şi să îi învingă? Când a fost întrebat care a fost cea mai importantă armă a englezilor, Winston Churchill a răspuns printr-un singur cuvânt: *speranţa.*

Speranţa este cel mai important bun al nostru şi cea mai bună armă pe care o putem folosi ca să depăşim pierderile suferite, atunci când vedem că ne copleşesc. Ce face speranţa pentru noi?

- Speranța te face să înveți ceva în urma unei înfrângeri în loc să te facă să te simți învins.
- Speranța te ajută să vezi ce *poate* fi făcut, nu ceea ce *nu poate* fi realizat.
- Cu ajutorul speranței privești problemele, indiferent că sunt mari sau mici, ca pe niște oportunități.
- Speranța aprinde o lumânare în loc să blesteme întunericul.
- Speranța deschide ușile acolo unde disperarea le închide.
- Speranța își trage seva din *ceea ce poate fi*, nu din *ceea ce a fost*.
- Speranța nu prețuiește iluziile și nici nu cedează în fața cinismului.
- Cu ajutorul speranței, eșecul este o piatră peste care poți sări. Fără speranță, eșecul este o piatră funerară.

Dacă vrei să îți găsești motivația de a învăța ceva în urma pierderilor suferite, de a încerca să fii mai bun mâine decât ai fost azi, de a-ți atinge potențialul maxim și de a-ți transforma visurile în realitate, atunci folosește-te de puterea speranței, căci acest lucru va face diferența în viața ta.

Cum să cultivi speranța

De vreme ce speranța este un lucru atât de minunat, întrebarea pe care trebuie să o pui este următoarea: „O poate avea oricine?". Răspunsul este da. Indiferent de situația în care te afli, de experiența pe care o ai, de personalitatea ori de educația ta sau de circumstanțele care te înconjoară, poți avea speranțe. Următoarele trei abordări te vor ajuta să reușești.

1. Conștientizează faptul că speranța este o chestiune de alegere

G. Campbell Morgan, un preot britanic, ne spune povestea unui bărbat al cărui magazin a ars în marele incendiu din Chicago din anul 1871. A doua zi de dimineață, omul a ajuns în locul acela plin de ruine, cărând după el o masă, pe care a așezat-o în mijlocul resturilor arse, punând pe ea un carton pe care scria: „Am pierdut tot, în afară de soţie, copii şi speranţă. Firma se va deschide ca de obicei mâine de dimineaţă".[2]

Admir foarte mult reacţia acestui bărbat. După o asemenea pierdere de proporţii, de unde mai avea speranţă? Din circumstanţele în sine? Cu siguranţă că nu. De la celelalte victime ale incendiului? Nu avem nici un indiciu în acest sens. Câţi alţii ar privi viitorul cu o asemenea determinare pozitivă? Dacă acest bărbat îşi imagina un viitor luminos pentru sine şi familia lui, era fiindcă a ales să aibă speranţă.

Speranţa este înscrisă în ADN-ul celor care învaţă din propriile greşeli. În perioadele mai grele, ei aleg speranţa, ştiind că îi va motiva să înveţe mai departe şi să se transforme din victime în câştigători.

Unii spun că dacă ai ales să speri este ca şi cum ai aştepta să îţi pice o comoară din cer. Este total nerealist, pretind ei. Nu sunt de acord. În cartea *The Dignity of Difference*, Jonathan Sacks scrie: „Una dintre cele mai importante diferenţe pe care le-am învăţat atunci când am studiat istoria evreilor este cea dintre *optimism* şi *speranţă*. Optimismul este convingerea că lucrurile se vor îmbunătăţi. Speranţa este credinţa că, împreună, putem face lucrurile mai bune. Optimismul este o virtute pasivă, iar speranţa este una activă. Nu este nevoie de curaj ca să fii optimist, însă îţi trebuie foarte multă îndrăzneală ca să ai speranţe."[3]

Cred că fiecare dintre noi este capabil să aleagă speranţa. Este oare nevoie de curaj? Da. Fiindcă speranţa poate dezamăgi. Sunt convins însă că îndrăzneala de a alege speranţa este întotdeauna recompensată.

2. Schimbă-ţi modul de gândire

În general, în viaţă primim lucrurile pe care le aşteptăm. Chiar nu ştiu de ce se întâmplă aşa, dar e perfect adevărat. Norman Cousins remarca: „Principala problemă cu disperarea este aceea că se alimentează de la sine. Oamenii care se tem de ce e mai rău au tendinţa să invite acel lucru în viaţa lor. Capetele plecate nu pot scruta orizontul pentru noi oportunităţi. Accesele de energie nu apar la un spirit învins. În cele din urmă, neajutorarea duce la lipsa de speranță." Dacă așteptările tale de la viață sunt negative, vei sfârși prin a experimenta lucruri negative. Și aceste lucruri negative se vor înmulți și te vor afecta foarte mult, fiindcă așteptările negative te împiedică să înveți din greșeli. Vom ajunge ca individul acela negativist, care spunea: „Dacă aș putea muri în acest moment, aș fi cel mai fericit om de pe planetă."

Gândirea negativă este o problemă cât se poate de serioasă. Vestea cea bună e că nu ești obligat să trăiești așa. Îți poți schimba modul de gândire negativ, care te face să te simți lipsit de speranță, care nu te ajută să înveți din greșeli și te face să fii tentat să renunți, într-unul pozitiv, care să de determine să devii mai bun, să tragi niște învățăminte de pe urma eșecurilor suferite și să nu te dai niciodată bătut.

> **„Principala problemă cu disperarea este că se alimentează de la sine."**
> **– *Norman Cousins***

La una dintre conferințele pe care le-am susținut, în timpul unei pauze m-am întâlnit cu Bob Wosczyk, care mi-a dat un exemplar al cărții sale, *Who Says the Fat Lady Has to Sing?* Referința la doamna cea grăsuță vine din operă, fiindcă finalul unui asemenea spectacol este interpretat de obicei de soprană - de cele mai multe ori o femeie corpolentă. În momentul în care cântă incredibilul solo de final, știi că spectacolul s-a terminat.

Fraza este folosită acum cu o altă conotație. Oamenii spun acest lucru atunci când intenționează să arate că mai există încă timp ca rezultatul să se schimbe. Bob vorbește în acest context despre faptul că uneori renunțăm la visurile noastre. Iată ce spune:

> Am auzit cu toții expresia: „Nu s-a terminat până când nu a cântat doamna cea grăsuță." Conotația este următoarea: când doamna cea grăsuță cântă, jocul s-a sfârșit, dispărând astfel și dorința de a continua lupta. Alegem să stăm jos pe canapeaua vieții, ne temem să ne ridicăm și să mai participăm la o rundă, fiindcă suntem prea demoralizați să mai suportăm încă un eșec. Mai degrabă renunțăm la visurile noastre decât să continuăm să luptăm în condițiile în care suferim, fără să știm niciodată ce ar fi putut fi.

Când într-un final îi permitem doamnei mai corpolente să cânte, suntem bântuiţi pentru totdeauna de fantoma întrebării „Ce-ar fi fost dacă...?", „Dacă am renunţat prea devreme?", „Dacă eram pe drumul cel bun, dar am plecat de-acolo?", „Dacă următoarea mea acţiune ar fi întors totul în favoarea mea?", „Dacă aş fi putut avea viaţa pe care mi-o doresc, nu pe cea pe care o vor alţii pentru mine?".

Întrebările pe care le pun în această carte sunt numeroase. De ce a trebuit să se termine totul? Când a început să mi se pară în regulă să renunţ şi să încerc să mă îndepărtez de probleme şi când mi-am pierdut energia şi entuziasmul? Cine a făcut din renunţare o opţiune? Cine a spus că soprana cea grasă trebuie să cânte? Nu înţelegem, de fapt, că cei mai mulţi oameni renunţă atunci când sunt la scurtă distanţă de îndeplinirea scopului. Nici măcar nu îşi dau seama cât de aproape sunt să îşi îndeplinească visul.[4]

„Cine a făcut din renunţare o opţiune?"
– Bob Wosczyk

De ce renunţă oamenii atât de uşor la ceea ce îşi doresc? Fiindcă îşi pierd speranţa. Gândesc negativ, au aşteptări foarte scăzute şi nu ştiu cum să iasă din acest tipar. Răspunsul se poate să nu pară unul simplu, dar aşa este. Este obligatoriu să îşi schimbe modul de gândire referitor la propria persoană şi la pierderile suferite. În viaţă, vedem ceea ce suntem pregătiţi să vedem. Acesta este rezultatul gândirii noastre. Obţinem ceea ce vedem. Şi acest lucru ne determină rezultatele pe care le avem.

Jucătorul meu preferat de baseball din toate timpurile este Tony Gwynn, care a jucat pentru Padres în perioada în care locuiam în San Diego. În fiecare an deţinea recordul la puncte. La un moment dat m-am dus la un meci cu un prieten de-al lui Tony. În timp ce stăteam în tribună şi Tony se pregătea de lovitură, i-am spus însoţitorului meu: „Îmi place foarte mult să-l privesc. De ce crezi că are atât de mult succes?"

„Se aşteaptă să prindă fiecare minge", mi-a răspuns prietenul lui.

Prinde Tony *întotdeauna* mingea? Evident că nu. Este imposibil. Cei mai buni jucători din istorie ratează de şase ori din zece. Aceste ratări nu le definesc însă aşteptările. Tony credea mereu în el însuşi şi în abilitatea de a para mingea. Ar trebui să îl imităm şi noi, fiindcă de foarte multe ori limitările pe care le avem provin din propriile convingeri.

În cartea sa, *The Making of the Achiever*, Allan Cox scrie:

> Cel care obține rezultate încearcă să anticipeze lucrurile bune care îl aşteaptă pe viitor. Tot ceea ce trebuie să facă – crede el – este să dea dovadă de puțină determinare ca să ajungă acolo unde doreşte. Respinge noțiunea „nu pot". Prin urmare, este capabil să deschidă mai multe uşi decât ceilalți, să încheie afaceri mai bune şi să atragă în jurul lui oameni mai plini de energie şi de resurse. Stabileşte standarde mai înalte şi îi face pe cei din jur să îl ajute să şi le îndeplinească. Are o încredere din ce în ce mai mare în el şi le alimentează vitalitatea altora. Se aşteaptă să aibă succes. Combinate cu dorința, aşteptările duc la apariția speranței. Iar speranța face totul posibil. Pentru a avea viața la care te aştepți, ai nevoie pur şi simplu de o judecată corectă.

Aşa cum am spus, este simplu, dar nu uşor. Dacă până acum ai gândit negativ şi motivația ta era doar foarte rar alimentată de speranță, atunci trebuie să îți propui ca în fiecare zi să îți reînnoieşti speranța, să îți schimbi modul de gândire şi să crezi că şi ție ți se pot întâmpla lucruri bune – eforturi care îți pot schimba viața.

3. Obține victorii mici

Dacă poți avea speranțe şi un mod pozitiv de gândire, atunci este un început perfect. Nu este însă suficient. Gândirea pozitivă trebuie să fie urmată de acțiuni pozitive. Dacă vrei să ai un succes de răsunet, atunci începe prin a obține victorii mici. Nimic nu încurajează mai mult speranța decât succesul.

Gândirea pozitivă trebuie să fie urmată de acțiuni pozitive.

Dacă poți obține victorii mici, acest lucru te va încuraja şi îți va ridica moralul. Când câştigi o dată, începi să înțelegi cum funcționează totul. Vei avea din ce în ce mai des reuşite şi, după ce vei obţine câteva victorii, începi să simţi că lovitura cea mare este la doar câţiva paşi distanţă.

Crearea unui mediu pozitiv, cu experienţe pozitive te poate încuraja să continui să speri, să încerci şi să înveţi. Să privim puţin diferenţa între situaţia în care oamenii simt victoria şi cea în care simt înfrângerea.

CÂND OAMENII SIMT VICTORIA	CÂND OAMENII SIMT ÎNFRÂNGEREA
Se sacrifică pentru a reuşi.	Oferă cât mai puţin posibil.
Caută modalităţi prin care să câştige.	Îşi caută scuze.
Devin plini de energie.	Obosesc.
Urmăresc cu atenţie planul jocului.	Uită care este planul de joc.
Îi ajută pe ceilalţi membri ai echipei.	Îi rănesc pe cei din jur.

Obţinerea unor victorii mici îţi poate schimba complet modul în care vezi viaţa. La începutul carierei, Neil Clark Warren, fondatorul eHarmony, consilia cuplurile căsătorite. În acea perioadă şi-a dat seama că scopul său principal ar trebui să fie acela de a-i ajuta, chiar şi pe cei cu probleme mari, să îşi facă viaţa mai bună. În momentul în care cei doi membri ai unui cuplu văd chiar şi o îmbunătăţire cât de mică, încep să aibă speranţe. Şi speranţa este cea mai puternică motivaţie pentru a te schimba şi a învăţa.

Puterea speranţei

Unul dintre cele mai pline de speranţă momente din viaţa fiecărui om este atunci când aşteaptă cu nerăbare naşterea propriului copil, care are în faţă o viaţă plină de posibilităţi, mai ales în cazul în care vine pe lume într-o ţară liberă, cum este America - tărâmul oportunităţilor. Părinţii lui Jim Abbott erau plini de speranţă, chiar dacă ei înşişi erau aproape nişte copii când s-a născut cel mic. Optimismul lor vizavi de ceea ce îl aştepta pe Jim pe această lume a fost zguduit din temelii în momentul în care au descoperit că bebeluşul se născuse fără mâna dreaptă.

Mike şi Kathy, părinţii lui Jim, au căutat un răspuns pentru acest defect din naştere. La fel au făcut şi doctorii, fără să ajungă vreodată la vreo concluzie. Sunt lucruri care se mai întâmplă uneori, iar părinții aproape adolescenți au fost nevoiți să găsească o modalitate de a se împăca cu ideea.

Jim se juca asemenea oricărui copil normal, fără să pară că se descurcă mai încet din cauză că nu avea o mână. Când a împlinit cinci ani, experții i-au sfătuit pe Mike și pe Kathy să îl trimită la Mary Free Bed Rehabilitation Hospital, în Grand Rapids, la peste o sută de mile distanță de casa lor din Flint, Michigan, unde să i se pună o proteză și să fie instruit să o folosească. Pe vremea aceea, proteza însemna un fel de cârlig.

Părinții lui Jim au urmat sfatul, iar copilul a primit o proteză și a învățat să o folosească. A lucrat alături de alți copii cu dizabilități severe, printre care un micuț care învăța să se spele pe dinți folosindu-se de degetele de la picioare - fiindcă nu avea mâini. La un moment dat însă, în timp ce se aflau în spital, cei doi și-au dat seama că locul lui Jim nu este acolo. Sperau să îl poată trata ca pe un copil normal, așa că l-au externat și au plecat acasă.

În drum spre orașul natal, Mike i-a spus lui Kathy: „Nu avem vreo problemă. E ca și cum am primit un semnal pe radar. Ne putem descurca. Vom avea o problemă doar dacă noi vom permite să se transforme într-o problemă. Pentru moment însă, nu este cazul."[5] Jim declara ulterior: „Pe drumul acela de două ore și jumătate către Flint, ne-am recăpătat puterea. Mama și tata erau plini de speranță, chiar optimiști, începând pentru prima dată să se concentreze nu pe ceea ce-mi lipsea, ci pe ceea ce aveam."[6]

Două dintre lucrurile pe care Jim le avea erau dragostea pentru sport și o condiție fizică bună. La șase ani, tatăl său i-a făcut cadou o mănușă de baseball. I-a plăcut extraordinar de mult. A stat două ore să arunce cu mingea într-un zid, testându-și brațul drept și gândindu-se cum să își pună mănușa și pe mâna stângă, astfel încât să poată prinde mingea atunci când se întoarce înapoi spre el. Imediat ce a găsit un sistem, a continuat să își îmbunătățească viteza și flexibilitatea. Cu timpul se apropia din ce în ce mai mult de zid, astfel încât să poată face tranziția mult mai repede, ca să prindă mingea.

Baseball-ul nu era singura pasiune a lui Jim. Făcea orice sport posibil. La început copiii din cartier nu îl alegeau în echipă. Ajungea acasă descurajat şi voia să renunțe. Însă tatăl său nu îi dădea voie. Mike îşi trimitea fiul înapoi pe terenul de joacă, să încerce în continuare. Avea mari speranțe în ceea ce-l priveşte pe Jim, aşa că voia să persevereze şi să reuşească să depăşească obstacolele. Îl pregătea pe Jim pentru ceea ce avea să urmeze.

Jim spune: „Problema cu o dizabilitate este că va fi prezentă totdeauna."[7] Nu va dispărea, aşa că va trebui să înveți să te descurci cu ea. Cum a reuşit Jim? A practicat toate sporturile şi a făcut tot ceea ce depindea de el ca să se perfecționeze. Şi meritele au început să-i fie recunoscute, fiindcă era bun – atât de bun încât visa ca într-o bună zi să joace baseball profesionist, o aspirație pe care a recunoscut-o public pentru prima dată când avea doisprezece ani. „Părea că sper la ceva de neatins, însă aveam foarte multă speranță şi la fel de mult ajutor", explică Jim[8].

Un parcurs plin de speranță

„Nu s-a întâmplat nici o minune. Am fost eliminat din echipa de baschet a juniorilor de la Flint Central High School. Am făcut parte din echipa de baseball de juniori, însă nu am marcat nimic întregul sezon. A trecut multă vreme până când m-am separat de băieții de vârsta mea pe terenul de sport", spune Jim[9]. Şi separat a rămas. În al doilea an de liceu, a jucat tot baseball. Când era junior, antrenorul i-a spus că el e cel mai bun. Jim a înscris foarte bine în anul acela şi şi-a ajutat echipa să câştige campionatul pe oraş.

Tot în acel an, antrenorul l-a recrutat să joace şi fotbal, ca fundaş de rezervă. Era reticent, însă antrenorul a insistat. Într-un final Jim a început în playoff şi aproape că a dus echipa în campionatul statal.

Ca senior, Jim a jucat pe mai multe posturi. Echipa sa a câştigat campionatul, primind o propunere de la Toronto Blue Jays. Ținea însă foarte mult să joace la Universitatea din Michigan – şi a şi făcut-o timp de trei ani. A fost selectat în cea mai bună echipă a Americii şi a câştigat două campionate. A jucat şi în echipa olimpică de baseball. A participat şi la meciul din 1988, la Olimpiada de la Seul, unde a câştigat alături de echipă locul fruntaş pe podium.

Visul lui Jim s-a transformat în realitate atunci când a primit propunerea de a juca la California Angels. Era al optulea pe lista de opțiuni din 1988. Se aştepta să stea mult timp la echipa a doua, ca să se antreneze serios până când va dovedi că e capabil de performanță. Spre surprinderea sa însă, a început să joace în Liga întâi încă din prima zi, ca aruncător prin rotație.

Speranța aduce recompense

Jim a jucat timp de zece ani în Liga întâi de baseball. În unele sezoane a fost chiar fantastic, iar în altele se străduia din răsputeri să facă performanță. Momentul de referință al carierei sale sportive a fost meciul perfect din 1993, desfăşurat pe Yankee Stadium, în care echipa adversă nu a marcat nici un punct. Au fost foarte multe lucruri legate de jocul în prima ligă de baseball pe care le-a judecat greşit sau la care nu s-a aşteptat. Cel care l-a luat cel mai tare prin surprindere a fost atenția deosebită pe care a primit-o din partea copiilor cu acelaşi tip de dizabilități ca a sa.

Jim îşi aminteşte cât de încântat era el să vadă vreun jucător renumit de baseball, astfel că nu era o surpriză faptul că cei mici voiau să stea de vorbă cu el sau să le dea un autograf. Nu se aşteptase însă ca părinții şi copiii lor cu probleme fizice să îl caute atât de asiduu. Jim scrie:

> Nu credeam că mă vor căuta atât de mulți. Nu mă aşteptam să aud poveştile pe care mi le-au spus, nici să călătorească pe distanțe atât de mari ca să ajungă la mine şi nici la disperarea din vocea lor.
>
> Erau timizi şi frumoşi sau zgomotoşi şi amuzanți şi, asemenea mie, nu erau construiți perfect. Şi tot ca mine, aveau părinții alături, părinți care îşi doreau din tot sufletul să creadă că acest accident al naturii sau al circumstanțelor nu era o sentință pe viață şi că spiritul din interiorul acelor trupuri micuțe era mai mare decât suma mâinilor şi picioarelor lor.[10]

Jim citea şi răspundea la fiecare scrisoare pe care o primea de la aceşti micuţi sau de la părinţii lor. Se oprea din lucru, indiferent ce ar fi făcut, de fiecare dată când Tim Mead, PR managerul echipei (acum vicepreşedinte al clubului, pe probleme de comunicare) îşi băga capul pe uşă şi spunea „Jim, ai un minut?". Iar Jim se întâlnea cu toţi copiii şi stătea de vorbă cu ei câteva minute. Îi întreba pe ce poziţie jucau, ce fel de lovitură avea şi îi ruga să îi arate cum lucrau cu mănuşa. După aceea, discuta cu părinţii:

> Le voi povesti despre părinţii mei, care m-au făcut să mă simt special pentru că eram aşa cum eram, dar cu toate acestea mă tratau ca pe orice alt copil. Le voi povesti despre frustrările mele. Îi voi convinge însă că totul e posibil şi că li se pot întâmpla lucruri minunate. Părinţii mei au făcut acest lucru pentru mine, aşa că şi voi o puteţi face pentru copiii voştri."[11]

Jim povesteşte că nu a refuzat niciodată nici măcar un singur copil, indiferent că era epuizat, descurajat sau ocupat. De ce? Fiindcă voia să le dea speranţă! Voia să îi facă să înţeleagă că şi pentru ei totul este posibil. Jim spune: „Ştiam cum sunt aceşti copii şi îmi dădeam seama cât de departe pot ajunge prin doar câteva cuvinte de încurajare."[12]

Jim s-a retras din baseball în 1999. De-a lungul carierei a câştigat 87 de meciuri.[13] A trăit în realitate un vis, unul despre care doar foarte puţini credeau că e posibil. S-a dedicat baseball-ului, iar baseball-ul i-a dat foarte mult înapoi. Jim declara: „Poate că cel mai mare dar [din baseball] a fost faptul că m-a ajutat să mă împac cu ideea că sunt diferit." Şi tot el ne spune: „Am fost nevoit să învăţ o lecţie abia după ce am pierdut ceva şi am suferit."[14]

Cum de a putut Jim Abbott să înveţe din eşecuri? Cu ajutorul speranţei. A continuat să creadă şi a continuat să încerce. Speranţa i-a oferit motivaţia de a învăţa. Şi a folosit acea motivaţie ca să înveţe şi mai mult şi să ajungă şi mai departe decât credea că e posibil. Aceasta este puterea speranţei.

7

Capacitatea de a învăța: calea care trebuie urmată

Doi indivizi, soț și soție, jucau golf împreună. La gaura a opta, soțul își pregătea crosele. „Dragă, așteaptă", i-a spus soția. „Vezi hambarul de-acolo, dintre noi și teren? Dacă îi deschizi ușile pe ambele părți, ai putea lovi prin hambar, direct spre gaură."

Așa că s-a dus într-acolo, i-a deschis ușile, iar soțul ei a lovit cu crosa în minge, care a ricoșat pe deasupra peretelui hambarului și a lovit-o direct în față, femeia murind pe loc.

Un an mai târziu, bărbatul juca o partidă de golf pe același teren, alături de un prieten. La a opta gaură, a procedat la fel. Era pregătit să lovească mingea, moment în care prietenul său l-a oprit.

„Așteaptă puțin. Singurul lucru care te împiedică să tragi direct către teren este hambarul. Dacă îi deschid ușile probabil că mingea poate trece direct prin el."

„Nu!", a strigat el. „Iarăși? Am încercat anul trecut și am obținut doar șapte puncte!"

Da, recunosc că e o glumă cam nepotrivită. Dar, ca jucător de golf, o apreciez foarte tare. Unii oameni învață, iar alții nu. Iar asta ne duce către următoarea calitate care îi diferențiază pe cei care învață din pierderile suferite de cei care nu o fac. Sunt întrebat adesea care este elementul care îi ajută cel mai mult pe oameni să își atingă adevăratul potențial. Răspunsul meu este următorul: disponibilitatea de a învăța.

Disponibilitatea de a învăţa înseamnă să ai o atitudine şi un comportament care să te ajute să înveţi permanent câte ceva şi să te dezvolţi pe plan personal întreaga viaţă.

Ce înseamnă să fii dispus să înveţi? Disponibilitatea de a învăţa înseamnă să ai o atitudine şi un comportament care să te ajute să înveţi permanent câte ceva şi să te dezvolţi pe plan personal întreaga viaţă. Unii nu au această calitate. Renumitul cântăreţ de jazz şi lider de trupă Louis Armstrong a descris în felul următor această categorie de persoane: „Există oameni pe care, chiar dacă nu ştiu nimic, nici nu îl poţi învăţa ceva." Unii vor să aibă dreptate cu orice preţ, chiar dacă nu au. Prin urmare, pentru ei viaţa este dificilă. Nu reuşesc niciodată să înveţe ceva şi nici nu îşi însuşesc lecţiile pe care le oferă alţii, dispuşi să înveţe.

„Nu e suficient să stăpâneşti foarte bine un subiect sau grup de subiecte ca să te ajute în viitorul apropiat, ca să nu mai vorbim pentru tot restul vieţii."
– *John Naisbitt*

Autorul şi speakerul John Naisbitt spunea: „Nu e suficient să stăpâneşti foarte bine un subiect sau grup de subiecte ca să te ajute în viitorul apropiat, ca să nu mai vorbim pentru tot restul vieţii." Cu alte cuvinte, chiar dacă stăpâneşti ceva foarte bine, nu e suficient. Ca să îţi atingi potenţialul maxim, trebuie să continui să înveţi şi să te dezvolţi. Pentru asta, trebuie să fii dispus să înveţi, fiindcă altfel îţi vei epuiza potenţialul cu mult înainte de sfârşitul vieţii.

Dacă vrei să ai succes pe viitor, atunci trebuie să fii dispus să înveţi ceva chiar acum. Ceea ce te-a ajutat să ajungi la acest nivel nu te va ajuta să rămâi aici. Şi cu siguranţă că nu te va conduce acolo unde vrei să ajungi. Pentru a învăţa, nu e suficient să ai o minte strălucită, ci să fii deschis către aşa ceva.

Am citit de curând un studiu desfăşurat şi condus de Mark Murphy, fondator şi CEO al Leadership IQ. Organizaţia sa a urmărit douăzeci de mii de angajaţi noi, de-a lungul unei perioade de trei ani, descoperind că 46% dintre ei nu au avut succes (au fost concediaţi, au primit evaluări necorespunzătoare sau şi-au dat demisia) în primele optsprezece luni petrecute la job. Principala cauză a eşecului nu a fost lipsa competenţelor tehnice – de altfel, a fost prezentă la doar o persoană din zece. Aproape 90% din probleme au fost determinate de atitudine. Motivul aflat pe primul loc a fost faptul că nu erau dispuşi să învețe. Murphy scrie că 26 dintre cei care au eşuat nu puteau fi instruiți. Mai exact, le lipsea „abilitatea de a accepta şi de a implementa feedback-ul primit din partea şefilor, colegilor, clienților şi a altor persoane."[1]

Cel mai trist este că atitudinea este o chestiune care ține de alegere. La fel este şi disponibilitatea de a învăța. Alegem sau nu să fim deschişi ideilor noi, experiențelor inedite, sfaturilor primite de la cei din jur, feedback-ului oferit sau noțiunii de schimbare. Putem alege să avem un viitor mai bun dacă suntem dispuşi să învățăm lucruri noi - sau ne putem sabota viitorul pretinzând că ştim tot ceea ce ne trebuie ca să avansăm. Ceea ce, apropo, este *imposibil*!

Trăsăturile unei persoane dispuse să învețe

Dacă îți doreşti să găseşti calea de la eşec la succes, trebuie să devii o persoană dispusă să învețe. Cum poți face acest lucru? Cultivându-ți următoarele cinci trăsături:

1. Cei dispuşi să învețe au o atitudine care favorizează învățarea

Atitudinea pe care o afişăm în viață stabileşte tonul şi direcția pentru tot ceea ce facem. În cartea *Cele mai importante lecții de viață*, Hal Urban scrie:

> Jucătorii de golf ştiu că succesul unui joc este determinat de modul în care abordează mingea. Piloții ştiu că cea mai importantă parte atunci când vor să aterizeze în siguranță este să facă tot demersul din unghiul corect. Avocații ştiu că modul în care abordează un juriu va fi factorul determinant în câştigarea procesului. Abordarea înseamnă să te pregăteşti în mod corespunzător, să faci toți paşii preliminari către un anumit tip de realizări. Abordarea corectă stabileşte cadrul în care vor apărea rezultatele la care sperăm. În esență, atitudinile noastre reprezintă modul în care abordăm viața. Iar modul în

care abordăm viaţa ne poate duce la eşec sau, dimpotrivă, la succes.[2]

Oamenii dispuşi să înveţe abordează fiecare zi ca pe o oportunitate de a învăţa ceva nou. Sunt deschişi către aşa ceva. Mintea lor este orientată spre nou. Atitudinea lor este una în care au aşteptări. Ei ştiu că succesul are o legătură mai mică cu talentul nativ şi una mai mare cu alegerea de a învăţa ceva.

Când suntem tineri, părinţii, profesorii şi sistemul educaţional îşi asumă responsabilitatea ca noi să învăţăm. Însă acest impuls extern şi responsabilitatea aferentă se diminuează treptat în perioada în care suntem la şcoală. Odată cu trecerea timpului, în special din momentul în care intrăm la liceu, apare distincţia între cei care sunt dispuşi să înveţe în continuare şi cei care se opun învăţării. Alegerea pe care o facem este crucială. Putem alege să învăţăm în continuare şi să ne alimentăm dorinţa internă de a ne dezvolta. Sau putem alege să fim indiferenţi la oportunităţile care ne apar în cale, care ne împiedică să mai învăţăm ceva nou.

Philip B. Crosby, autorul cărţii *Quality Is Free*, spune că oamenii îşi pot încetini inconştient ritmul în care se dezvoltă pe plan personal fiindcă ajung să se bazeze pe clişee şi pe obiceiuri în loc să îşi cultive disponibilitatea de a învăţa. „Odată ce ajung la o anumită vârstă şi la un anumit confort vizavi de lumea înconjurătoare", spune Crosby, „încetează să mai înveţe. Se poate să progreseze în cadru organizaţional, pot fi ambiţioşi şi isteţi şi pot munci din greu. Însă nu mai învaţă nimic."

Disponibilitatea de a învăţa depinde de două lucruri: capacitate şi atitudine. Într-o măsură mai mare sau mai mică, prima poate fi stabilită. Însă atitudinea este în totalitate o opţiune proprie. Trebuie să decidem în mod proactiv dacă adoptăm sau nu o asemenea atitudine. Cercetările desfăşurate la Harvard, dar şi în alte universităţi confirmă importanţa atitudinii în obţinerea succesului. Atitudinea este considerată mult mai importantă decât inteligenţa, educaţia, talentul sau norocul. Mai mult, s-a ajuns la concluzia că peste 85% din succesul pe care îl obţinem în viaţă este datorat atitudinii, în timp ce doar 15% este pus pe seama abilităților.[3] Aceste descoperiri corespund cu cele realizate de Mark Murphy.

Peste 85% din succesul pe care îl obținem în viață este datorat atitudinii, în timp ce doar 15% este pus pe seama abilităților.

Doar foarte rar am întâlnit o persoană dispusă să învețe al cărei mod în care abordează viața să fie unul negativ. Foarte mulți dintre cei dispuşi să învețe şi care aveau o atitudine pozitivă nu permiteau ca ideile negative să le acapareze modul de gândire. De ce? O minte închistată nu deschide uşa oportunităților. Un mod de gândire precar doar foarte rar creează abundență. O atitudine negativă în foarte puține cazuri duce la schimbări pozitive.

Dacă nu ți-ai cultivat o atitudine pozitivă şi un spirit dispus să învețe, te încurajez să faci acest lucru. Cu cât mai repede, cu atât mai bine, fiindcă, odată cu vârsta, gândurile negative, obiceiurile proaste şi un caracter slab sunt trăsături care ni se impregnează şi mai mult în felul nostru de a fi. Înaintarea în vârstă nu înseamnă că viața ni se schimbă în bine, ci doar că avem mai puțin timp la dispoziție să alegem să învățăm ceva. Aşa că fă această alegere chiar acum. Eu personal nu ştiu o altă modalitate mai bună de a evolua.

2. Cei dispuşi să învețe gândesc ca nişte începători

La începutul carierei mele de lider, îmi doream foarte mult să am succes, alocând foarte mult timp căutării unor soluții prin care să pot face acest lucru. În perioada aceea, am participat la un seminar în care moderatorul ne-a întrebat: „Când vă vin în mine cei mai de succes CEO, antreprenori şi proprietari de afaceri, ce calități credeți că au?"

Am răspuns folosind cuvinte precum *viziune, inteligență, pasiune, hotărâre* şi *etică a muncii*. Moderatorul a fost de acord că toate sunt importante, adăugând însă că principala calitate a liderilor de top este *disponibilitatea de a învăța*. Ne-a şi definit această însuşire, precizând că este vorba despre abilitatea şi dorința de a deprinde şi de a pune în practică toate informațiile necesare în vederea îndeplinirii scopurilor.

Ca lider aflat la început de drum, am fost surprins de comentariile sale. Fusesem convins până atunci că oamenii de succes se gândesc ce anume trebuie să facă şi apoi se țin de drumul lor. Persoanele din anturajul meu care aveau succes adoptau o atitudine de genul „am fost acolo, am făcut cutare lucru". Se comportau ca şi cum ştiau tot ceea ce urmează să se întâmple. Odată cu vârsta şi în condițiile în care dobândisem o experiență mult mai mare, am văzut că atitudinea lor îi adusese până într-un anumit punct, după care se plafonaseră, fiindcă nu se mai dezvoltau la nivel personal. De asemenea, mi-am dat seama că nu voi ajunge niciodată într-un loc în care să îmi închipui că am totul. Voi simți întotdeauna nevoia să învăț ceva nou şi să mă perfecționez. Oamenii de succes învață permanent lucruri noi.

„O minte deschisă tuturor posibilităţilor înseamnă descoperire de sine şi dezvoltare pe plan personal."
– Erwin G. Hall

Care este cea mai bună modalitate de a face acest lucru? Să ai un mod de gândire tipic începătorului. Erwin G. Hall observa: „O minte deschisă tuturor posibilităților înseamnă descoperire de sine şi dezvoltare pe plan personal. Nu putem învăța nimic nou până când nu recunoaştem că nu ştim totul." Dacă vrei să te dezvolți pe plan personal şi să înveți, trebuie să abordezi totul cu un mod de gândire tipic începătorului, nu expertului.

Ce au în comun toți începătorii? Sunt conştienți că nu le ştiu pe toate, iar acest lucru le defineşte abordarea. În general, sunt deschişi şi au o atitudine umilă şi modestă, lipsindu-le acea rigiditate care însoțeşte adesea realizările de excepție. Aşa cum scria Shunryu Suzuki, renumitul maestru zen, în cartea *Zen Mind, Beginner's Mind*: „În mintea unui începător există întotdeauna mai multe posibilități, în timp ce în mintea expertului foarte puține."

Celor mai mulți dintre noi le place statutul de expert. Mai mult, unii se simt atât de inconfortabil cu ideea de începător încât chiar se străduiesc ca nu cumva să ajungă într-o asemenea situație. Alții sunt mai deschişi şi se bucură să învețe ceva nou. Dacă chiar se află la început de drum, le este mult mai uşor să gândească asemenea unui începător. Menținerea acestei atitudini devine mult mai dificilă pe măsură ce înveți mai mult şi ajungi să ai anumite succese. Este o adevărată provocare să rămâi receptiv și deschis în fiecare situație cu care te confrunți de-a lungul timpului.

Eu personal încerc să îmi mențin un mod de gândire tipic începătorului, însă trebuie să recunosc că uneori îmi este foarte greu. Ca să mă motivez, încerc întotdeauna să nu uit următoarele trei lucruri:

1. Orice persoană mă poate învăța ceva.
2. În fiecare zi am ceva de învățat.
3. De fiecare dată când învăț ceva, am de câștigat.

Un alt lucru pe care îl fac este să mă concentrez pe a pune întrebări. Timp de prea mulți ani m-am gândit că e mai important să ofer răspunsuri. Ca lider aflat la început de carieră, simțeam că asta se așteaptă de la mine. Imediat ce am reușit totuși să scap de nesiguranță, am descoperit că întrebările mă ajută mult mai mult să mă dezvolt decât răspunsurile, iar din momentul în care am început în mod intenționat să pun întrebări și să ascult, am înflorit deopotrivă pe plan profesional și personal. Și pe tine te poate ajuta acest lucru.

3. Cei care sunt dispuși să învețe se privesc cu atenție în oglindă

Romancierul James Thom remarca: „Probabil că cel mai sincer individ dintre cei care reușiseră prin forțe proprii a fost cel pe care l-am auzit spunând: «Am ajuns în vârf muncind foarte mult – luptând la fiecare pas împotriva tendinței de a lenevi și a ignoranței.»" Te poți regăsi în această declarație? Eu personal da. Sunt cunoscut pentru faptul că scriu și vorbesc despre leadership, dar cea mai dificilă persoană pe care am condus-o vreodată am fost eu însumi!

Ca să fie dispuși să învețe și să își însușească acest obicei, oamenii trebuie să se evalueze permanent onest și deschis. De fiecare dată când te confrunți cu o provocare, cu o pierdere sau cu o problemă, unul din primele lucruri pe care trebuie să le faci este să te întrebi dacă nu cumva tu ești cauza – cheia disponibilității de a învăța. Dacă răspunsul este afirmativ, atunci trebuie să fii pregătit să te schimbi, fiindcă altfel situația se va repeta, iar tu vei avea sentimentul că ai mai trecut o dată prin dezastrul respectiv.

Când oamenii refuză să se uite în oglindă şi încearcă să dea vina pe alţii, vor avea aceleaşi rezultate tot timpul. Poate că cea mai bună descriere pe care am auzit-o vreodată - şi, totodată, soluţie - este cea dintr-o piesă de Portia Nelson intitulată „Autobiografie în cinci capitole scurte".

Capitolul întâi

Mă plimb pe stradă.
În asfalt este o gaură mare.
Cad în ea.
Mă pierd... Sunt neajutorată.
Nu e vina mea.
Îmi ia o veşnicie să ies de acolo.

Capitolul doi

Mă plimb pe aceeaşi stradă.
În asfalt e o gaură mare.
Mă prefac că n-o văd.
Cad în ea din nou.
Nu-mi vine să cred că mi s-a întâmplat din nou.
Dar nu e vina mea.
Şi de această dată îmi ia foarte mult să ies la suprafaţă.

Capitolul trei

Mă plimb pe aceeaşi stradă.
În asfalt e o gaură mare.
O văd că e acolo.
Cad în ea... e un obicei...
Dar am ochii deschişi.
Ştiu unde mă aflu.
E vina mea.
Ies de-acolo imediat.

Capitolul patru

Mă plimb pe aceeaşi stradă.
În asfalt e o gaură mare.
Trec pe lângă ea.

Capitolul cinci

Mă plimb pe altă stradă.

Disponibilitatea de a învăța înseamnă să îți recunoşti partea ta de vină într-o greşeală, să încerci să cauți soluții (indiferent cât de dureroase) şi să te străduieşti să le pui în practică - ceea ce te va ajuta să îți dezvolți abilitatea de a te schimba, de a te dezvolta şi de a avansa.

Medicul William Mayo se ruga: „Doamne, născoceşte-mă dintr-un om care nu a făcut niciodată o greşeală şi din altul care a făcut aceeaşi greşeală de două ori." Nu e nimic greşit atunci când comitem diverse erori, însă unii le şi repetă. Un spirit care este dispus să învețe nu va proceda aşa.

„Doamne, născoceşte-mă dintr-un om care nu a făcut niciodată o greşeală şi din altul care a făcut aceeaşi greşeală de două ori."
– William Mayo

4. Cei care sunt dispuşi să învețe îi încurajează pe cei din jur să le vorbească deschis despre propria viață

O vulpe, un lup şi un urs plecaseră împreună la vânătoare. După ce fiecare dintre ei a prins o căprioară, discutau cum să împartă prada.

Ursul l-a întrebat pe lup cum crede că ar trebui făcut. Lupul a spus că fiecare ar trebui să primească o căprioară. Fără să stea pe gânduri, ursul l-a înhățat pe lup şi l-a mâncat.

După aceea a întrebat-o şi pe vulpe cum propune să împartă prada. Cumătra i-a oferit ursului căprioara sa şi i-a spus că ar trebui să o ia şi pe cea a lupului.

„De unde ai căpătat atâta înțelepciune?", a întrebat ursul.

„De la lup", i-a răspuns vulpea.

Din nefericire, foarte mulţi dintre noi ne asemănăm cu ursul. Nu ne place când cei din jur ne spun adevărul despre propria viaţă, iar când cineva are curajul să ne vorbească despre asta, îl atacăm. Indicat este să reacţionăm complet diferit.

Oamenii care sunt dispuşi să înveţe se înconjoară de persoane care îi cunosc foarte bine şi care le vorbesc deschis. Cu toate acestea, poate fi o provocare – din mai multe motive. În primul rând, trebuie să fii dispus să îţi dezvolţi relaţii suficient de puternice cu oamenii, astfel încât să îi poţi ruga să îţi vorbească sincer despre viaţa ta. În al doilea rând, şi ei trebuie să fie suficient de curajoşi şi de oneşti astfel încât să îţi vorbească sincer. În al treilea rând, trebuie să fii dispus să le accepţi feedback-ul şi criticile fără să te aperi, fiindcă altfel a doua oară nu ţi-l voi mai oferi.

Acest proces devine mult mai complicat dacă eşti o persoană de succes. Atunci când ai o oarecare influenţă şi eşti respectat, oamenii au tendinţa să îţi spună ceea ce vrei să auzi, nu ceea ce *trebuie* să auzi. Ei caută aprobarea ta sau încearcă pur şi simplu să te flateze. Din nefericire, acest lucru creează o breşă uneori uriaşă între ceea ce auzi şi realitate. Dacă te afli în această situaţie, va trebui să depui un efort suplimentar astfel încât cei apropiaţi să îţi vorbească onest despre ceea ce se întâmplă. Va trebui, de asemenea, să îţi faci un obicei din a observa şi a asculta ceea ce se petrece în jurul tău.

Fiecare dintre noi avem nevoie de o persoană care să fie dispusă să ne vorbească deschis despre viaţa noastră. Ideal ar fi să fie vorba despre cineva care se află pe o treaptă mai sus ca tine din punct de vedere al funcţiei sau al experienţei. În perioada în care conduceam o biserică importantă din San Diego, am apelat la Steve Babby pentru feedback şi eventuale critici – Steve superviza liderii mai multor biserici din sudul Californiei. Cel puţin o dată pe an îl rugam să îmi spună ce părere are despre ceea ce făceam, ce anume era greşit sau nepotrivit în modul meu de a conduce şi ce credea că ar trebui să fac astfel încât să fiu scutit de probleme. După mai mulţi ani de colaborare, Steve mi-a spus: „John, eşti cea mai de succes persoană cu care lucrez, dar cu toate acestea tu eşti *singurul* care mă roagă ă îl critic dacă este cazul. De ce?"

„Nu am încredere într-o persoană care are o putere ce nu poate fi verificată", i-am răspuns eu. „În special în cazul meu."

Scriitorul Peter M. Leschak spunea: „Cu toții suntem privitori – la televiziune, la acele ceasornicului, la traficul de pe autostradă sau la orice altceva –, însă puțini suntem observatori. Toată lumea se uită, însă puțini văd." Caută indicii care să îți arate că nu ești pe drumul cel bun și roagă-i pe cei din jur să îți verifice suspiciunile. Va exista o șansă mult mai mare să îți vorbească deschis dacă le-ai prezentat de la bun început punctele slabe.

Trebuie să recunosc că, în cazul meu, abilitatea de a asculta a fost una pe care am învățat-o. Mi se potrivește mult mai bine să vorbesc. Mama obișnuia să le spună tuturor: „De la șase luni John a început să vorbească și nu s-a mai oprit niciodată." E-adevărat. Nu mi se întâmplă niciodată să rămân fără cuvinte. Îmi place să stabilesc tonul discuției. Îmi place să predau și să le fiu altora mentor. Să vorbești nu înseamnă însă să înveți. Să asculți da. Editorialistul Doug Larson spunea: „Înțelepciunea este recomensa pe care o obții după ce o viață întreagă ai ascultat, în condițiile în care ai fi preferat să vorbești." Eu personal încerc să nu uit niciodată acest lucru. Dacă ești genul care preferă să vorbească, atunci ar trebui să o faci și tu.

„Înțelepciunea este recompensa pe care o obții după ce o viață întreagă ai ascultat, în condițiile în care ai fi preferat să vorbești."
– Doug Larson

5. Oamenii care sunt dispuși să învețe o fac în fiecare zi

Secretul oricărei persoane de succes se regăsește în agenda ei zilnică. Oamenii se dezvoltă și ajung să fie mai buni, nu făcând salturi uriașe deodată, ci prin schimbări mici, dar valoroase. Marian Wright Edelman, o susținătoare a drepturilor copiilor, spunea: „Atunci când încercăm să vedem cum ne putem schimba viața în bine, nu trebuie sub nici o formă să ignorăm micile diferențe zilnice pe care le putem face și care, în timp, se vor transforma într-o diferență uriașă, pe care nu o vom putea trece cu vederea." Marian înțelege foarte bine că progresul se produce zi de zi, pas cu pas, indiferent cât de mărunt este.

Oamenii care sunt dispuşi să se perfecţioneze încearcă să confirme acest adevăr învăţând zilnic ceva nou. O singură zi este suficientă ca să ne dezvoltăm sau ca să ne restrângem competenţa. Dacă ne însuşim ceva nou în fiecare zi, atunci avem şansa să ne schimbăm foarte mult viaţa în bine. Autorul şi speakerul motivaţional Dennis P. Kimbro susţine acest punct de vedere într-un text pe care l-a scris cu câţiva ani în urmă:

> Sunt companionul tău constant. Sunt cel mai de preţ ajutor al tău sau cea mai mare povară. Te voi împinge înainte sau te voi trage înapoi către eşec. Mă aflu permanent la ordinele tale. În aproape jumătate din lucrurile pe care le faci, ai putea apela la mine, iar eu să fac acele lucruri mai repede şi mai corect. Sunt uşor de gestionat – trebuie doar să fii ferm cu mine. Spune-mi clar cum vrei să fie făcut un lucru şi, după câteva lecţii, îl voi face automat. Deservesc cei mai buni oameni, dar şi pe toţi cei care greşesc. Pe cei care au greşit, eu i-am transformat în nişte rataţi. Pe cei care sunt foarte buni, eu i-am făcut excepţionali. Nu sunt o maşinărie, deşi lucrez cu precizia uneia, având în plus şi inteligenţa umană. Mă poţi folosi pentru a avea succes sau pentru a ajunge la ruină – pentru mine nu e nici o diferenţă. Profită de mine, instruieşte-mă, fii ferm cu mine şi îţi voi pune lumea la picioare. Nu mă băga în seamă şi te voi distruge. Cine sunt eu? Un obicei.[4]

Obiceiurile pe care le ai în viaţa de zi cu zi te vor ajuta să ai succes sau te vor distruge, exact aşa cum sugerează Kimbro. Dacă te transformi într-o persoană dispusă să înveţe, care învaţă din propriile eşecuri, atunci fă din învăţare un obicei zilnic. E posibil ca viaţa să nu ţi se schimbe într-o singură zi. Dar zilele ţi se vor schimba pentru totdeauna.

Deprinderi zilnice care să te ajute să fii dispus să înveţi

Dacă crezi în ideea de a încerca să înveţi ceva nou în fiecare zi, dar nu ştii cum să procedezi, atunci îţi recomand următoarele trei activităţi.

1. Pregătirea

Dacă vrei să faci față cu succes provocărilor pe care le întâmpini în fiecare zi şi să înveți ceva din ele, atunci trebuie să fii pregătit. Acest lucru presupune însă să te străduieşti dinainte - zilnic. Aşa cum spunea mentorul meu, John Wooden: „Când apare o oportunitate, este prea târziu să te mai pregăteşti."

Ce fac eu personal ca să mă pregătesc pentru ziua ce urmează astfel încât să pot învăța ceva din ea? Încep în fiecare dimineață prin a-mi verifica programul. În timp ce trec în revistă întâlnirile şi sarcinile de care trebuie să mă ocup, îmi pun următoarele întrebări:

„Când apare o oportunitate, este prea târziu să te mai pregăteşti."
– John Wooden

- Care sunt potențialele momente în care aş putea învăța ceva?
- Cu cine mă voi întâlni şi ce întrebări pot pune?
- Ce experiențe voi avea şi ce voi putea învăța din ele?

Prin faptul că încerc să văd care sunt momentele din care aş putea învăța ceva şi mă pregătesc pentru ele, sunt dispus să învăț ceva.

Pentru prima întâlnire pe care am avut-o cu antrenorul Wooden, am petrecut câteva ore ca să mă pregătesc. Am scris câteva pagini cu întrebări pe care îmi doream să le pun. După câteva ore în care mi-a ascultat răbdător întrebările, l-am întrebat dacă ne mai putem vedea şi altă dată. Nu voi uita niciodată răspunsul său: „Da, John, o să ne mai întâlnim. Sunt sigur că vei fi întotdeauna pregătit în acest sens." Ce compliment extraordinar! A fost începutul unor momente cu adevărat fabuloase pe care le-am petrecut împreună. De fiecare dată când plecam de la acest om extrem de înțelept, simțeam că am învățat ceva cu adevărat valoros.

Nu trebuie să petreci foarte mult timp zilnic ca să te pregăteşti, deşi uneori ai în program anumite sarcini care ar avea nevoie de o pregătire temeinică. Planifică-ți însă câteva minute în fiecare dimineață sau în seara de dinainte ca să te gândeşti ce vei face în ziua următoare şi ce oportunități de a învăța ceva există. Vei fi uimit câte ocazii ai să devii mai bun într-un anumit domeniu profitând de experiențele care fac parte din viața ta de zi cu zi.

2. Contemplarea

Timpul petrecut singur este esențial dacă vrei să înveți ceva. Contemplarea permite oamenilor să reflecteze la viața lor și să caute o semnificație a lucrurilor care li s-au întâmplat. Dacă ne oprim puțin din agitație și reflectăm, putem avea o perspectivă mult mai bună referitoare la eșecurile și reușitele din ziua respectivă, astfel încât să putem trage niște învățăminte. De asemenea, ne permite să vedem cum putem îmbunătăți totul pe viitor.

Bine ar fi să nu uităm niciodată că avem foarte multe de învățat din experiențele negative. În știință, marile descoperiri sunt precedate întotdeauna de greșeli.

Bine ar fi să nu uităm niciodată că avem foarte multe de învățat din experiențele negative. În știință, marile descoperiri sunt precedate întotdeauna de greșeli. Este imposibil să descoperim ceva fără să facem mai multe erori. Pentru un om de știință, o greșeală nu este un eșec – ci o formă de feedback. Folosindu-se de acest feedback, el se poate întreba nu doar „Ce anume s-a întâmplat?", ci și „Ce înseamnă acest lucru?". Această atitudine vine din folosirea abilităților esențiale de gândire. Fără ele, nu sesizăm semnificația lucrurilor care ni se întâmplă în viață.

În momentul în care lecțiile pe care le învățăm provin din greșeli, mai întâi trebuie să stabilim dacă erorile au apărut ca urmare a ignoranței sau din stupiditate. *Ignoranța* înseamnă că nu am avut la dispoziție toate informațiile necesare; *stupiditatea* înseamnă că am avut informațiile corecte, dar le-am folosit în mod eronat.

Dacă îți petreci ceva timp să reflectezi, îți poți pune întrebări precum:

- Ce învățăminte pot trage din ceea ce am citit astăzi?
- Ce învățăminte pot trage din ceea ce am văzut astăzi?
- Ce învățăminte pot trage din ceea ce am auzit astăzi?
- Ce învățăminte pot trage din ceea ce am experimentat astăzi?

- Ce învățăminte pot trage din greşelile pe care le-am făcut astăzi?
- Ce învățăminte pot trage de la persoanele cu care m-am întâlnit astăzi?
- Ce învățăminte pot trage din ceea ce am discutat astăzi?

Îți recomand ca, la sfârşitul fiecărei zile, să stai singur o jumătate de oră şi să te gândeşti la ce ai făcut în ziua respectivă, analizând cele întâmplate şi lucrurile pe care le poți învăța. Acest lucru nu numai că te va ajuta să fii deschis să înveți în continuare, dar vei şi învăța ceva zilnic.

3. Aplicarea practică

Adevărata valoare a disponibilității de a învăța se vede cel mai bine atunci când aplicăm în practică ceea ce am învățat. Putem trage o mulțime de învățăminte din greşelile pe care le facem, dacă sunt suntem dispuşi, evident. Nu toată lumea procedează aşa. În momentul în care oamenii comit diverse erori, în general reacționează într-unul din felurile următoare: îşi promit să nu mai facă niciodată o altă greşeală (ceea ce e imposibil), îşi pierd curajul şi se transformă în nişte laşi (ceea ce este o prostie) sau îşi propun să învețe din greşeli şi să aplice lecțiile învățate, ceea ce e cât se poate de profitabil.

Alteori învățăm anumite lucruri din aspectele pozitive şi aplicăm în practică aceste lecții. De curând, asistenta mea, Linda Eggers, m-a întrebat dacă vreau să văd o listă cu toate cărțile pe care le-am scris. M-a surprins realmente numărul lor: şaptezeci şi unu! Nu mi-am imaginat niciodată că acest lucru ar fi posibil. Îmi amintesc momentul în care mi-am dorit pentru prima dată să scriu o carte. Sarcina în sine mi se părea copleşitoare. M-am tot străduit mai bine de un an şi abia atunci am fost capabil să duc la bun sfârşit 120 de pagini. Nici nu-mi vedea să cred.

Ce lecție am învățat de aici? Dacă te concentrezi asupra sarcinii pe care ți-ai propus-o şi lucrezi în mod susținut, zi de zi, în fiecare săptămână, atunci realizările pot fi unele de substanță. Am mai învățat însă ceva. Singurul motiv pentru care am fost capabil să scriu atât de multe cărți a fost că am adoptat o abordare la fel de disciplinată atunci când a fost vorba să învăț ceva. Încerc să învăț ceva nou în fiecare zi. Şi fiindcă fac acest lucru, baza mea de cunoştinţe se lărgeşte, nu se diminuează. Un prieten m-a întrebat de curând câte cărți mai vreau să scriu. Nu m-am gândit la o anumită cifră. Răspunsul depinde de disponibilitatea mea de a învăța lucruri noi şi de a aplica în practică ceea ce mi-am însuşit. Atâta vreme cât voi continua să învăț, voi continua să am ceva de spus.

Disponibilitatea de a învăța în cele mai dure condiții

Unii sunt tentați să creadă că disponibilitatea de a învăța este apanajul celor cu avantaje şi că este mult mai greu pentru cei fără privilegii, care trec prin momente grele sau care suferă să îşi dorească să învețe ceva. Eu personal nu cred că este adevărat. Sunt de părere că disponibilitatea de a învăța este o atitudine, un mod de gândire pe care oamenii dornici să evolueze îl poartă cu ei indiferent de experiențele prin care trec.

Un exemplu relevant în acest sens îl găsim în viața lui Richard Wurmbrand, născut în România în anul 1909. Wurmbrand s-a apucat de afaceri din fragedă tinerețe, astfel că la vârsta de douăzeci şi cinci de ani făcuse deja o mulțime de bani şi avea un stil de viață opulent. Doi ani mai târziu, s-a îmbolnăvit de tuberculoză. Boala l-a făcut să se gândească mai bine la viața lui, transformându-se într-o persoană extrem de credincioasă. La scurtă vreme, la fel a procedat şi soția lui. După câțiva ani, Wurmbrand se simțea capabil să devină ministru.

În timpul celui de-Al Doilea Război Mondial, România a avut deopotrivă de suferit din cauza ruşilor şi a naziştilor. Wurmbrand îşi aminteşte:

> Pe măsură ce războiul lua amploare, multe dintre minoritățile creştine... au fost masacrate sau trimise în lagăre de concentrare alături de evrei. Toți membrii familiei soției mele au dispărut – şi nu i-am mai văzut niciodată. Şi eu personal am fost arestat de fascişti de trei ori; săltat, interogat, bătut şi

închis. Aşa că eram chiar pregătit pentru ceea ce avea să urmeze în perioada comunismului.[5]

Spre sfârşitul războiului, trupele sovietice au invadat România şi comuniştii au preluat puterea. Persecutarea credincioşilor, în special a pastorilor, a devenit un lucru la ordinea zilei. În februarie 1948, Wurmbrand a fost arestat. „Mergeam singur pe o străduță din Bucureşti", îşi aminteşte el, „când un Ford negru a frânat brusc lângă mine şi au sărit afară doi bărbați. Mi-au legat mâinile la spate şi m-au aruncat pe bancheta din spate, unul dintre ei ținând îndreptat spre mine un pistol."[6]

Securiştii l-au arestat, acuzându-l de spionaj pentru țările din Occident. Uneori îl lăsau singur în celulă luni întregi la rând. Alteori era torturat şi interogat. Încercau să îl facă să mărturisească crime pe care nu le comisese. Alteori încercat să îl facă să denunțe alți „conspiratori". Wurmbrand era dispus să dea toate informațiile despre el, dar niciodată despre alții. A fost trimis la carceră timp de trei ani, fără să i se permită să citească sau să scrie ceva. Era întemnițat într-o celulă foarte mică, cu sârmă ghimpată pe pereți şi lăsat acolo cu zilele. În total, a petrecut paisprezece ani în mai multe închisori comuniste. Într-un final a fost eliberat şi trimis în Vest, unde a înființat „Vocea martirilor", o organizație non-profit dedicată ajutorării creştinilor persecutați.

În timpul petrecut în închisoare, Wurmbrand şi-a făcut un scop din a învăța, concentrându-se în special asupra dezvoltării personale. A încercat însă să le transmită şi altora acest spirit. La un moment dat, când alt prizonier a fost trimis la carceră, într-o celulă în care muriseră mulți dintre cei întemnițați, Wurmbrand, care stătuse şi el acolo, i-a spus: „Când te vei întoarce lângă noi, să ne spui ce ai învățat."

De ce făcea Wurmbrand acest lucru? Încerca să îi transmită colegului său de suferință că nu trebuie să îşi piardă spiritul deschis către învățătură, astfel încât să nu îi dispară speranța şi să trăiască în continuare. Dorința de a învăța este un element care te motivează să trăieşti, indiferent că eşti un copil care explorează pentru prima dată lumea, un muncitor, un prizonier sau o persoană în vârstă aflată în ultima parte a vieții. Dorința de a învăța ne menține tineri și plini de speranță. Aceasta este puterea pe care o are faptul că suntem dispuși să învățăm câte ceva tot timpul.

8

Adversitățile: factorii care declanșează învățarea

Marshall Taylor s-a născut în anul 1878, într-o familie săracă din Indianapolis, statul american Indiana. Bunicul său fusese sclav. Tatăl luptase de partea Unioniştilor în Războiul Civil, iar în perioada în care s-a născut Marshall lucra ca vizitiu pentru familia Southard, una destul de înstărită. În copilărie, băiețelul își însoțea uneori tatăl şi învăța cum să mâne caii.

La treisprezece ani, familia de bogătaşi s-a mutat la Chicago. Voiau să îl ia pe micul Marshall cu ei, mai ales că acesta se împrietenise cu fiul lor, fiind cam de aceeaşi vârstă. De fapt, Marshall petrecea atât de mult timp în preajma familiei Southard, încât era tratat ca o rudă apropiată. Însă părinții săi nu au vrut să-l lase să plece. Mama lui nu ar fi putut suporta gândul să nu-şi aibă copilul aproape. Aşa că Marshall a rămas, iar viața i s-a schimbat practic peste noapte, dispărând ca prin farmec toate avantajele pe care le avea. Ulterior, avea să declare: „Mă transformasem dintr-un «copil de milionari» într-un băiat bun la toate – şi toate astea în doar câteva săptămâni."[1]

O etică profesională ieşită din comun

Marshall a început în scurtă vreme să se gândească cum ar fi putut câştiga nişte bani. Familia Southard îi lăsase o bicicletă, pe care o folosea ca să împartă ziare. Ca să se distreze, învățase şi cum să facă mici cascadorii cu ea. În momentul în care proprietarii unui mic magazin de biciclete au aflat ce poate să facă, l-au angajat pe loc. I-au dat o uniformă militară şi l-au pus să facă toate aceste „trucuri" în fața magazinului. Din cauza uniformei, localnicii începuseră să-l strige „maiorul".

Totul se petrecea prin 1980, o perioadă în care bicicletele erau în mare vogă. La sfârşitul secolului, Statele Unite aveau 75 de milioane de locuitori şi doar 5.000 de maşini, dar peste 20 de milioane de biciclete.[2] Iar cel mai popular şi mai de amploare sport din America şi Europa era ciclismul.[3] Oamenilor le plăceau cursele şi se adunau cu zecile de mii în asemenea ocazii, la fel ca la meciurile de fotbal din zilele noastre.

Şi se organizau tot felul de întreceri. Unele erau pe distanțe foarte scurte, cam de un kilometru. Altele pe distanțe mai lungi. Uneori era vorba de concursuri de rezistență, desfăşurate pe mai multe zile, în care participanții dormeau cam o oră şi opt şi le petreceau pe bicicletă. Erau epuizați - apăreau destul de des şi accidente, iar uneori chiar decese. Mii de spectatori urmăreau cursele din principalele oraşe ale Americii şi Europei. Sportivii profesionişti câştigau sume relativ mari de bani - de patru ori mai mult decât jucătorii de baseball profesionişti.[4]

În încercarea de a profita cât mai mult de pe urma popularității acestor concursuri astfel încât să îşi promoveze magazinul de biciclete, unul dintre proprietarii care îl angajase pe Marshall l-a înscris în cursa pe distanța de zece mile.

„Ştiu că nu poți rezista până la final", i-a spus el băiatului, „dar ieşi şi tu puțin în evidență, astfel încât mulțimea să fie încântată, după care te poți retrage când te simți obosit."[5]

Proprietarul magazinului nu ştia însă că Marshall venea la magazin cu bicicleta şi drumul până acasă tot la fel îl parcurgea - adică de două ori câte 25 de mile. Băiatul a participat astfel la cursă şi, spre încântarea şi uimirea şefului său, nu numai că a terminat-o, dar a ieşit şi pe primul loc. Deşi concursul îl epuizase atât de mult încât era aproape pe punctul de a claca, a ieşit înaintea altor ciclişti experimentați, la o diferență de şase secunde. Şi avea doar 13 ani!

Era doar începutul

Acea zi a reprezentat doar începutul unei excepționale cariere în ciclism pentru Marshall Taylor. A fost, de asemenea, debutul unor mai încercări de viață. Mulți dintre sportivii locali nu agreau foarte mult faptul că fuseseră învinși de o persoană de culoare. Prin urmare, i-au făcut o mulțime de neplăceri. Era amenințat în mod regulat. Un grup de albi i-au interzis să se înscrie în vreunul dintre cluburile locale de ciclism. În cele din urmă, nu l-au mai lăsat deloc să participe la competiții.

Bănuiau într-un fel că Marshall era mai bun decât ei. Și, la 17 ani, le-a și dovedit acest lucru. Un prieten de-al lui - și, totodată, un mentor - a reușit să îl înscrie pe Marshall la ceea ce avea să fie în principiu o manifestare, dat fiind că nici unul dintre rezultatele pe care le obținuse nu erau oficiale. Marshall a concurat la cursa de o milă și a reușit să ajungă la linia de finiș cu un avans de peste opt secunde. A participat apoi și la o milă și jumătate și a bătut recordul mondial.

Știind că nu va fi niciodată acceptat în Indianapolis, Marshall s-a mutat în Massachusetts, optând pentru acest stat fiindcă delegația de aici care participase la Liga Americană de Ciclism votase în unanimitate să *nu* se interzică accesul membrilor de culoare. A concurat cu succes, însă mulți refuzau în continuare să îl accepte. Era amenințat în mod repetat. Ceilalți cicliști îl loveau sau încercau să îl intimideze. La un moment dat, când Marshall a câștigat o cursă, un alt concurent l-a bătut atât de rău încât era să moară. Într-o iarnă, s-a decis să se mute în sud ca să se antreneze și s-a stabilit în localitatea Savannah, din statul Georgia. Nu a trecut mult până să primească următoarea scrisoare:

> Stimate domnule Taylor,
> Dacă nu pleci de aici în 48 de ore, o să-ți pară rău. Vorbim foarte serios - pleacă dacă ții la viața ta.
>
> Cicliștii albi

În partea de jos a foii lipiseră un craniu și niște oase încrucișate.[6] Marshall a plecat înapoi în nord.

Cariera lui a fost una remarcabilă. „Ciclonul negru", aşa cum era supranumit, s-a dovedit a fi un profesionist încă din adolescență. Înainte să împlinească 20 de ani, deținea şapte recorduri mondiale. A câştigat 29 de curse din cele 49 la care a participat. A ieşit pe primul loc la Campionatul Mondial de Ciclism, în 1899. S-a retras în 1910, la vârsta de 32 de ani.

Din nefericire, Marshall a fost afectat de prăbuşirea pieței bursiere şi de marea criză financiară. A murit în 1932, sărac. Deşi ne arată ce înseamnă să fii curajos în fața adversităților, povestea lui a fost în general uitată. Dar nu şi de familia sa. Nepoata lui Marshall, Jan Brown, spune: „Cea mai emoționantă parte a poveştii sale de viață este rezistența în fața obstacolelor pe care ceilalți i le-au ridicat în cale... Faptul că a reuşit să se concentreze astfel încât să îşi definească şi să îşi urmărească propriul scop este un premiu în sine. Faptul că l-a şi îndeplinit – şi într-un fel extrem de impresionant – este cireaşa de pe tort."[7]

Factorul „dacă"

Scriitorul şi profesorul Robertson Davies spunea: „Oamenii excepționali supraviețuiesc în cele mai teribile circumstanțe, în urma cărora devin şi mai buni." Cu siguranță că a fost valabil şi pentru Marshall Taylor. Suferințele prin care trecem îşi lasă amprenta asupra noastră şi nu mai suntem niciodată la fel, fiind un fel de declanşator al schimbării. Pe Marshall nu l-a doborât la pământ, ci doar l-a impulsionat să se străduiască şi mai mult. Când a descoperit că toți cei cu care concura încercau să îi facă rău în timpul curselor, a învățat să iasă în fața lor şi să rămână acolo! S-a folosit de toate acele situații neplăcute astfel încât să fie mai inteligent şi mai bun.

> **„Oamenii excepționali supraviețuiesc în cele mai teribile circumstanțe, în urma cărora devin şi mai buni."**
> **– *Robertson Davies***

Cred că unul dintre momentele în care oamenii se schimbă este atunci când suferă suficient de mult încât să fie nevoiți s-o facă. Adversitățile ne afectează şi ne impulsionează să ne schimbăm. De cele mai multe ori nu noi ne alegem să trecem prin situații neplăcute, dar de fiecare dată putem alege cum să reacționăm. *Dacă* răspundem pozitiv, rezultatele vor fi şi ele la fel. *Dacă* răspundem negativ, atunci ceea ce va ieşi de aici va fi tot negativ. De aceea am şi numit felul în care reacționăm „factorul *dacă*".

Am auzit la un moment dat povestea unei tinere care i se plângea tot timpul tatălui ei ce viață grea are. Neplăcerile o copleşiseră şi voia să renunțe la tot.

În timp ce o asculta, tatăl ei a umplut trei oale cu apă şi le-a pus la fiert pe aragaz. În prima a pus felii de morcov, în a doua ouă şi în a treia cafea. Le-a lăsat pe foc câteva minute şi apoi a pus morcovii, ouăle şi cafeaua în trei recipiente, pe care le-a aşezat în fața ei.

„Ce vezi aici?", a întrebat el.

„Morcovi, ouă şi cafea", a răspuns ea.

A rugat-o să se uite la morcovi. A luat o feliuță şi a zdrobit-o între degete. După aceea i-a spus să examineze un ou. A scos oul, i-a spart coaja şi a văzut că era suficient de fiert. Într-un final, i-a zis să soarbă o gură de cafea. Fata a zâmbit, după care i-a gustat aroma puternică.

„Ce înseamnă asta?", a întrebat ea.

„Fiecare ingredient a avut de suportat aceeaşi operațiune – fierberea în apă – dar fiecare a reacționat diferit. Morcovii sunt tari. După ce îi fierbi însă, se înmoaie. Oul este fragil, are o coajă subțire şi un lichid în interior, care se întăreşte după ce îl fierbi. Boabele de cafea se schimbă foarte puțin. Dar apa se modifică foarte mult.

„Tu cu care dintre ele semeni?", a întrebat-o el. „Când treci prin momente mai puțin plăcute, cum reacționezi? Ca un morcov, ca un ou sau ca boabele de cafea?"

Viața e plină de împrejurări potrivnice, care ne pot pune la pământ. Le putem putem permite acest lucru sau putem profita de pe urma lor, îmbunătățind cât putem de mult situația. Aşa cum spunea Winston Churchill: „Am avut foarte multe beneficii de pe urma criticilor, toată viața... nu îmi amintesc nici un moment în care să fi scăpat de aşa ceva." Dat fiind că tot te vei confrunta cu adversități, de ce să nu profiți de ele?

Avantajele adversităților

Situațiile mai puțin plăcute prin care trecem ne ajută să învățăm ceva. Însă dacă le abordezi așa cum trebuie, poți avea de câștigat. Depinde doar de modul în care reacționezi. Iată despre ce este vorba.

1. Situațiile mai puțin plăcute ne ajută să ne cunoaștem mai bine, dacă ne dorim acest lucru

În situațiile mai neplăcute, suntem întotdeauna mai atenți. Nu le putem ignora, tocmai fiindcă ne fac să ne oprim puțin și să analizăm situația în care ne aflăm. Dar și la noi înșine, dacă avem curaj. Adversitățile reprezintă o oportunitate de autodescoperire. Așa cum spunea liderul egiptean Anwar el-Sadat: „Suferința puternică întărește ființa umană și o ajută să se cunoască mai bine pe sine." Cred că este cât se poate de adevărat - dacă privim lucrurile din acest punct de vedere.

Împrejurările potrivnice reprezintă o oportunitate de autodescoperire.

Din nefericire, cei mai mulți aleg să își ascundă capul în nisip în perioadele mai grele. Își ridică un fel de ziduri de apărare, închid ochii, fug cât mai departe, se anesteziază sau fac tot ce le stă în puteri ca să evite să se confrunte cu realitatea. Sunt ca sergentul Schulz din comedia *Eroii lui Hogan*. De fiecare dată când apare o asemenea situație, nu vor să recunoască și adoptă o atitudine de genul: „Nu știu nimic. Nu văd nimic." Dacă așa reacționezi și tu în situațiile adverse, atunci nu vei înțelege niciodată nici contextul, nici pe tine însuți.

Una dintre cărțile mele favorite este *As a Man Thinketh*, de James Allen. Tatăl meu m-a pus să o citesc când eram în primul an de liceu. Una dintre ideile care m-a impresionat cel mai mult la vremea aceea a fost următoarea: „Nu împrejurările îl definesc pe om, ci ele îl ajută să se cunoască mai bine." Perfect adevărat, dar doar *dacă* le permiți.

Speakerul Tony Robbins subliniază diferența dintre o persoană care câștigă la loterie și alta care, în urma unui accident, a rămas paralizată de la gât în jos. Care declară că este mai fericită după trei ani? Persoana paralizată. De ce? Cea care a câștigat la loto speră ca viața să se schimbe, bazându-se însă pe circumstanțe. În schimb, persoana paralizată se cunoaște mai bine în urma accidentului. Este supusă unor provocări cărora nu și-a dat seama vreodată că le-ar putea face față, ajungând astfel să aprecieze lucrurile bune din viața sa, inclusiv relațiile cu ceilalți, așa cum nu a mai făcut-o vreodată.

„Într-un final", spune Robbins, „când cineva își analizează viața și se gândește ce anume îl face cel mai fericit, de obicei își aduce aminte de cei dragi, de provocările cu care s-au confruntat, pe care le-au depășit și care le-au definit puterea interioară. Aceste lucruri îi fac să fie mândri de ei, fiindcă și le vor aminti întotdeauna."

Situațiile adverse m-au ajutat să mă cunosc mai bine în mai multe rânduri de-a lungul timpului, tocmai fiindcă mi-au deschis ochii. Am ajuns să înțeleg cât se poate de profund anumite lucruri și să îmi testez limitele. Am învățat foarte multe. Iată câteva învățăminte pe care le-am tras:

- Când m-am abătut de la drumul cel bun și mi se părea că m-am rătăcit, am învățat că drumul către succes nu este întotdeauna un drum.
- Când m-am simțit epuizat și frustrat, am învățat că în momentele în care suntem puși la încercare nu trebuie să renunțăm să luptăm.
- Când m-am simțit descurajat și aveam senzația că nu fac progrese, am învățat să nu mă las copleșit și să merg mai departe.
- Când am dat greș, am învățat că nu voi fi judecat după numărul de eșecuri, ci după cel al reușitelor.

„Circumstanțele îi conduc pe cei slabi, dar sunt instrumente ale celor înțelepți."
– Samuel Lover

Adversitățile mi-au arătat ce înseamnă tenacitatea, creativitatea, concentrarea și multe alte lucruri pozitive care m-au ajutat să mă plac mai mult. Romancierul și textierul Samuel Lover spunea: „Circumstanțele îi conduc pe cei slabi, dar sunt instrumente ale celor înțelepți." Dacă reacționez negativ la circumstanțele cu care mă confrunt, atunci voi deveni sclavul lor. Dacă răspund cât mai înțelept, atunci ele mă vor servi pe mine.

2. Adversităţile sunt un profesor mai bun decât succesul dacă vrem să învăţăm ceva din ele

Adversităţile care ne apar în cale reprezintă adevărate instrumente de învăţare. Ai auzit probabil proverbul: „Când elevul e pregătit, va apărea şi profesorul." Nu e neapărat adevărat. În condiţii adverse, profesorul va veni chiar dacă elevul nu e pregătit. Cei care sunt vor, pot să înveţe de la acest dascăl. Cei care nu sunt, nu o vor face."

Filosoful şi autorul Emmet Fox susţinea: „Există o lege nescrisă care spune că multe dificultăţi pe care le întâmpini, indiferent de ce tip sunt, pot fi exact cele de care ai nevoie în momentul acela, fiindcă îţi permit să faci acel pas înainte ca să le depăşeşti. Singurul ghinion, singura tragedie reală apare atunci când suferim de-adevăratelea, fără să învăţăm nimic." Soluţia pentru a evita această tragedie este să ne dorim să tragem anumite învăţăminte în urma dificultăţilor cu care ne confruntăm.

Unul dintre lucrurile care mă bucură cel mai mult atunci când călătoresc cu familia este că avem timp să stăm de vorbă. De-a lungul anilor, soţia mea şi cu mine am făcut multe excursii alături de fratele meu, Larry, şi de soţia lui, Anita. Am luat masa împreună. Am vizitat diverse locuri. Am împărţit şi momente bune, dar şi mai rele. Este fantastic să ai atât de multe amintiri, din atât de multe locuri, cu oameni pe care îi iubeşti cu adevărat.

Acum ceva vreme am petrecut o săptămână în Viena, capitala Austriei – un oraş minunat, plin de istorie şi de influenţe muzicale. Într-o seară, în timp ce stăteam într-o cafenea, le-am povestit lui Larry şi Anitei că scriu această carte şi le-am cerut câteva idei. După ce au auzit despre ce este vorba, Larry mi-a sugerat imediat următorul poem al lui Robert Browning Hamilton, pe care îl auzise în copilărie:

M-am plimbat o bună bucată de drum cu plăcere
Ea mi-a vorbit tot timpul
Dar la final nu am fost cu nimic mai înţelept
Deşi avusese foarte multe să-mi spună.

M-am plimbat o bună bucată de drum cu tristețe
Şi nu mi-a spus nici un cuvânt.
Dar câte lucruri nu am învățat de la ea
Când m-a însoțit în drumul meu.[8]

Sfatul pe care ni l-a dat Oprah Winfrey, care ne-a sfătuit să ne transformăm rănile în înțelepciune, poate deveni realitate doar *dacă* suntem dispuşi să învățăm din situațiile mai puțin plăcute. Pentru asta este nevoie de un mod de gândire corespunzător, dar şi de dorința de a învăța ceva ca urmare a unui eşec. Dacă nu adoptăm această atitudine, atunci vom rămâne cu cicatrice.

„Transformă-ţi rănile în înţelepciune."
– Oprah Winfrey

3. Adversitățile deschid drumul către oportunități noi dacă suntem dispuşi să învățăm ceva din ele

Una dintre cele mai importante lecții pe care le-am învățat ca lider este aceea că adversitățile deschid adesea uşa pentru noi oportunități. Antreprenorii inteligenți ştiu acest lucru instinctiv, însă cei mai mulți oameni au fost învățați să abordeze greşit situațiile mai puțin plăcute prin care trec. Kim Kiyosaki, speaker de renume şi cofondator al Rich Dad Company, observa: „Celor mai mulți dintre noi ni se spune, încă de la grădiniță, că greşelile sunt ceva rău. De câte ori nu ai fost mustrat că ai făcut ceva anapoda? În realitate, nu putem învăța ceva decât dacă facem greşeli. O greşeală ne arată pur şi simplu un lucru pe care nu îl ştim. Imediat ce faci o greşeală, îți dai seama de acest lucru. Gândeşte-te cum a fost prima dată când ai pus mâna pe o sobă încinsă. Din această greşeală, ai învățat că dacă atingi ceva fierbinte, te arzi. O greşeală nu este un lucru rău, tocmai fiindcă te învață ceva."

În momentul în care oamenii se confruntă cu situații mai puțin plăcute, se simt dărâmați. Ar trebui, în schimb, să încerce să beneficieze de pe urma acelei greşeli. Unul dintre exemplele pe care le consider extrem de relevante este cel al companiei Procter and Gamble, în perioada anilor 1870. Într-o zi, la fabrică, un angajat a ieşit în pauza de prânz şi a uitat să oprească maşinăria care amesteca săpunul. Când s-a întors, compoziţia îşi mărise foarte mult volumul, fiindcă intrase şi aer. Ce greşeală! Ce-ar fi trebuit să facă? Nu voia să arunce conţinutul, aşa că l-a pus în matriţe, l-a tăiat, l-a ambalat şi l-a expediat – chiar dacă toate aceste operaţiuni aproape că l-au ruinat.

Câteva săptămâni mai târziu, compania a început să primească scrisori de la clienţi, care comandau în număr mare săpunul care plutea. De ce? Săpunul era folosit în fabrici. La ieşirea din schimburi, muncitorii se splălau în vane cu apă, care se înnegrea de la murdărie. În aceste condiţii, dacă scăpau săpunul, le era mult mai uşor să-l găsească. O greşeală de fabricaţie a dus la o oportunitate, mai exact la crearea săpunului Ivory, care se mai vinde şi astăzi, la peste o sută de ani distanţă.

Nu trebuie să fii om de afaceri sau antreprenor ca să profiţi de oportunităţile care apar în urma adversităţilor. De exemplu, în săptămânile care au urmat atacurilor de la 11 septembrie 2001, primarul New York-ului, dar şi alţi cetăţeni de vază, le-au reamintit tuturor că erau deschişi către business, fiindcă foarte puţini oameni mai vizitau oraşul. Margaret şi cu mine am văzut aici o oportunitate, aşa că am mers la New York pentru o săptămână. Imaginează-ţi cât de bine ne-am distrat şi cât de uşor am găsit bilete la spectacolele de pe Broadway sau cât de repede am putut intra în cele mai bune restaurante. A fost o călătorie cu adevărat unică!

În perioada în care am scris la această carte, economia din Statele Unite, dar şi din alte ţări, nu are o evoluţie foarte bună. Cu toate acestea, în ciuda crizei financiare, apar la suprafaţă foarte multe oportunităţi. Istoria business-ului este plină de exemple de produse sau servicii care au fost lansate pe piaţă în perioade de recesiune:

- Aeronava Boeing 707 (1957)
- Compania de curierat FedEx (1973)
- Sistemul de operare MS-DOS de la Microsoft (1981)
- iPod-ul de la Apple (2001)

Aşa cum spunea Muriel „Mickie" Siebert, prima femeie care a reuşit să intre în Consiliul director al Bursei din New York: „Orice schimbare semnificativă din mediul de business este o oportunitate nemaipomenită pentru o nouă afacere."

„Orice schimbare semnificativă din mediul de business este o oportunitate pentru o nouă afacere."
– Muriel „Mickie" Siebert

Cauți aceste oportunități? Ești interesat să vezi cum poți profita de ele? Prețurile în domeniul imobiliar au scăzut: iată o asemenea oportunitate. Rata dobânzii s-a diminuat, ceea ce atrage după sine noi oportunități. Nevoile consumatorilor se schimbă, ceea ce înseamnă că avem o mulțime de oportunități. Fiecare adversitate ne aduce un avantaj. Încerci să profiți la maximum? Sau îi permiți să te doboare?

4. Adversitățile ne pot semnala faptul că urmează o perioadă de tranziție pozitivă dacă reacționăm la ele în mod corespunzător

În 1915, locuitorii din Coffee City, Alabama, erau extrem de demoralizați după ce recolta de bumbac a fost distrusă. Întreaga zonă trăia de pe urma acestei culturi. Ce-ar fi putut face? George Washington Carver, specialist în agronomie, le-a sugerat fermierilor de acolo să cultive alune.

După prima recoltă, Carver a văzut cum pot fi folosite alunele pentru a crea chimicalele necesare la fabricarea săpunului, a cernelii, a plasticului și a cosmeticelor. A conturat astfel un drum economic, sugerându-le locuitorilor să recolteze altceva și oferindu-le un viitor mai bun. În prezent, alunele reprezintă una dintre culturile importante din sudul Statelor Unite. Cât de norocoși au fost cei de acolo că cineva a identificat oportunitatea unei tranziții, apărută în urma unei situații extrem de neplăcute.

În anul 1996, am înființat EQUIP, o organizație non-profit al cărei scop este instruirea liderilor la nivel internațional. Am lucrat până acum cu peste 5 milioane de lideri din 173 de țări. EQUIP își propune însă și să-i ajute pe acești lideri în perioadele de criză. De ce? Fiindcă suntem de părere că asemenea situații le oferă de cele mai multe ori oportunitatea de a învăța, de a face schimbări pozitive și de a demara transformări în urma cărora să își ajute oamenii. De exemplu, acum câțiva ani, când mai mulți conducători polonezi au murit în urma unui cumplit accident de avion, liderii noștri au mers în Polonia, fiindcă ştiam că reacția celor aflați la conducerea statului într-o asemenea situație influențează foarte mult şi reacția oamenilor din popor.

Viața unei persoane de succes înseamnă o perpetuă tranziție. Asemenea oameni nici măcar nu iau în calcul posibilitatea de a sta pe loc. Timpul se mişcă rapid. Nu îl putem opri - nici pe el, nici efectele sale. Trebuie să facem schimbări, iar adversitățile pot fi adesea un factor declanşator. James Allen scria: „Lăsați o persoană să jubileze în momentul în care se confruntă cu obstacole, fiindcă înseamnă că a atins finalul unei perioade de indiferență sau nebunie, iar acum este hotărâtă să îşi dedice toată energia şi inteligența astfel încât să se pună cât mai bine în valoare şi să identifice un drum mai bun; astfel, puterile dinăuntrul lui strigă după o libertate mai mare, dar şi pentru o rază de acțiune mai amplă."

5. Adversitățile aduc cu sine atât beneficii, cât şi suferință dacă ne aşteptăm la ele şi ne pregătim în acest sens

În filmul *Black Hawk Down*, un camion plin cu răniți americani se opreşte în mijlocul unei străzi, unde gloanțele somalezilor zburau în toate direcțiile. Ofițerul responsabil de acel transport îi spune soldatului să meargă mai departe.

„Nu pot", îi spune acesta. „M-au nimerit."

„Pe toți ne-au împuşcat", îi răspunde ofițerul. „Ridică-te şi condu mai departe!"

Fiecare dintre noi ar trebui să ne aşteptăm şi la suferință, fiindcă face parte din viață. Întrebarea este dacă îi vom permite să ne blocheze din ceea ce ne dorim sau ar trebui să facem.

Nimeni nu spune vreodată: „Vreau să iau medalia de argint." Sportivii, antrenorii şi fanii încearcă întotdeauna să ocupe locul întâi. De ce? Fiindcă aurul reprezintă tot ce e mai bun. Dacă eşti dispus să înduri suferința inerentă competiției, de ce să nu concurezi astfel încât să câştigi?

Oamenii de succes se aşteaptă să experimenteze şi suferința atunci când se confruntă cu adversitățile. Se pregătesc în acest sens, în sensul că îşi propun să aibă ceva de câştigat de pe urma lor. Fred Smith a spus la un moment dat: „L-am ascultat pe Bob Richards, medaliatul cu aur la Olimpiadă, intervievându-i pe tinerii care câştigaseră şi ei aurul la întrecerile olimpice. Îi întreba: «Cum ai procedat atunci când ai început să suferi?» Fred subliniază faptul că nici unul dintre ei nu a părut surprins de întrebare. Se aşteptau să apară şi neplăceri - şi aveau şi o strategie în acest sens. Aşa cum a rezumat Bob Richars: „Nu vei câştiga niciodată medalia de aur fără suferinţă şi efort."

Un articol extrem de interesant scris de Amy Wilkinson pentru *USA Today* descrie spiritul antreprenorial al Americii, care şi-a făcut simţită prezenţa încă de la începutul acestei naţiuni şi a atins cote maxime în perioada Revoluţiei americane. Wilkinson scria:

„Nu vei câştiga niciodată medalia de aur fără suferinţă şi efort."
– Bob Richards

> Cele câteva persoane care cu pus bazele naţiunii americane erau cât se poate de familiarizate cu riscul şi cu inovaţia. George Washington şi-a făcut una dintre cele mai mari distilerii de whiskey imediat după aceea. Benjamin Franklin a fost inventator, iar Thomas Jefferson arhitect. Însă aceşti antreprenori au făcut cea mai riscantă investiţie [în 1776], când au fondat o naţiune democratică, în ciuda greutăţilor foarte mari pe care le-au întâmpinat. Astfel, au stabilit un precedent pentru îndrăzneala şi imaginaţia care aveau să definească Visul american.[9]

Liderii politici şi oamenii de stat care au pus bazele naţiunii americane erau conştienţi că se vor confunta cu o mulţime de adversităţi dacă se revoltă împotriva englezilor. Ştiau că vor avea de suferit. Dar fiindcă erau pregătiţi pentru această eventualitate, au putut să culeagă şi beneficiile. Iar cetăţenii din Statele Unite continuă să o facă şi acum. Wilkinson rezumă foarte bine aceste învăţăminte citându-l pe Peter Thiel, cofondatorul PayPal, care spunea: „Lecţia pe care au învăţat-o oamenii a fost că realitatea este dură, dar că, dacă te străduieşti cu adevărat, poţi ajunge să ai succes." Este o lecţie pe care şi-o însuşesc şi o aplică în practică toţi cei care reuşesc.

6. Adversitățile ne definesc povestea de viață, iar dacă reacționăm în mod corespunzător, ea va fi una de succes

Unii tratează adversitățile ca pe nişte întâmplări care îi ajută să avanseze, în timp ce alții le consideră obstacole de netrecut. Diferența între aceste două abordări este dată de propria interpretare. Jim Loehr, psiholog specializat pe sfera performanței, spunea: „Campionii ne-au învățat cum să interpretăm o experiență şi să ne scriem povestea de viață pornind de la impactul ei. Dacă poți privi un eşec ca pe o oportunitate de a învăța şi a te perfecționa, atunci aşa va fi. Dacă îl percepi ca pe o lovitură mortală, atunci aşa va fi. Din acest punct de vedere, puterea poveştii spuse este mult mai importantă decât experiența în sine."

Jocul de golf ne oferă un exemplu relevant în acest sens. Unii jucători nu se dau înapoi în fața adversităților, iar acțiunile lor ne spun nişte poveşti extraordinare. Alții nu reuşesc. În 1982, la vârsta de 46 de ani, Jack Nicklaus a pierdut turneul US Open după ce Tom Watson a preluat conducerea. Toată lumea credea că Watson este terminat. A câştigat însă Masters-ul, la patru ani după aceea. Spre deosebire de el, Tony Jacklin a pierdut în 1972 turneul British Open la trei puncte, clasându-se în urma lui Lee Trevino. Jacklin declara ulterior: „Eram copleşit. Nu am mai fost niciodată la fel."

Dacă reacționezi aşa cum trebuie în fața adversităților, le vei trata ca pe nişte lucruri care te vor ajuta să fii mai bun ca până atunci. Am citit acum câțiva ani un poem de James Casey, intitulat „O râpă adâncă". În prima strofă se spunea:

Pentru fiecare deal pe care trebuie să îl urc,
Pentru fiecare piatră care mi-a zdrelit picioarele,
Pentru tot sângele, toată transpirația şi toată murdăria
Pentru furtunile orbitoare şi căldura sufocantă
Inima mea cântă un cântec de recunoştință
Fiindcă aceste lucruri m-au făcut puternic.[10]

Ce fel de poveste vor scrie adversitățile în viața ta? Va semăna cu cea a lui Nicklaus sau cu cea a lui Jacklin? Sper că va fi una pozitivă.

Adversitățile care nu culminează cu un triumf nu inspiră pe nimeni, ci mai degrabă ne deprimă. Adversitățile care nu au drept rezultat dezvoltarea personală nu ne încurajează, ba dimpotrivă. Toată lumea se confruntă cu adversități, dar povestea pe care o scrii cu viața pe care o trăiești este doar a ta. Toată lumea are șansa să fie eroul unei potențiale povești de succes. Unii se ridică la înălțimea acestui rol, iar alții nu. Alegerea este a ta.

Toată lumea se confruntă cu adversități, dar povestea pe care o scrii cu viața pe care o trăiești este doar a ta.

Dacă te gândești să permiți situațiilor mai puțin plăcute să se transforme într-un factor care declanșează învățarea, ia în considerare și următoarea rugăciune franciscană:

> Fie ca Dumnezeu să te binecuvânteze și să te facă să nu te simți bine atunci când vine vorba despre răspunsuri mai ușoare, jumătăți de adevăr și relații superficiale, astfel încât să le poți trăi din adâncul sufletului.
>
> Fie ca Dumnezeu să te binecuvânteze cu furie atunci când vezi în jurul tău nedreptăți, opresiune și oameni exploatați, astfel încât să poți lupta pentru dreptate, libertate și pace.
>
> Fie ca Dumnezeu să te binecuvânteze cu lacrimi pentru cei care suferă în urma respingerii, a foametei și a războiului, astfel încât să le poți întinde o mână, să îi liniștești și să le transformi durerea în bucurie.
>
> Și fie ca Dumnezeu să te binecuvânteze cu suficientă nebunie ca să crezi că poți face o diferență în bine, astfel încât să poți întreprinde ceea ce alții susțin că nu se poate.

Aceasta este rugăciunea pe care mi-o spun tot timpul și sper ca și tu să crezi în ea.

9

Problemele: oportunităţi de a învăţa

De fiecare dată când simt că problemele mă copleşesc şi sunt pe cale să mă simt descurajat, mă apuc şi citesc o povestire pe care am auzit-o în urmă cu câţiva ani, în care se vorbeşte despre ce s-ar fi întâmplat în zilele noastre dacă Noe ar fi încercat să îşi construiască arca.

Dumnezeu îi vorbi lui Noe şi îi spuse: „În şase luni voi aduce ploaia până când pământul va fi acoperit de apă şi oamenii răi vor dispărea. Aş vrea totuşi să salvezi câţiva oameni buni, o pereche din fiecare fiinţă care trăieşte pe această planetă. Îţi poruncesc să îmi construieşti o arcă." Şi, cu o străfulgerare, i-a dat toate detaliile de care avea nevoie să îi clădească arca.

„Am înţeles", a spus Noe, tremurând de frică şi să orbecăie după planuri.

„În şase luni va începe să plouă", a spus Dumnezeu cu o voce puternică. „Şi ar fi bine ca arca mea să fie gata, căci altfel vei şti cum e să înoţi vreme mai lungă."

Şi au trecut şi cele şase luni. Cerurile s-au desfăcut şi ploaia a început să cadă. Dumnezeu l-a văzut pe Noe stând în faţa casei sale şi lăcrimând. Şi nici urmă de arcă.

„Noe", a strigat Domnul. „Unde e arca mea?". Şi un fulger a lovit pământul exact în locul unde stătea Noe.

„Doamne, iartă-mă!", l-a implorat Noe. „Am făcut tot ce-am putut. Dar am avut mari necazuri. Mai întâi a trebuit să obţin autorizaţie de construcţie pentru proiectul de arcă, iar planurile tale nu erau bune. Aşa că am angajat un inginer care să le refacă. Apoi m-am certat cu toată lumea, dacă arca trebuie dotată sau nu cu sistem automat de stingere a incendiilor. Vecinii mei s-au opus, pretinzând că încalc regulile de urbanism fiindcă îmi construiesc arca în faţa casei, aşa că a trebui să obţin o dispensă de la comisia de specialitate de la primărie.

După aceea am întâmpinat probleme pentru că nu aveam suficient lemn pentru arcă, dat fiind că sunt interzise tăierile, pentru salvarea unei specii de bufniţe. A trebuit să îi conving pe cei de la Departamentul de Mediu că am nevoie de acel lemn tocmai ca să salvez bufniţele. Dar nu m-au lăsat să le prind. Aşa că nu vom avea bufniţe.

După aceea, tâmplarii s-au organizat într-un sindicat şi au intrat în grevă. A trebuit să negociez o înţelegere cu Uniunea Sindicatelor înainte ca cineva să pună mâna pe ferăstrău sau pe ciocan. Acum avem şaisprezece tâmplari pe barcă, dar nici o bufniţă.

Am început după aceea să strâng animalele, dar am fost dat în judecată de o asociaţie care le protejează drepturile. Au avut de obiectat că iau doar două din fiecare. Imediat ce am rezolvat cu asta, am primit o notificare de la Agenţia de Protecţie a Mediului, care m-a înştiinţat că nu pot umple arca fără să completez o declaraţie privind impactul pe care potopul îl va avea asupra mediului. Nu prea le-a plăcut ideea că nu intră în jurisdicţia lor ceva desfăşurat de o forţă supremă. După aceea, Departamentul de inginerie al Armatei a vrut o hartă a potopului propus. Le-am trimis globul pământesc.

Chiar în acest moment încerc să rezolv o plângere de la Comisia pentru şanse egale pe piaţa muncii, legată de numărul de oameni care vor lucra pe arcă. Fiscul mi-a evaluat toate bunurile sub pretextul că încerc să evit plata impozitelor prin părăsirea ţării şi am mai primit şi o înştiinţare cum că trebuie să plătesc nişte taxe. Chiar nu cred că pot termina arca în următorii cinci ani!"

Cerul a început să se lumineze dintr-odată. Soarele a început să strălucească şi cerul a fost brăzdat de un curcubeu de toată frumusețea. Noe s-a ridicat şi a zâmbit. „Vrei să spui că nu vei mai distruge pământul?", a întrebat el plin de speranță. „Nu", a spus Dumnezeu cu tristețe, „guvernul a făcut-o deja."[1]

Propriul meu potop de probleme

Îmi place foarte mult povestea de mai sus, fiindcă chiar te scandalizează. Nimeni nu se poate confrunta cu aşa ceva în viața reală, nu? Ei bine, ai fi surprins să afli că am avut o asemenea experiență pe vremea când eram liderul bisericii din La Mesa, California. Am preluat conducerea instituției în 1981 – şi nu mi-a luat mult să-mi dau seama că am două probleme majore: ne aflam într-un loc necorespunzător, iar în scurtă vreme numărul credincioşilor avea să crească atât de mult încât nu am mai fi încăput acolo.

Ştiam că sunt nevoit să iau măsuri, aşa că am început să îi conving pe oameni că trebuie să schimbăm ceva. Şi, în ciuda ataşamentului emoțional față de locul acela şi de bisericuță, în 1983 au fost de acord cu mutarea. Mai ridicasem diverse construcții în cele două locuri în care lucrasem anterior, în care îmi mutasem oamenii, aşa că îmi imaginam că ştiu ce trebuie să fac. Mă înşelam însă. Avea să fie cea mai mare provocare a mea din zona de leadership şi sursa mai multor probleme – nesfârşite parcă.

Închipuieşte-ți cât de încântați am fost când am cumpărat lotul de pământ: 130 de acri pentru 1,8 milioane de dolari. Era o provocare, bineînțeles, dar nu una pe care n-aş fi putut-o depăşi. Cu speranța în suflet, am început să facem o planificare. Prima problemă a apărut din cauză că voiam să amplasăm clădirea principală chiar pe coasta dealului aflat pe proprietate, fiindcă astfel panorama ar fi fost minunată, iar oamenii ar fi fost conştienți de prezența noastră în zonă. Oficialii locali au spus însă că locuitorii din zonă ar fi deranjați. Eram cât se poate de dezamăgiți, dar nu voiam să ne supărăm vecinii, aşa că am schimbat amplasarea.

Dacă vrei să construiești ceva în California, trebuie să plătești pentru efectuarea unor studii de mediu. Pentru asta ești obligat să apelezi la Departamentul de mediu din teritoriu. Pe parcursul studiului, s-a descoperit că, din când în când, pe pământul respectiv, poposea o pereche de păsări cântătoare. Evident, ne așteptam să găsim animale pe un pământ nelocuit. Exista o singură problemă: era o specie de păsări pe cale de dispariție. Așadar, s-a decis ca în perioada de împerechere, de șase luni, să nu construim nimic, ca să nu le deranjăm. Acest lucru ne-a afectat foarte mult planificarea.

După aceea, s-a descoperit că pe acel teren creștea și o salvie. Ghici ce? Mai era o problemă. Ni s-a spus că nu putem construi nimic până când nu crește complet. Așa că ne-am schimbat planurile - din nou.

Le-am mai modificat o dată când ni s-a spus că Autostrada 94 urma să fie extinsă. Și, ce să vezi? Avea să treacă fix pe pământul nostru. Așa că ne-am mutat din nou.

La un moment dat, cineva a găsit o piatră înnegrită. Nu ni se părea nimic neobișnuit. Înainte ca zona San Diego să se dezvolte atât de mult, oamenii campau pe locurile acelea și își parcau bicicletele murdare în partea estică a ținutului. Dar era o problemă: un expert era de părere că se putea ca această piatră să fie o rămășiță a vechilor cuptoare de gătit folosite de locuitorii din zonă cu două mii de ani în urmă. Am fost nevoiți, așadar, să plătim 120.000 de dolari pentru săpăturile arheologice.

Fiindcă prețul total al construcției ajunsese atât de mare, am hotărât să vindem o secțiune din teren care dădea la autostrada statală, ca să ne suplimentăm fondurile. Ne-ar fi ajutat și la construcția clădirii. Exista însă o problemă. Autoritățile ne-au spus că acea bucată de pământ pe care intenționam să o vindem urma să fie declarată spațiu deschis, din cauză că acolo trăia o altă specie de păsări cântătoare pe cale de dispariție.

Când ne-am dat seama că topografia terenului făcea ca parcarea să fie foarte dificilă, am mai achiziționat câțiva acri, pentru care am plătit suma de 250.000 de dolari. Deși era destul de scump, știam că așa vom avea loc pentru încă șase sute de locuri de parcare. Mai era însă o problemă. Autoritățile au decis că acea bucată de teren trebuia să fie folosită drept „conectivitate de mediu" pentru protejarea animalelor sălbatice. Şi aşa s-a mai dus un sfert de milion de dolari.

În acel moment, cheltuisem câteva milioane de dolari şi irosisem aproape un deceniu încercând să ne croim drum prin tot aparatul birocratic – dar tot nu obținuserăm autorizația de construcție. Planul nostru era să folosim 25 din cei 138 de acri pe care îi achiziționasem. Dar ghici ce? Exista o problemă. Autoritățile au decis că am afecta mult prea mult mediul dacă am construi pe atâția acri şi ar rămâne *doar* 113 pentru animalele sălbatice. Pentru a diminua pagubele, ni s-a cerut să achiziționăm alți douăzeci şi cinci de acri în munți, la prețul de 150.000 de dolari, şi să cedăm acel teren unui fond de mediu.

Abia atunci – după doisprezece ani – am primit aprobarea din partea Comitetului regional de supraveghere pentru *permis de construcție*. Într-un final, am putut demara lucrările. La vremea aceea, succesorul meu, Jim Garlow, preluase proiectul. Dar ghici ce? Nu scăpasem de tot de probleme.

Ştiusem de la bun început că pe proprietatea aceea era granit, aşa că alocasem 38.000 de dolari pentru explozibil. Însă abia când am început să strângem praful rămas în urmă s-a descoperit că era granit albastru, care este de şase ori mai tare decât betonul; aşadar, costul explozibilului a fost de zece ori mai mare decât cel planificat inițial. În momentul în care cele două conducte de apă obligatorii au fost instalate pe proprietate, muncitorii au descoperit şi mai mult granit albastru, ceea ce a crescut costurile cu încă 192.000 de dolari şi perioada de construire cu doi ani şi jumătate.

În toată perioada în care a durat construcția, s-a decis ca drumul care trecea pe coasta proprietății să fie transformat în autostradă. Autoritățile din San Diego au fost de acord să plătească 1 milion de dolari pentru construirea ei, biserica fiind obligată să achite restul, de 1,1 milioane de dolari. Şi din cauza schimbărilor în legislație referitoare la siguranța în caz de cutremur, oțelul şi betonul care au fost folosite la clădiri au urcat nota de plată cu încă 856.000 de dolari.

În sfârşit, a sosit şi momentul final! Şirul de probleme părea că nu se mai sfârşeşte. Însă pe 15 şi 16 aprilie 2000, într-un weekend, la invitaţia lui Jim, am păşit în noua biserică alături de alte cinci mii de persoane şi am sărbătorit cu toţii. Proiectul a durat şaptesprezece ani şi ne-am depăşit bugetul cu câteva milioane de dolari, dar într-un final misiunea noastră fusese îndeplinită!

Psihiatrul M. Scott Peck a spus: „Viaţa este o serie de probleme. Vrem să ne plângem tot timpul de ele sau ne dorim să le rezolvăm?" Eu personal am încercat să le rezolv, dar trebuie să recunosc că m-am plâns destul de mult. Nu-mi dau seama dacă Noe ar fi reuşit să ducă totul la bun sfârşit! Sunt recunoscător însă că într-un final am reuşit.

De cele mai multe ori, atunci când ne confruntăm cu probleme, cred că ne simţim asemenea lui Charles Schultz, care spunea: „Uneori mă trezesc noaptea şi mă întreb: «Unde am greşit?». Imediat, o voce îmi răspunde: «Ai nevoie de mai multe nopţi să-ţi dai seama.»"

Cred că este foarte important să ne reamintim că toţi avem probleme, indiferent de statut. Uneori ne uităm la vieţile altora şi, dacă au succes şi par să aibă totul, presupunem că nu au probleme. Sau avem senzaţia că problemele lor sunt mai uşoare decât ale noastre. Este o premisă greşită. De exemplu, Jeff Immelt este CEO la General Electric, o poziţie pe care cei mai mulţi lideri o respectă foarte mult, fiind de părere că îl protejează oarecum de probleme. Iată însă ce spunea Immelt după atacurile de la 11 septembrie: „În a doua zi de când ocupasem postul de preşedinte, un avion închiriat de la mine, construit cu motoare pe care eu le-am construit, a intrat într-o clădire pe care eu o asigurasem şi ştirea a fost dată de o reţea de televiziune pe care eu o deţineam." Asta numesc eu o zi cu probleme...

Nu proceda aşa...

Cheia pentru a depăşi problemele şi pentru a învăţa ceva din ele este să le abordezi în mod corespunzător. De-a lungul anilor, am învăţat că problemele se rezolvă sau, dimpotrivă, se înrăutăţesc în funcţie de ceea ce faci – sau de ceea ce nu faci – atunci când te confrunţi cu ele. În primul rând, să vedem cum *nu* ar trebui să procedăm:

1. Nu subestima problema

Aceasta este cu siguranță o lecție pe care am învățat-o pe propria mea piele. Cea mai mare greșeală pe care am făcut-o atunci când mi-am construit biserica din San Diego a fost aceea că am subestimat foarte mult problema. Eram naiv, considerând că am foarte multă experiență în construcții. Să ridici o casă într-un sat din Indiana sau într-un oraş din Ohio nu e nimic în comparație cu birocrația din sudul Californiei! E ca şi cum ai pune un jucător de baschet din echipa unui liceu să conducă o echipă care joacă în Cupa Mondială!

Multe probleme rămân nerezolvate sau sunt gestionate ineficient fiindcă nu le luăm în serios aşa cum ar trebuit. Acum câțiva ani, am citit o carte minunată, scrisă de Robert H. Schuller, numită *Tough Times Don't Last But Tough People Do* („Perioadele dure nu durează mult, dar oamenii duri da"). Paragraful următor m-a ajutat pe vremea când eram un lider la început de drum să văd problemele, dar şi pe mine într-un mod cât mai realist.

> Nu subestima niciodată o problemă sau puterea ta de a-i face față. Gândeşte-te că mii de oameni au avut la rândul lor această problemă pe care tu o ai acum. Ai un potențial nebănuit de a face față problemei dacă o vei lua în serios, evaluându-i inclusiv puterea necanalizată corespunzător. Reacția ta la o problemă, dar şi problema în sine, va determina rezultatul obținut. Am văzut oameni făcând față unor probleme îngrozitoare având o atitudine mentală pozitivă, transformându-şi problemele în nişte experiențe creative. Cicatricele se transformă în stele.[2]

Când am citit pentru prima dată acest paragraf, m-am simțit inspirat, fiindcă am simțit că persoana în sine este mai importantă decât amploarea problemei.

Perspectiva pe care o avem asupra problemei este foarte importantă. Se spune că Shug Jordan, fost antrenor de fotbal şi de baschet la Universitatea Auburn, i-a explicat la un moment dat unuia dintre preparatorii noi cum să recruteze jucători, întrebându-l: „Vrem un jucător care cade la pământ şi nu se mai ridică?"

„Nu", a răspuns noul antrenor, „nu vrem un asemenea jucător."

„Vrem un jucător care este trântit la pământ, se ridică, este iar pus la pământ, iar se ridică şi tot aşa?"

„Da", a spus noul antrenor, „îl vrem!"

„Nu, nu îl vrem", i-a răspuns Jordan. „Vrem acel jucător care pune pe toată lumea la pământ!". Cu cât este mai mare persoana, cu atât e mai mică problema.

2. Nu supraestima problema

Unii experimentează aceeaşi problemă de trei sau de mai multe ori. Prima dată o fac atunci când îşi fac griji din cauza ei, iar a doua oară când apare propriu-zis. După aceea o trăiesc din nou fiindcă se gândesc tot timpul la ea. Mie mi s-a întâmplat. Ţie? Când mă confrunt cu o problemă, de cele mai multe ori primul instinct este să îi exagerez potenţialul impact. În aceste condiţii însă, te poţi simţi epuizat şi învins înainte chiar ca problema să apară!

Cy Young a fost unul dintre cei mai buni aruncători din baseball-ul american de primă ligă. După ce şi-a încheiat cariera, a comentat tendinţa antrenorilor şi a managerilor de a-i scoate pe începători din joc la cea mai mică greşeală pe care o făceau. El observa: „Pe vremea noastră, când un aruncător avea probleme la un meci, în loc să-l scoată afară, managerul îl lăsa pe teren şi îi spunea să se descurce singur." Uneori problema nu este chiar atât de mare precum ai anticipat, iar datorită faptului că o abordezi direct, reuşeşti să îi diminuezi gravitatea.

Într-un interviu acordat unei publicaţii, John Kotter, profesor şi autorul mai multor cărţi de leadership, a povestit că unul dintre masteranzii săi, director într-o firmă, i-a înmânat o scrisoare de două pagini faţă-verso pe care i-o trimisese CEO-ul companiei la care lucra. Pe prima pagină scria: „Suntem într-o situaţie dezastruoasă. Negarea nu ne ajută. Iată câteva date statistice care ne arată asta."

Pe verso scria: „Chiar ne ajută să privim în urmă. Acum treizeci de ani, această companie era într-o situație şi mai dezastruoasă. Dar uită-te la noi acum. Suntem de zece ori mai mari. Economia americană a avut perioade şi mai grele de recesiune, la fiecare două decenii din secolul al XIX-lea. Şi iată-ne acum - cea mai puternică națiune de pe pământ."

Pe pagina a treia se putea citi: „Trebuie să ne suflecăm mânecile şi să rezolvăm acest lucru - şi vom începe cu mine. Voi face tot posibilul să mă gândesc (1) cum să fac astfel încât acest lucru să nu ne afecteze şi (2) cum putem detecta o oportunitate. Fiindcă oportunități există."

Pe ultima pagină scria. „Iată ce voi face şi iată la ce vreau să mă ajuți." Nota finală era una plină de speranță, dar nu şi de naivitate.

Părerea mea este că CEO-ul s-a străduit nici să nu supraestimeze, nici să nu subestimeze problema cu care se confrunta compania, ci mai degrabă să o privească la modul realist şi să se ocupe de ea aşa cum trebuie.

3. Nu aştepta ca problema să se rezolve de la sine

Acest lucru ne duce la următoarea lecție pe care am învățat-o referitor la probleme. Nu poți aştepta ca o situație neplăcută să se rezolve de la sine. Când vine vorba despre remedierea situațiilor neplăcute, răbdarea este o virtute, cu condiția ca în acest răstimp să faci tot ceea ce depinde de tine ca să repari situația. Nu este nicidecum indicat să aştepți, sperând că problema va dispărea ca prin farmec.

Trebuie să acordăm atenție problemelor. Motivul? Lăsate aşa, ca atare, ele se pot înrăutăți. Nina DiSesa, care a condus agenția de advertising McCann Erickson la sfârşitul anilor '90, observa: „Când treci printr-un proces de reorganizare, să fii sigur de următoarele lucruri: moralul oamenilor este la pământ, teama atinge cote maxime, angajații talentați sunt pe picior de plecare, iar laşii se ascund." Aceste lucruri nu se vor îmbunătăți de la sine, ci presupun un leadership activ, dar şi dorința de a le rezolva.

4. Nu agrava şi mai mult problema

Problemele nu numai că nu se rezolvă de la sine, dar se pot chiar înrăutăți în funcție de modul în care reacționăm la ele. Unul dintre lucrurile pe care le-am tot spus oamenilor mei de-a lungul anilor a fost acela că problemele sunt asemenea unui incendiu. Cel care încearcă să îl stingă are două găleți: una cu apă şi una cu benzină. Dacă ai o asemenea problemă, poți folosi găleata cu apă ca să încerci să stingi focul. Sau poți turna benzină şi să se înteţească şi mai mult. Acelaşi incident, două rezultate diferite.

„Gândirea pozitivă este modul în care te gândeşti la o problemă. Entuziasmul este felul în care simți o problemă. Cele două elemente vor determina ceea ce vei face în legătură cu acea problemă."
– Norman Vincent Peale

Dacă te confrunți cu o potențială situație neplăcută, pe care o poți rezolva relativ uşor, dar tu nu faci decât să o înrăutățeşti, atunci problema se agravează. Problemele se pot transforma într-unele mai mari şi atunci când nu reacționăm la ele aşa cum trebuie. Iată câteva asemenea situații:

- Nu vedem lucrurile în ansamblul lor.
- Renunțăm la priorități şi valori care pentru noi sunt importante.
- Ne pierdem simțul umorului.
- Ne plângem de milă.
- Dăm vina pe alții pentru situația în care ne aflăm.

Trebuie să ne păstrăm întotdeauna o atitudine pozitivă. Autorul Norman Vincent Peale spunea: „Gândirea pozitivă este modul în care te gândeşti la o problemă. Entuziasmul este felul în care simți o problemă. Cele două elemente vor determina ceea ce vei face în legătură cu acea problemă."

Cum poți proceda

Dacă vrei să depăşeşti problemele şi să le transformi în oportunități de a învăța ceva, iată ce îți recomand.

1. Anticipează problema

Se spune că pumnul care te pune la pământ nu e neapărat şi cel mai puternic, ci e cel pe care nu l-ai văzut venind. Am citit la un moment dat un articol despre un prizonier din Sydney, Australia, care a reuşit să evadeze. S-a ascuns sub un camion care se oprise să descarce ceva în depozitul închisorii. S-a ținut cât a putut de bine tot drumul până la ieşirea din închisoare. Câteva momente mai târziu, când maşina s-a oprit în sfârşit, prizonierul şi-a dat drumul pe pământ şi, implicit, spre libertate. Din nefericire, a descoperit că se afla în curtea unei alte închisori, situată la câțiva kilometri distanță de cea în care fusese el întemnițat. Mai mult ca sigur că nu se gândise la aşa ceva.

Bineînțeles, să anticipezi problemele nu înseamnă să îți faci tot timpul griji că *s-ar putea* întâmpla ceva rău. Mi-a plăcut foarte mult povestea unui bărbat care, în toiul nopții, în timp ce dormea, a fost trezit de soția lui, căreia i se păruse că a auzit un hoț la parter. S-a dat jos din pat încet, a coborât morocănos şi s-a trezit cu un pistol îndreptat spre el. Hoțul i-a spus să îi dea toate obiectele de valoare din casă, după care se pregătea să plece. Bărbatul l-a oprit şi i-a spus: „Înainte să pleci, aş vrea să te rog să urci sus şi să faci cunoştință cu soția mea. Te aşteaptă în fiecare noapte de vreo treizeci de ani."

2. Comunică problema

Fostul antrenor principal de fotbal al mai multor echipe universitare, Lou Holtz, a spus: „Nu le spune oamenilor problemele tale! 80% nu sunt interesați, iar restul de 20% se bucură." Zâmbesc de fiecare dată când aud acest lucru, fiindcă, în mare parte, este adevărat. Pe de altă parte, dacă lucrăm cu oameni, *trebuie* să le comunicăm problemele noastre celor care vor fi afectați de ele. Le datorăm acest lucru. În plus, soluția poate veni de la cineva care ne poate ajuta să rezolvăm problema respectivă.

> **„Nu le spune oamenilor problemele tale! 80% nu sunt interesați, iar restul de 20% se bucură."**
> ***– Lou Holtz***

Lipsa de comunicare - sau comunicarea precară - nu numai că ne împiedică să ne rezolvăm problemele, ci poate crea şi altele noi. Bernd Pischetsrieder, fost preşedinte la Volkswagen, spunea: „Ştiu că cele mai multe dintre conflictele cu care m-am confruntat au avut mereu o cauză cât se poate de simplă: comunicarea deficitară. Fie eu personal nu am înţeles ce voiau ceilalţi, fie ei nu au înţeles ce voiam eu. Aceste conflicte au fost cauzate de lipsa de comunicare şi nu doar de faptul că vorbele altora au fost interpretate greşit; în plus, au avut la bază şi înţelegerea eronată a intenţiilor cuiva, dar şi a premiselor pornind de la care cineva şi-a format o opinie."

De fiecare dată când mă pregătesc să comunic ceva referitor la o problemă, încerc mai întâi să aflu părerile şi experienţele celor din jur. Acest lucru mă ajută să înţeleg mult mai bine ce se întâmplă şi din ce mediu provin ceilalţi. Uneori îmi dau seama că problema pe care credeam că o am nu este chiar aşa cum credeam eu. Alteori descopăr că nu există, de fapt, o problemă. Sau că alţi membri ai echipei au rezolvat-o deja. Însă, indiferent de situaţie - că este vorba de familie, de prieteni, de angajaţi, de colegi - atunci când te confrunţi cu probleme, este esenţial să strângi toate informaţiile de care ai nevoie şi să colaborezi cu cei din jur.

3. Evaluează problema

Se spune că nu ar trebui niciodată să deschizi o cutie de viermi decât dacă eşti sigur că vrei să mergi la pescuit. De foarte multe ori, mi s-a întâmplat să umblu la o asemenea cutie fără să mă gândesc în prealabil la situaţia în sine. Evident, ar fi fost mult mai bine dacă aş fi încercat de la bun început să evaluez despre ce este vorba.

Cum poţi face acest lucru? Mai întâi de toate, trebuie să îţi pui următoarea întrebare: „Care este problema?". Dacă cineva îţi spune că Luna se află la o sută de kilometri de pământ, nu e mare lucru. Treaba lui! În afară de situaţia în care nu eşti cumva om de ştiinţă, nici nu contează. Dar dacă cineva e pe cale să mănânce ceva otrăvit, atunci acţionează imediat. Ideea este că trebuie să evaluezi amploarea şi gravitatea problemei. Uneori

Nu deschide niciodată o cutie de viermi dacă nu ai de gând să te duci la pescuit.

e destul de greu s-o faci, în special pentru persoanele meticuloase, care abia aşteaptă să se ocupe chiar şi de cel mai mic detaliu. Ca să reuşesc să mă abțin să fac acest lucru, mi-am pus pe birou un cartonaş pe care scrie: „CHIAR CONTEAZĂ?". Pot astfel să îmi dau seama cât de urgent sau de grav este incidentul în discuție.

Cea de-a doua întrebare pe care trebuie să ți-o pui este următoarea: „Cine este implicat?". De cele mai multe ori, problemele sunt considerate probleme doar fiindcă oamenii respectivi sunt în mijlocul lor. Este ca episodul acela din *Peanuts*, difuzat la televiziune, *A Charlie Brown Christmas*. Fiindcă nu putea deloc să se bucure de spiritul Crăciunului, Linus i-a spus: „Eşti singura persoană pe care o cunosc care poate transforma o perioadă minunată precum Crăciunul într-o problemă."

Pe măsură ce evaluezi problemele, încearcă să vezi lucrurile în ansamblul lor şi nu pierde niciodată din minte finalul. În perioada în care am locuit în sudul statului Indiana, am văzut un lucru care surprinde foarte bine această idee. Pe gardul unei ferme era o tăbliță pe care scria: „Dacă traversezi acest teren, ar fi bine s-o faci în 9,8 secunde. Taurul o poate face în 10."

4. Apreciază problema respectivă

Să fii recunoscător pentru o problemă pare să contravină logicii celei mai elementare. Cei mai mulți oameni văd problemele ca pe o bătaie de cap şi încearcă, aşadar, să le evite. Cu toate acestea, dacă avem atitudinea potrivită şi apreciem o problemă, nu numai că ne vom strădui mai tare să o rezolvăm, dar vom şi învăța ceva din ea, astfel încât să ne dezvoltăm pe plan personal. Problemele aduc întotdeauna cu ele oportunități, iar oportunitățile aduc mereu probleme. Cele două merg mână-n mână. Dacă putem învăța să apreciem acest adevăr, vom avea realmente un avantaj.

O ilustrare extrem de relevantă a beneficiilor pe care le poți culege dintr-o întâmplare neplăcută poate fi văzută în modul în care un vultur se comportă atunci când vântul este foarte puternic.

- *Vânturile puternice îl pot face pe vultur să zboare mai sus.* Curenții ascendenți şi vântul puternic pot avea o putere extraordinară care să te poarte în sus. Aceşti curenţi îl ajută pe vultur să atingă înălţimi nebănuite.

- *Vânturile puternice îi oferă vulturului o perspectivă de ansamblu.* Cu cât vulturul zboară mai sus, cu atât mai amplă va fi perspectiva atunci când se va uita în jos. Din această poziție de la înălțime, ochii ageri ai vulturului vor putea vedea mult mai multe.
- *Vânturile puternice îl ajută pe vultur să urce deasupra neplăcerilor mărunte.* La înălţimi mai mici, vulturul este adesea deranjat de ciorile suspicioase, de şoimii nemulţumiţi sau de alte păsări mai mici. Cu cât vulturul zboară mai sus, cu atât lasă mai în urmă toate aceste vietăţi care îi distrag atenţia.
- *Vânturile puternice îi permit vulturului să depună un efort mai mic.* Aripile vulturului sunt concepute să alunece în direcţia vântului. Structura şi compoziţia penelor împiedică oprirea, reduce tulburenţa şi îl ajută să zboare cu un efort minim – chiar şi când vântul bate foarte tare.
- *Vânturile puternice îi permit vulturului să stea mai mult la înălţime.* Vulturul îşi foloseşte aripile să planeze mai mult timp. Când bate vântul, vulturul planează mai întâi în cercuri descendente largi şi lungi, după care în spirale ascendente în momentul în care se formează curenţi.
- *Vânturile puternice îl ajută pe vultur să zboare mai repede.* În mod normal, vulturul zboară cu aproximativ 50 de mile pe oră. Cu toate acestea, când alunecă odată cu vântul, viteza aproape că se dublează.[3]

O problemă nu este cu adevărat o problemă până când tu nu îi permiţi să se transforme într-una. O problemă reprezintă, de fapt, o oportunitate. Dacă poţi vedea lucrurile din acest punct de vedere, atunci de fiecare dată când te vei confrunta cu o problemă, îţi vei da seama că ai în faţă o oportunitate – sau cel puţin o ocazie de a învăţa ceva. Se poate transforma însă în mult mai mult dacă te angajezi să o rezolvi abordând atitudinea corespunzătoare.

În 1960, când John F. Kennedy era senator şi îşi făcea campanie pentru alegerile prezidenţiale, a ţinut un discurs care a avut un mare succes, în fața unei mulțimi din localitatea texană San Antonio, locul unei bătălii istorice, în care un grup mic de americani, adevărați eroi, a fost învins de armata mexicană. În momentul în care Kennedy a terminat, a vrut să plece cât mai repede de acolo, așa că i-a spus lui Maury, un politician local: „Să ieșim de-aici. Unde e ușa din spate?"

„Domnule senator", i-a răspuns Maury, „dacă ar fi existat o ușă să iasă prin spate în Alamo, atunci n-am mai fi avut nici un erou."[4]

Dacă vrem să beneficiem cât mai mult de pe urma unei probleme, provocări sau pierderi, atunci trebuie să încetăm să mai căutăm ușa din spate și să ne confruntăm cu dificultățile conștienți fiind că vom avea ceva de câștigat. Dacă vom face acest lucru, vom deveni eroii propriilor noastre vieți.

10

Experiențele neplăcute: perspectiva învățării

Ce bine-ar fi fost dacă incidentul cu pistolul din aeroport ar fi fost singura greşeală stupidă din viața mea. Din nefericire, lucrurile nu au stat chiar aşa. A fost cel mai neplăcut, dar au existat şi altele cât se poate de stupide.

Ceva asemănător mi s-a întâmplat în anul 2000, pe când lucram la cartea *Cele 17 legi ale muncii în echipă*. Înainte cu o lună de termenul la care trebuia să predau manuscrisul, urma să plec într-un turneu de două săptămâni în Africa. „Ce ocazie minunată să-mi termin cartea", m-am gândit eu. Şi aşa şi era. Şi-acum îmi mai amintesc cât de mulțumit m-am simțit când am finalizat-o - mă aflam la cascada Victoria, în ziua în care urma să mă întorc în SUA. Cu un sentiment de împlinire şi de satisfacție, am pus manuscrisul în servietă şi m-am îndreptat spre casă.

Când am ajuns, la aeroportul din Atlanta m-a aşteptat ginerele meu, Steve. Urma să mergem până în Highlands, în Carolina de Nord, fiindcă Margaret şi fiica mea, Elizabeth (soția lui Steve), ne aşteptau acolo. După ce zburasem atâtea ore cu avionul, mi-am dat seama că mi-era foame, aşa că am oprit să luăm ceva de mâncare de la un restaurant cu specific mexican.

Ne-am urcat înapoi în maşină, eu pe scaunul din dreapta, şi mă pregăteam să mănânc, dar mi-am scăpat furculița pe jos. Am reuşit să mă aplec ca să o găsesc, dar nu puteam să văd dacă e acolo. „Steve, opreşte puţin, te rog!". Obişnuit cu astfel de lucruri din partea mea, a tras pe dreapta astfel încât să îmi continui căutarea. M-am uitat mai bine, dar tot nimic. Într-un final, mi-am dat servieta la o parte, care era aşezată pe jos, şi am găsit-o. Fantastic! Puteam şi eu în sfârşit să mănânc. M-am urcat înapoi şi ne-am continuat drumul.

O, nu!

Cam la douăzeci de minute după aceea, după ce am terminat de mâncat, m-am uitat în jos şi am întrebat: „Unde mi-e servieta?". Şi, brusc, mi-am dat seama. Când căutasem furculiţa, am luat servieta şi o pusesem pe marginea drumului. *Dar nu o mai băgasem înapoi în maşină!*

Pierderea în sine a servietei era un lucru cât se poate de rău, dar, ca să înţelegi mai bine amploarea problemei, atunci trebuie să ştii că eu nu folosesc computerul atunci când scriu. Îmi notez totul pe un blocnotes, cu un pix cu patru culori, inclusiv citatele şi ilustraţiile. Nu am nici o copie de rezervă. Există un singur exemplar - care cuprinde munca mea pe mai multe luni.

Mersesem vreo patruzeci de kilometri când mi-am dat seama ce făcusem. În clipa în care am realizat, am întors maşina. Şi în timp ce conduceam înapoi, am sunat-o pe Linda, asistenta mea. Locuia la câţiva kilometri de locul respectiv şi ştiam că poate ajunge acolo înaintea noastră.

După câteva minute, mi-a sunat telefonul. Am răspuns plin de speranţă, însă m-am dezumflat complet când mi-a spus că servieta mea nu era de găsit! Linda era deja acolo când am ajuns. Nici urmă de servietă! Mi se făcuse rău.

Am observat că erau câteva magazine prin apropiere, aşa că am intrat în fiecare şi am întrebat dacă nu cumva adusese cineva servieta acolo. N-am avut noroc. Servieta şi manuscrisul dispăruseră fără urmă.

În următoarele câteva zile, am fost pur şi simplu copleşit de emoţii. Mă simţeam:

- *Stupid:* mă întrebam cum poate fi cineva atât de inteligent încât să scrie o carte şi atât de prost încât să uite manuscrisul pe marginea drumului.
- *Neliniştit:* nu avea nici un rost să mă gândesc că aş putea să-mi mai văd vreodată servieta, aşa că am stat ore întregi să-mi notez tot ceea ce-mi aminteam din manuscris. După câteva zile, am ajuns la concluzia că aş putea rescrie cartea, dar mi-ar fi luat cel puțin şase luni. Şi fiindcă mă simțeam absolut copleşit la nivel emoțional, eram sigur că nu ar fi ieşit la fel de bună ca prima variantă.
- *Frustrat:* eram convins că sub nici o formă nu aş fi putut respecta deadline-ul. Îmi pierdusem câteva luni de muncă. Dacă aş fi făcut o copie... Dar nu fusesem suficient de inspirat.
- *Disperat:* la un moment dat începusem să am îndoieli. „Ce-ar fi să nu reuşesc să scriu cartea din nou?".

Şi mi-a venit în minte poemul „The Land of Beginning Again", scris de Louisa Fletcher Tarkington:

Aş vrea să existe un loc minunat,
Numit Tărâmul în care o luăm de la-nceput,
În care toate greşelile, durerile de cap
Şi toate măruntele noastre mâhniri egoiste
Să poată fi lăsate-n spate, ca o haină veche, la uşă
Pe care să nu o mai îmbrăcăm niciodată.

Eu mă simțeam extrem de descurajat, dar Linda nu se dădea bătută. A început să sune la secția locală de poliție, să vadă dacă servieta ajunsese cumva la ei. În a patra zi, a avut noroc. Servieta fusese lăsată de cineva acolo. Mai mult, nu lipsea nimic din ea. Ne-am bucurat, cartea a fost publicată şi totul era bine. Cu toate acestea, începând din ziua aceea, de fiecare dată când mă uit la *Cele şaptesprezece legi ale muncii în echipă* mă gândesc prin ce-am trecut şi ce învățăminte am tras.

Cum să priveşti în perspectivă pierderea suferită

Evident, nimeni nu-şi doreşte să treacă prin experienţe neplăcute. Adevărul este însă că experienţele negative ne pot ajuta, dacă suntem dispuşi să o facem. Data viitoare când ţi se întâmplă ceva neplăcut, îţi va fi de ajutor să te gândeşti la următoarele aspecte.

1. Acceptă faptul că eşti o fiinţă umană

Indiferent cât de mult ne-am strădui, indiferent cât de talentaţi suntem, indiferent cât de înalte sunt standardele noastre, uneori mai dăm şi greş. De ce? Fiindcă suntem oameni. Nimeni nu este perfect şi atunci când avem şi momente mai proaste, ar trebui să ne reamintim că indicat este să ne acceptăm micile imperfecţiuni.

Am citit la un moment dat un articol scris de Larry Libby, despre George W. Bush, în care ne reamintea că toată lumea are câte o zi mai proastă, inclusiv preşedintele:

> Tânjea din tot sufletul să fie în centrul atenţiei. A fost o performanţă definitorie într-o carieră lungă şi plină de peripeţii. Se afla la o cină oficială, în Tokyo. Cele mai influente personalităţi din sfera politică şi economică a Japoniei stăteau în jurul mesei decorate cu mătase, veselă aurită şi aranjamente florale strălucitoare. Mogulii business-ului american se aflau şi ei acolo, aşteptând în tăcere ca liderul lor să înceapă să arunce în dreapta şi-n stânga zâmbete condescendente. Jurnaliştii de la cele mai importante mijloace de informare din lume se aflau în hol, cu microfoanele deschise şi cu toate camerele video pornite. Problema era că se simţise cam ciudat încă de dimineaţă - puţin aiurit şi ameţit. Era însă unul din acele momente în care nu te puteai gândi deloc la disconfortul personal. Asemenea întâlniri de nivel înalt - inclusiv cina din seara respectivă - aveau implicaţii uriaşe pentru mediul de afaceri din SUA şi pentru economia de la nivel global. Trebuia pur şi simplu să fie în formă maximă. Trebuia pur şi simplu să facă o impresie deosebită. Tocmai terminase felul al doilea - so-

mon crud cu caviar - şi acum se uita dubios la al treilea - carne de vită la grătar cu sos de piper. S-a întors spre stânga şi a înghițit în sec privind spre gazdă, care zâmbea - mai exact, prim-ministrul Kiichi Miyazawa. După care a vomitat în poala acestuia şi a căzut pe podea. În timp ce soția lui, îngrijorată, agenții de pază şi medicul personal se aplecaseră spre el, acesta mormăia: „Băgați-mă sub masă până când se termină cina". Stând acolo întins pe covorul oriental deosebit de frumos, preşedintele George W. Bush se poate să se fi gândit la materialul video ce tocmai fusese filmat. Poate că şi vedea cum CNN va repeta la nesfârşit tot evenimentul. La ore de maximă audiență. Cu încetinitorul. Întreaga imagine. Mai mult ca sigur că aşa s-ar fi întâmplat.

Puțin mai târziu, când Marlin Fitzwater, ataşatul de presă, a ieşit în fața jurnaliştilor din întreaga lume, a fost obligat să spună ceea ce trebuie să fi fost evident pentru oricine.

„Preşedintele", a declarat el, „este şi el om. Preşedintele răceşte şi el ca toată lumea."[2]

Când ai o experiență mai neplăcută, sper să îți acorzi şi tu circumstanțe atenuante - indiferent că este o chestiune pe care nu o poți controla sau că ai făcut o greşeală. Eşti şi tu un om şi nu trebuie să te aştepți să fii perfect.

2. Dă dovadă de simțul umorului

Am descoperit că dacă sunt dispus să văd şi latura mai amuzantă a experiențelor mai puțin plăcute, nu îmi epuizez niciodată tolba de lucruri de care să râd. Râsul rezolvă oare orice? Poate că nu. Dar ajută. Râsul este ca şi cum ai schimba scutecul unui copil - problema nu se rezolvă permanent, dar pentru moment e cât de cât mai acceptabil.

Râsul este ca şi cum ai schimba scutecul unui copil – problema nu se rezolvă permanent, dar pentru moment e cât de cât mai acceptabil.

Una dintre poveştile mele preferate referitoare la experiențele mai puțin plăcute este cea a unui bărbat care i-a trimis un buchet de flori unui partener de afaceri în ziua în care acesta îşi inaugura cu mare pompă un magazin. Florarul a încurcat însă comenzile, iar omul de afaceri a primit un aranjament conceput pentru o înmormântare. Era însoţit de un cartonaş pe care scria: „Întreaga mea consideraţie în aceste momente de profundă durere".

Când eroul nostru şi-a sunat prietenul să-i ureze toate cele bune, acesta era cât se poate de confuz. „De ce naiba mi-ai trimis flori să mă compătimeşti?", l-a întrebat el.

Cel care trimisese aranjamentul a sunat în clipa următoare la florărie ca să ceară explicaţii.

„Îmi pare extrem de rău pentru încurcătura creată", a spus florarul, care era în mod evident supărat, „dar sper să înţelegeţi. Situaţia dvs. nu este nici pe departe la fel de neplăcută ca cea de la firma de servicii funerare. Cei de-acolo au primit buchetul dvs., însoţit de un cartonaş pe care scria: «Mult succes în noul loc!»".

Este destul de cunoscut faptul că preşedintele Abraham Lincoln, care a condus Statele Unite în cea mai neagră perioadă, avea o capacitate deosebită de a face haz pe seama lui şi a situaţiilor dificile cu care se confrunta. De fapt, uneori era chiar criticat. Însă acest lucru nu l-a oprit defel. Adresându-se unui grup de critici, el a spus: „Domnilor, de ce nu râdeţi? Cu toate problemele pe care le am, zi şi noapte, dacă nu aş râde, probabil că aş muri."

Uneori e mai greu să vezi partea hazlie într-o experienţă dificilă. Câteodată îmi spun: „Acum nu e amuzant, dar mâine poate fi." S-a aplicat în situaţia aceea de la aeroport, când îmi uitasem pistolul în servietă. În ziua respectivă, m-am simţit jenat şi umilit. Dar doar câteva zile mai târziu, am putut vedea latura deopotrivă distractivă şi absurdă a acţiunilor mele. Cât de mult ţi-ai uşura viaţa dacă ai găsi o cale să te amuzi în momentele în care te confrunţi cu experienţe mai puţin plăcute?

3. Încearcă tot timpul să vezi lucrurile din perspectiva corectă

Când ai o experienţă mai proastă, care dintre frazele următoare reprezintă cel mai bine modul tău de gândire?

- Nu am vrut de la bun început să mă ocup de această sarcină, aşa că nu îmi pasă.

- Sunt un ratat şi viaţa mea e un dezastru.
- Aş vrea să renunţ şi să nu mai încerc niciodată.
- Câştig experienţă din greşeli; mă întreb dacă pot obţine ajutor.
- Ştiu deja trei modalităţi care nu funcţionează, aşa că voi încerca din nou.

Răspunsul tău spune mai multe despre felul în care priveşti lucrurile în ansamblul lor decât despre experienţa mai neplăcută în sine. Este şi motivul pentru care reacţiile în acelaşi tip de experienţă pot varia atât de mult.

Autorul şi speakerul Denis Waitley spune: „Greşelile ne fac să suferim foarte mult în momentul în care le comitem, dar, după câţiva ani, toate aceste erori se transformă în ceea ce se numeşte experienţă." Să consideri că dificultăţile sunt nişte experienţe este o chestiune de perspectivă. Este aceeaşi diferenţă ca cea dintre copilul şi adultul care intră într-un ocean. Când eşti mic, valurile ţi se par uriaşe şi te temi că te-ar putea înghiţi. Ca adult, valurile înalte ţi se par o sursă de relaxare şi distracţie.

„Greşelile ne fac să suferim foarte mult în momentul în care le comitem, dar, după câţiva ani, ele se transformă în ceea ce se numeşte experienţă."
– Denis Waitley

În faţa greutăţilor, nu e uşor să vezi în continuare lucrurile în perspectivă, dar merită să te lupţi pentru acest lucru. Când vei încerca să îţi menţii punctul corespunzător de vedere, încearcă să nu treci cu vederea câteva aspecte.

Valoarea ta ca persoană nu este definită de o experienţă neplăcută

Nu eşti definit de performanţele tale. Şi nici nu trebuie să fii definit de cele mai proaste momente pe care le-ai trăit. Aşa că nu îţi clădi imaginea pe aceste lucruri. În schimb, încearcă să înţelegi şi să accepţi valoarea ta ca fiinţă umană. Dai dai greş, nu te gândi sub nici o formă că eşti un ratat. Vezi lucrurile în perspectivă şi spune-ţi: „Poate că am pierdut de data aceasta, dar sunt bine. Încă mai pot fi un învingător!"

Nu te autocompătimi

Unul dintre cele mai rele lucruri pe care le poţi face ca să îţi pierzi perspectiva este să începi să îţi pară rău pentru tine. E în regulă să ai acest sentiment o zi - dar nu mai mult. După aceea, ridică-te de la pământ şi mergi mai departe.

În cartea sa, *Resilience*, psihiatrul Frederic Flach subliniază că cei care supravieţuiesc unor experienţe neplăcute nu permit ca lucrurile negative care li s-au întâmplat să îi definească şi nu se compătimesc singuri. Sunt convinşi că acele experienţe nu sunt un capăt de ţară. În schimb, gândesc în felul următor: *Da, e urât ce mi s-a întâmplat, dar altora le e şi mai rău. Nu mă dau bătut.*

Dacă ai o asemenea experienţă, încearcă să nu uiţi că încă mai trăieşti şi că ar fi putut fi mai rău. Încearcă să te concentrezi pe partea bună a lucrurilor. Graţie experienţei pe care ai câştigat-o, vei putea să-i ajuţi pe cei aflaţi în aceeaşi situaţie sau pe cei care au trecut prin greutăţi asemănătoare.

Consideră eşecurile un proces prin care înveţi ceva şi te perfecţionezi

Atunci când dăm greş sau avem o experienţă neplăcută, trebuie să învăţăm să ne comportăm asemenea oamenilor de ştiinţă sau inventatorilor. În momentul în care nu le iese un experiment, consideră că pur şi simplu nu a funcţionat sau că au testat o ipoteză. Sau că s-au documentat şi au strâns nişte informaţii. Privesc tot timpul lucrurile din aceeaşi perspectivă, evitând să se lase afectaţi. Mai mult, învaţă de pe urma eşecurilor şi le consideră nişte lecţii pentru viitorul succes. Este o modalitate extraordinară de a privi o problemă cu care ne confruntăm.

> **„Trebuie să mai şi pierzi din când în când. Şi, când ţi se întâmplă aşa ceva, fă-o cum trebuie."**
> **– *Casey Stengel***

Psihologul şi medicul Joyce Brothers spunea: „Persoana interesată să obţină succesul trebuie să înveţe să vadă eşecul ca pe o parte sănătoasă şi inevitabilă a procesului care te ajută să ajungi în top." Altfel spus, aşa cum declara Casey Stengel, managerul unei echipe de baseball: „Trebuie să mai şi pierzi din când în când. Şi, când ţi se întâmplă aşa ceva, fă-o cum trebuie."

4. Nu renunța

Înotătorul Eric Shanteau este de părere că probele de calificări de la Olimpiada din 2004 au fost „cea mai devastatoare experiență" din viața lui. Este o declarație cu atât mai relevantă dacă ne gândim că Shanteau a fost diagnosticat cu cancer în anul 2008. De ce avea această părere? A terminat al treilea - şi doar primii doi se clasificau în echipa olimpică. Mai mult, au fost două asemenea situații. A ratat locul al doilea la 400 de metri individual, cu 0,99 secunde, şi proba de 200 de metri individual cu 0,34 secunde. Shanteau îşi aminteşte:

> Într-o primă fază, am fost extrem de nervos. Îmi amintesc că mă plimbam iritat pe marginea bazinului, foarte frustrat. Vezi cum scopul tău de-o viață îți alunecă printre degete pe ultimii metri - e chiar brutal. A fost foarte, foarte greu. Cam două luni nu am mai vrut să aud de sport. Ieşisem al treilea, dar puteam la fel de bine să fi fost ultimul - tot aia era.[3]

Probabil că i-a trecut prin cap să renunțe, dar nu a făcut-o. A revenit în piscină şi s-a mai antrenat patru ani. A contribuit la calificarea echipei la proba de 200 de metri bras. Deşi nu a câştigat niciodată aurul la Beijjing, a obținut cel mai bun timp personal. A continuat să se antreneze şi a revenit şi la Londra, în 2012. A luat o medalie de aur la stilul bras în proba pe echipe, de 4 x 100 de metri.

Ce a ştiut Shanteau despre experiențele neplăcute şi cei mai mulți oameni nu ştiu? Iată despre ce este vorba:

- Eşecul este costul identificării de noi provocări.
- 90% dintre cei care dau greş nu sunt, de fapt, învinşi; ei renunță pur şi simplu.
- Există două categorii de oameni în ceea ce priveşte eşecurile: cei care ating nivelul cel mai de jos, intră în colaps şi rămân la fund şi cei care îşi revin imediat.
- Succesul constă în a face un efort; eşecul înseamnă să nu fi încercat niciodată.

- Cei mai mulţi dintre cei care dau greş sunt cei care şi-au făcut un obicei din a-şi găsi scuze.

Dacă vrei să ai succes în viaţă, nu ai voie să renunţi.

Autorul şi speakerul Og Mandino, ale cărui cărţi m-au influenţat foarte mult, spunea: „De fiecare dată când faci o greşeală sau eşti pus la pământ de împrejurările potrivnice, nu mai privi în urmă. Greşelile reprezintă felul în care viaţa te învaţă nişte lucruri. Erorile sunt interente şi nu pot fi separate de îndeplinirea scopurilor. Nimeni nu câştigă tot, iar eşecurile, atunci când intervin, fac parte din procesul de perfecţionare. Nu te mai gândi la ele. Cum ai putea altfel să îţi cunoşti limitele dacă din când în când nu ai da greş?". El mai adaugă: „Va veni şi rândul tău!". Ce sfaturi extraordinare!

5. Nu permite ca experienţele neplăcute să se transforme în dezastre

Pe vremea când puteai urmări meciurile doar pe un singur post de televiziune (în afară de situaţia în care nu cumva te duceai pe stadion), cea mai bună emisiune era *Wide World of Sports*, de pe postul ABC. Timp de trei decenii şi jumătate, emisiunea începea cu imagini din sport şi un voice over care spunea: „Cutreierăm globul să vă aducem cele mai bune evenimente sportive... bucuria victoriei... agonia înfrângerii". Ultima era ilustrată cu un săritor de schi care ieşea de pe pârtie, după care se lovea de structura de suport şi se izbea violent de pământ. Părea un accident oribil.

Cei mai mulţi telespectatori nu ştiau însă că acea cădere nu a fost un accident. Schiorul *a ales* să cadă, nu să termine săritura. Un sportiv experimentat, el şi-a dat seama că rampa îngheţase şi că avea o viteză atât de mare încât dacă ar fi ajuns la finiş, ar fi aterizat probabil cu mult dincolo de zona special prevăzută şi ar fi putut muri în urma impactului. A optat, aşadar, să schimbe direcţia. Ceea ce părea un accident catastrofal nu a dus decât la o simplă durere de cap, în timp ce o săritură la prima vedere excepţională s-ar fi putut termina cu un deces chiar.

Lecţia pe care o putem învăţa de aici este că unul dintre lucrurile mai rele decât o experienţă neplăcută este să permiţi ca ea să se transforme într-un dezastru. Cum ajungi să îți dai seama de acest pericol? Trăgând învățăminte din experiențele anterioare și folosindu-te de anumite abilități esențiale.

Dacă ai o experiență mai puțin plăcută, unul dintre primele lucruri pe care ar trebui să le încerci este să determini dacă acea experiență a apărut ca urmare a ignoranței sau a stupidității. Ignoranța înseamnă că nu ai cunoștințele necesare să faci ceea ce trebuie. Nu poți învinui pe nimeni pentru așa ceva. Stupiditatea înseamnă că știi ce să faci, dar nu acționezi în consecință.

EXPERIENȚE NEPLĂCUTE CAUZATE DE IGNORANȚĂ	EXPERIENȚE NEPLĂCUTE CAUZATE DE STUPIDITATE
„Nu știam despre ce e vorba, așa că am făcut acel lucru."	„Știam foarte bine despre ce e vorba, dar am făcut oricum acel lucru."
„Nu știam despre ce e vorba, așa că nu am făcut acel lucru."	„Știam foarte bine despre ce e vorba, dar nu am făcut acel lucru."

Experiențele neplăcute cauzate de ignoranță presupun învățare. Dacă ești dispus să înveți ceva, așa cum am discutat în capitolul 7, nu numai că poți face astfel încât o experiență neplăcută să nu se transforme în dezastru, dar o poți și îmbunătăți. Pe de altă parte, experiențele neplăcute cauzate de stupiditate au la origine lipsa de disciplină și alegerile necorespunzătoare. Schimbarea presupune nu numai să fii dispus să înveți, ci și să adopți un comportament diferit. Dacă nu faci aceste schimbări, experiențele neplăcute se pot transforma în adevărate calamități.

6. Fă astfel încât experiențele mai puțin plăcute să se transforme în experiențe plăcute

Toată lumea trece în viață și prin momente mai puțin plăcute. Dar nu toți transformă experiențele rele în unele bune. Acest lucru este posibil doar în momentul în care învățăm ceva de pe urma pierderilor suferite. Trebuie doar să îți amintești că experiențele sunt neplăcute doar fiindcă nu reușim să învățăm nimic din ele. Iar experiențele bune sunt aproape întotdeauna rezultatul unor experiențe anterioare mai puțin plăcute.

Câțiva ani la rând am colecționat stilouri. Poate fiindcă scriu de mână și nu folosesc computerul. Tot căutând eu niște stilouri mai deosebite, am auzit la un moment dat o poveste interesantă despre un tânăr agent de asigurări care încerca de ceva vreme să încheie un contract cu un nou client. În cele din urmă, a reușit să-l convingă să cumpere o poliță de o valoare destul de mare.

Agentul s-a dus, așadar, la sediul potențialului client, cu contractul pregătit pentru semnat. L-a pus pe biroul acestuia și a căutat un stilou. Încercând însă să îi scoată capacul, s-a deșurubat de tot și cerneala s-a revărsat peste contract, distrugându-l în întregime.

Agentul nostru a pregătit un alt contract, mișcându-se extrem de repede, dar când s-a întors la sediul clientului, a descoperit că acesta se răzgândise, refuzând să mai încheie afacerea.

Tânărul nostru a fost atât de supărat de problema pe care o cauzase stiloul încât a depus toate eforturile să creeze un stilou fiabil. Este vorba despre Lewis E. Waterman, a cărui companie a continuat timp de 120 de ani să producă instrumente de scris. Nu numai că a transformat o experiență neplăcută într-una profitabilă, ci și-a creat și o companie respectată la nivel global.

Am început acest capitol povestind experiența neplăcută legată de pierderea servietei și, implicit, a manuscrisului din interior. Cum am abordat-o astfel încât să o transform în ceva bun? Începând din ziua aceea am decis să fac o copie a tuturor materialelor la care lucram. De asemenea, am început să îi trimit asistentei mele, Linda, tot ceea ce scriam, indiferent că era vorba despre un capitol dintr-o carte sau despre un discurs. Și nu am mai luat cu mine *niciodată* manuscrisul final în servietă.

Îmi voi mai pierde lucrările pe viitor? Probabil că da. Nu sunt foarte atent de felul meu. Va fi singura copie a respectivului material pe care l-aș pierde? Sub nici o formă. Aceasta este lecția pe care am învățat-o din acea experiență urâtă.

Experiența neplăcută a fost pentru el un soi de trambulină

Pe măsură ce te confrunți cu experiențe negative, este important să iei în considerare faptul că doar foarte rar poți vedea potențialele beneficii atunci când eşti în mijlocul necazurilor. De cele mai multe ori, vezi lucrurile mai clar atunci când te afli de cealaltă parte a baricadei. În această situație s-a aflat cu siguranță şi Giuseppe, care purta acelaşi nume cu tatăl său, un imigrant italian care se stabilise în California. Fiindcă locuiau în America, familia i-a spus Joe. Însă tatăl său îl mai striga într-un fel: Bun-de-nimic. De ce îi spunea bătrânul Giuseppe aşa? Fiindcă lui Joe îi displăcea profund pescuitul, ceea ce era considerat inacceptabil de către tată, care era pescar. Adora tot ceea ce ținea de pescuit. Şi la fel şi toți ceilalți fii ai lui – cu excepția lui Joe cel bun-de-nimic. Lui nu-i plăcea defel să se urce pe vas, iar mirosul de peşte îi făcea rău.

Băiatul s-a oferit să lucreze în atelier sau să repare plasele de pescuit, dar tatăl lui era pur şi simplu dezgustat de el şi îi tot spunea că nu e bun de nimic.

Fiindcă nu îi era teamă să muncească, livra ziare şi lustruia pantofi, dând toți banii în casă, dar fiindcă nu pescuia, bătrânul Giuseppe nu considera că valorează ceva.

Tânărului Joe îi displăcea pescuitul, dar iubea baseball-ul. Fratele său mai mare juca şi el o variantă a acestui sport, iar Joe îl însoțea adesea pe teren. Şi era chiar bun – aproape o legendă printre colegii săi. Când Joe avea 16 ani, s-a hotărât să renunțe la şcoală şi să se apuce de baseball. Ajunsese deja foarte cunoscut. Numele lui real era Giuseppe, însă o întreagă națiune îl cunoştea ca Joe DiMaggio, considerat cel mai bun jucător din generația sa.

Ce credea oare tatăl său, bătrânul Giuseppe, despre el? Deşi şi-ar fi dorit ca toții copiii săi să intre în afacerea familiei, într-un final a fost mândru de fiul său şi i-a respectat realizările. Nici n-ar fi putut să n-o facă. Joe a reuşit să transforme experiențele neplăcute într-unele extraordinare, doar prin faptul că a învățat ceva din ele.

11

Schimbarea: prețul învățării

Dacă ai trăit perioada dintre 1950 şi 1990, probabil că îți aminteşti aparatele de fotografiat Polaroid. În epoca de azi, a fotografiilor digitale, se poate ca unora să fie greu să înțeleagă ce mare lucru reprezentau fotografiile instant, dar la vremea aceea erau chiar revoluționare. Ca să îți dai seama mai bine, în perioada în care a apărut aparatul de fotografiat, pe la începutul secolului al XIX-lea, doar cei cu aparatură scumpă, camere obscure şi o mulțime de soluții chimice, dar şi abilități puteau developa fotografii.

În 1888, Kodak a inovat acest domeniu, iar aparatele şi filmele fotografice au ajuns extrem de răspândite. „Apeşi butonul, noi facem restul" - acesta era sloganul lor. Vestea cea bună era că oricine putea fi fotograf, iar vestea cea proastă se referea la faptul că trebuia să se ducă cu aparatul cu filmul expus la un atelier unde să fie procesat, după care să aştepte zile sau uneori săptămâni până să primească pozele. Chiar şi în secolul XX, când a fost creat filmul pe care toată lumea îl putea încărca şi scoate din aparat, trebuia să ai totuşi răbdare până când vedeai fotografiile pe care le făceai.

Inovația apare în urma schimbării

Toate aceste lucruri au fost schimbate de Edwin Land, fiul unui negustor de fiare vechi, născut în anul 1909. În copilărie, era fascinat de fizica luminii, după ce a citit lucrarea lui Robert W. Wood,

Physical Optics, una dintre puţinele cărţi pe care le avea acasă. A fost acceptat la Harvard, dar nu a stat foarte mult acolo, renunţând la studii ca să poată face experienţe în laboratorul de acasă, pe care şi-l pusese la punct în apartamentul său din New York.

Land a fost premiat după primul său brevet, în 1929, după ce a dezvoltat procesul de polarizare, care a putut fi folosit şi la nivel comercial. Acest lucru a dus în cele din urmă la crearea ochelarilor de soare, a ochelarilor folosiţi de piloţi, la sistemele de filtrare pentru fotografiere şi la sistemul care stă la baza filmelor 3D. Land şi-a înfiinţat compania în 1937, cu ajutorul unui investitor. În 1940, a numit-o Polaroid Corporation. În perioada celui de-Al Doilea Război Mondial, a câştigat o avere.

Land a fost însă cel mai cunoscut pentru abilitatea sa de a „face invenţii la cerere". Un general din Forţele Aeriene l-a sunat la un moment dat pe Land să îi ceară sfatul vizavi de o problemă cu luneta la un anumit tip de armă. Unul dintre colegii săi îşi aminteşte: „Land i-a răspuns că va lua imediat avionul până la Washington ca să îi descrie soluţia. Generalul l-a întrebat: «Ai deja o soluţie?». Răspunsul lui Land: «Nu încă, dar voi avea în momentul în care ajung acolo.» Şi aşa a fost."[1]

Se spune că această capacitate a sa de a inova l-a ajutat să aibă ideea fotografiei instant. În 1943, în timp ce se afla în vacanţă, Land a fotografiat-o pe fiica lui, care l-a întrebat: „De ce nu pot vedea acum poza?"[2] Dat fiind geniul său şi talentul la rezolvarea problemelor şi invenţii, rotiţele au început să i se învârtă", gândindu-se cum să facă un aparat şi un film care ar putea produce pe loc o fotografie pe carton. Christopher Bonanos, autorul cărţii *Instant: The Story of Polaroid*, scrie: „Tot ceea ce învăţase până atunci - despre filtre, despre cristalele mici şi despre filme, despre optică şi chiar despre producţie şi externalizare - a folosit pe loc."[3] Ulterior, a povestit că a putut pune cap la cap toate detaliile sistemului în câteva ore, „cu excepţia celor pe care le-a rezolvat din 1943 până în 1972."[4]

Aparatul pe care Land l-a creat pentru Polaroid a fost vândut pentru prima dată publicului în noiembrie 1948. Scotea fotografii în tonuri sepia, în aproximativ şaizeci de secunde. La vremea aceea, era o adevărată revoluție tehnologică. Întrebarea era dacă avea s-o cumpere cineva. Colegii lui Land erau de părere că este mult prea optimist dacă speră să vândă 50.000 de aparate pe an. Însă Land nu se înşelase. Oamenilor le plăcea foarte mult. La debutul pe piață, întregul stoc de aparate s-a vândut în doar câteva ore. Până în 1953, Polaroid vânduse 900.000 de unități.[5]

În următoarele două decenii, Polaroid a continuat să se schimbe şi să inoveze. Au renunțat la filmul sepia şi au creat unul alb-negru, spunând că a fost cea mai dificilă sarcină pe care compania a dus-o la bun sfârşit vreodată. L-au angajat pe renumitul fotograf Ansel Adams, pe post de consultant şi utilizator al aparatului. De fiecare dată când se confrunta cu probleme tehnice, de exemplu fotografii care ieşeau în ceață, le rezolvau. Au găsit şi o modalitate de a face fotografii instant în culori. Au învățat din greşeli şi au continuat să se perfecționeze.

Polaroid a fost o companie înființată pornind de la ideea de schimbare. Au alocat fonduri impresionante pentru cercetare şi dezvoltare, creând noi produse şi procese. Primele lor aparate arătau foarte elegant, fiindcă la ele lucraseră de cele mai multe ori artişti în design industrial. Au acordat permanent atenție inovării. În anii '70, se făceau anual 1 miliard de fotografii cu aparate Polaroid.[6]

Sfârşitul inovației

La mijlocul anilor '70, Polaroid a început să concureze cu Kodak, care lansase pe piață un aparat de fotografiat instant, Land fiind convins că fuseseră furate patentele Polaroid. Lupta a durat peste paisprezece ani şi s-a încheiat abia în 1990. Însă Land se retrăsese deja din activitate, în 1980. Polaroid avea mari probleme, fiindcă oamenii nu le mai cumpărau produsele. Bonanos scrie:

> Întreabă-i pe cei de la Polaroid când au început lucrurile să se schimbe în rău. În anii '80? Mai devreme? Mai târziu? Fiecare îți va da un alt răspuns. Unii dau vina pe inginerii inflexibili, alții pe deciziile financiare greşite... Este cât se poate

> de clar, totuşi, că declinul a început aproape imperceptibil. În 1978, Polaroid avea peste 20.000 de angajaţi... În 1991 mai lucrau acolo doar 5.000 de oameni... Un deceniu mai târziu, chiar şi în condiţiile în care primise acea infuzie masivă de capital [aproape 1 miliard de dolari din înţelegerea cu cei de la Kodak], Polaroid era aproape de faliment.[7]

De fapt, între 2001 şi 2009 Polaroid şi-a declarat de două ori falimentul şi a fost vândut de trei ori.

Ce anume s-a întâmplat? Compania care a fost fondată pornind de la ideea de inovaţie şi care reuşise cu succes să facă faţă schimbărilor a încetat să mai înveţe. De unde până atunci cei mai buni specialişti şi-au petrecut tot timpul căutând soluţii inovatoare la diverse probleme şi lansând pe piaţă produse revoluţionare, pe care publicul nici măcar nu ştia că şi le doreşte - dar le iubea -, accentul a început să fie pus pe micile modificări şi cosmetizări ale vechilor produse. Compania care, sub conducerea lui Edwin Land, a alocat cele mai bune resurse ale sale cercetării şi dezvoltării, externalizând integral producţia, s-a orientat către fabricarea propriilor produse şi către reducerea costurilor. Zilele acelea de inovaţie şi de schimbare apuseseră demult - şi asta într-un moment în care fotografia trecea prin schimbări rapide.

Ironia este că Polaroid a avut pentru prima dată ideea de a lansa pe piaţă o cameră digitală. Ideea era ca liderul în fotografia instant să devină şi liderul în imagini instant, dar proiectul a fost abandonat fiindcă nu ar mai fi presupus şi vânzarea de filme fotografice.[8] Au fost şi în poziţia de a dezvolta primii imprimantele care să printeze fotografiile digitale. Dar în momentul în care managerii din eşalonul superior au hotărât că tehnologia respectivă nu va avea niciodată „calitatea fotografiei", au renunţat la proiect.

Dacă Land ar fi condus în continuare compania, probabil că s-ar fi luptat să găsească o soluţie şi s-ar fi străduit să *inventeze* o cale prin care calitatea să fie suficient de mare. Aşa procedase întotdeauna în trecut. În schimb, cu noua conducere, Polaroid s-a stins treptat. Acest lucru se întâmplă atunci când oamenii nu sunt dispuşi să plătească prețul necesar pentru a învăța ceva, mai exact să fie dornici să se schimbe.

De ce se opun oamenii schimbării

Ideea de schimbare nu este adoptată de toată lumea. Pe vremuri credeam că liderii iubesc schimbarea, dar cei din jurul lor nu. Acum, după mai multe decenii în care am instruit lideri şi am investit în ei, am ajuns să-mi dau seama că liderii sunt reticenți la schimbare în aceeaşi măsură ca adepții lor - în afară de situația în care nu cumva ei înşişi au avut ideea de la bun început. Adevărul este aproape toată lumea se opune schimbării. De ce? Fiindcă...

Schimbarea poate fi resimțită ca o pierdere pe plan personal

George V. Denny Jr., un adevărat pionier al emisiunilor de radio, a povestit mai demult pățania unui reporter de la un ziar din New York, care a fost trimis în Maine să îi ia un interviu unui bătrân care se apropia de suta de ani. Reporterul l-a abordat politicos şi i-a spus: „Domnule, mai mult ca sigur că ați asistat la multe schimbări mărețe în cei o sută de ani."

Bătrânul l-a privit cu subînțeles. „Da", i-a răspuns el, „şi cu nici una nu am fost de acord!"

Romancierul Andre Gide observa: „Nimeni nu descoperă noi teritorii fără să fie de acord de la bun început să nu mai vadă țărmul pentru o lungă bucată de vreme." Această pierdere poate fi înspăimântătoare, uneori resimțită ca o pierdere personală. Ne întrebăm, aşadar, dacă bătrânul acela din Maine nu cumva a simțit că schimbările pe care le-a experimentat permanent nu erau un afront la adresa propriei persoane. Adevărul este însă că, deşi schimbarea este luată personal, nu este vorba despre aşa ceva. Lumea continuă să se schimbe şi toți indivizii sunt afectați, indiferent că ne place sau nu.

> **„Nimeni nu descoperă noi teritorii fără să fie de acord de la bun început să nu mai vadă țărmul pentru o lungă bucată de vreme."**
> ***– Andre Gide***

Poetul şi filosoful Ralph Waldo Emerson a avut un punct de vedere interesant. Iată ce susținea: „Pentru fiecare lucru pe care îl câştigăm, pierdem altul." Ne place să câştigăm, însă ne displace profund să pierdem. Ne-ar plăcea ca cele două să nu depindă una de cealaltă. Însă în viaţă lucrurile nu funcţionează aşa. Fiecare sfârşit reprezintă un început nou. Facem tot timpul schimbări. Din nefericire, dacă ne opunem acestora, ne dăm la schimb potenţialul de a ne dezvolta pe plan personal contra propriului nostru confort. Lipsa schimbării înseamnă lipsa dezvoltării.

Lipsa schimbării înseamnă lipsa dezvoltării.

Schimbarea pare ciudată

Schimbarea este resimţită întotdeauna diferit. Fiindcă presupune lucruri cu care nu suntem familiarizaţi, nu ni se pare corectă. Iată un exemplu relevant. Alătură-ţi palmele cu degetele încrucişate. Probabil că te simţi confortabil. De ce? Fiindcă este ceva firesc să îţi încrucişezi mâinile în acest fel, cu degetele unele peste celelalte. Împreunează-ţi acum palmele cu degetele în aceeaşi poziţie, dar invers, cu podul palmei în sus. Cum te simţi? Probabil că inconfortabil, fiindcă nu îţi prinzi niciodată palmele în acest fel.

Dar e ceva rău să faci aşa ceva? Nicidecum. Este o modalitate inferioară de a-ţi împreuna mâinile? Nu. E doar diferită. Iar lucrurile diferite par ciudate. Însă te poţi obişnui. Nu mă crezi? În următoarele două săptămâni, prinde-ţi mâinile în acest fel. La final, vei avea senzaţia că aşa ai procedat dintotdeauna.

Şi eu am avut acest sentiment ciudat în timp ce jucam golf, fiindcă am învăţat singur cum să joc. Deoarece primisem nici un fel de instrucţiuni, mi-era teamă că îmi făcusem nişte obiceiuri proaste. Când am apelat în sfârşit la un instructor profesionist ca să îmi dea câteva lecţii, acesta mi-a spus: „Ai o singură problemă". M-am simţit uşurat pentru moment. După care mi-a spus despre ce e vorba: „Eşti prea aproape de mingea de golf după ce o loveşti!".

Să îmi îmbunătăţesc jocul însemna să schimb totul: felul în care apuc crosa, poziţia, postura şi balansul. Fiecare mi se părea ciudat. Şi mai demoralizant era că nu vedeam nici o ameliorare rapidă. Existau şi momente în care, din cauza presiunii, recurgeam la vechile obiceiuri. Ştiam că greşesc, dar îmi dădea un sentiment de siguranță. Îmi doream răul pe care îl știam în loc de binele pe care nu îl stăpâneam. Am fost nevoit să depășesc senzația de inconfort ca să îmi îmbunătățesc jocul, iar după mai mulți ani de încercări, am reușit.

Schimbarea pare un fel de încălcare a tradiției

Când am primit pentru prima dată o funcție de conducere într-o organizație, nici nu-mi mai amintesc de câte ori nu am auzit spunându-mi-se: „Nu am mai făcut niciodată așa până acum!". Aproape de fiecare dată când voiam să îmbunătățesc ceva, auzeam pe cineva proslăvind virtuțile rezistenței la schimbare. Nici măcar nu pot spune cât de frustrant era, în special dacă cel care-mi spunea acest lucru nu îmi putea explica și de ce se procedase dintotdeauna așa.

Unul dintre ducii de Cambridge a spus la un moment dat: „Indiferent de moment, schimbarea este de plâns." De ce ar fi crezut așa ceva? Poate că punea un accent mult prea mare pe tradiție. Și nu e nimic rău în ea, atâta vreme cât persoana respectivă nu devine sclavul ei. Cel care insistă să folosească metodele de ieri în lumea noastră de astăzi nu se va mai afla mâine pe piață.

Cel care insistă să folosească metodele de ieri în lumea noastră de astăzi nu se va mai afla mâine pe piață.

Unii cred că nimic nu trebuie făcut până când toată lumea nu este convinsă că așa trebuie procedat. Problema este că durează atât de mult până când reușești să convingi pe toată lumea încât atunci când, în cele din urmă, sunt de acord cu schimbarea, e momentul să treci mai departe. Nu e de mirare că unii cred că progresul înseamnă să mergi înapoi cu încetinitorul. E ca în gluma aceea în care ești întrebat de câți tradiționaliști este nevoie să schimbi un bec? Răspunsul: de patru. Unul va schimba becul, iar ceilalți trei îți vor explica cât de bun era vechiul bec.

Cum reacționează oamenii în fața schimbării

Fiindcă nimănui nu îi place schimbarea, cei mai mulți nu reacționăm foarte bine la ea. Iar aceste reacții ne pot crea și mai multe probleme. Vom vedea în continuare despre ce este vorba.

Cei mai mulți oameni se schimbă doar atât cât să scape de probleme, dar nu suficient de mult cât să le rezolve

De-a lungul anilor, am fost consilierul şi mentorul multor oameni. Am ajuns la concluzia că majoritatea se aseamănă cu Lucy, personajul din benzile desenate *Peanuts*. La un moment dat, spune: „Doamne, sunt chiar morocănoasă." Linus, fratele ei mai mic, îi răspunde: „Poate că aş putea să te ajut. Aşază-te aici, în locul meu, să te uiţi la televizor, iar eu o să-ţi pregătesc o gustare delicioasă. Uneori avem nevoie să să ne răsfeţe cineva ca să ne simţim mai bine."

Linus se întoarce cu un sandviş, cu fursecuri cu ciocolată şi un pahar cu lapte, întrebând-o: „Mai pot să-ţi aduc ceva? Mai e ceva la care nu m-am gândit?"

„Da, mai e un lucru la care nu te-ai gândit", îi răspunde Lucy, luând tava. „Nu vreau să mă simt mai bine!".

Cei mai mulţi oameni ar încerca să schimbe situaţia în care se află astfel încât să aibă o viaţă mai bună, în loc să se schimbe pe ei înşişi astfel încât situaţia să se îmbunătăţească. Depun un efort destul de mare ca să se distanţeze de problemele pe care le au fără să încerce niciodată să vadă ce stă la originea lor - uneori întâmplându-se să fie vorba chiar despre ei înşişi. Fiindcă nu încearcă să schimbe sursa problemelor, acestea evident că apar din nou.

Cei mai mulți oameni ar încerca să schimbe situația în care se află astfel încât să aibă o viață mai bună, în loc să se schimbe pe ei înşişi astfel încât situația să se îmbunătățească.

Schimbările pozitive şi disponibilitatea de a învăţa sunt responsabilităţi personale. Sunt de acord cu prietenul meu Julio Melara, care spunea: „Dacă vrei ca viaţa, jobul, căsnicia şi cariera ta să se îmbunătăţească, atunci trebuie să te schimbi. Când te uiţi în oglindă, vezi exact problema şi soluţia. Începe cu faptul că tu personal trebuie să iei o decizie. Cei care îşi ating potenţialul, indiferent ce pregătire sau profesie au, se gândesc mereu că trebuie să îşi perfecţioneze abilităţile." Dacă vrei să fii mai bun, trebuie să fii dispus să te schimbi.

Majoritatea oamenilor fac acelaşi lucru în acelaşi fel, dar se aşteaptă să obţină rezultate diferite

O scrisoare a fost returnată la Oficiul Poştal. Pe plic scria următoarele cuvinte: „Destinatar decedat". După ce un funcționar grăbit a sortat corespondența, plicul a fost trimis din nou la aceeaşi adresă. A ajuns din nou la Poştă, cu următorul mesaj: „Tot mort este". De foarte multe ori ne comportăm exact în acest fel, trimițând din nou scrisoarea şi sperând să obținem un rezultat diferit.

De fiecare dată când facem ceva şi nu ne iese, de ce continuăm să procedăm exact la fel, sperând că rezultatul va fi diferit? Nu are sens deloc. Ce aşteptăm să se schimbe? Propriul noroc? Legile fizicii? Cum să avem o viață mai bună dacă nu ne schimbăm? Cum putem deveni mai buni dacă nu trecem prin situații în urma cărora să ne dezvoltăm?

Viața noastră este asemenea unei călătorii pe care ne-am propus să o facem într-un oraş îndepărtat. Stabilim destinația, vedem pe unde trebuie să o luăm şi pornim la drum cu maşina. Trebuie însă să ştim dinainte unde sunt ocoluri şi obstacole. Le ignorăm şi pretindem că nu există? Cât succes crezi că vei avea dacă vei gândi ceva de genul „Obstacolele şi condițiile trebuie să se modifice în funcție de mine, fiindcă eu nu mă voi schimba"? Nu foarte mult. Este obligatoriu să fim dispuşi să ne adaptăm.

Cele mai mari descoperiri au fost făcute atunci când oamenii au fost dispuşi să se abată de la drumul stabilit, încercând lucruri care nu mai fuseseră testate până atunci. În audiobook-ul său, *The Psychology of Achievement*, Brian Tracy ne spune povestea a patru bărbați de treizeci şi cinci de ani, care aveau un succes răsunător. În medie, fiecare fusese implicat în şaptesprezece afaceri înainte să găsească ideea cea mai bună. Dacă şi-ar fi înființat prima firmă şi ar fi spus „Nu renunț la ea indiferent ce s-ar întâmpla", atunci s-ar fi blocat. Tenacitatea este o calitate fantastică. Însă tenacitatea fără disponibilitatea de a te schimba şi de a face ajustările necesare se transformă în dogmatism şi nu duce nicăieri.

„Ca să te dezvolți, trebuie să fii dispus ca prezentul şi viitorul să fie complet diferite de trecut. Istoria ta nu este şi destinul tău."
– Alan Cohen

Antreprenorul Alan Cohen spunea: „Ca să te dezvolți, trebuie să fii dispus ca prezentul şi viitorul să fie complet diferite de trecut. Istoria ta nu este şi destinul tău." Acest mod de gândire denotă flexibilitate şi disponibilitatea de a te schimba - mai exact, prețul pe care trebuie să îl plăteşti pentru a învăța.

Cei mai mulți oameni consideră schimbarea o necesitate dureroasă, nu o oportunitate utilă

Trebuie să recunoaştem: schimbarea este neplăcută. Expertul în management Peter Drucker observa: „Aşa cum ştie orice manager, nici un lucru nou nu este uşor. Ba dimpotrivă, de cele mai multe ori ne aduce necazuri. Aceste dificultăți şi necazuri îi fac pe oameni să fie reticenți vizavi de schimbare. Însă viața înseamnă schimbare. A fost dureros să te naşti. Când ai învățat să mănânci ai făcut mizerie. A fost greu să înveți să mergi. De fapt, cele mai multe lucruri pe care eşti nevoit să le înveți ca să trăieşti au fost dificile. Şi nu ştiai asta, aşa că ai făcut tot ceea ce ți-a stat în putere ca să înveți şi să te dezvolți. Acum, că eşti adult, ai o opțiune. Vrei să eviți o posibilă suferință sau să treci prin ea şi să profiți de oportunități?

Expertul în leadership Max De Pree foloseşte sintagma „darul schimbării". Mi se pare o formulare extraordinar de potrivită. Din nefericire, mulți nu consideră că schimbarea este un dar. Însă chiar este. De fiecare dată când eşti de acord cu schimbarea, ai şansa să o iei în direcția potrivită, să te dezvolți pe plan personal, să renunți la vechile obiceiuri şi moduri de gândire. Schimbarea îți permite să îți evaluezi premisele de la care porneşti, să îți regândeşti strategiile şi să construieşti relații. Fără schimbare, nu există inovație, creativitate sau dezvoltare. Dacă eşti dispus şi capabil să faci o schimbare, atunci ai şanse mai mari să gestionezi cât mai bine acest proces, prin care oricine trece la un moment dat în viață.

Cei mai mulți oameni nu plătesc prețul imediat al schimbării şi sfârşesc prin a plăti un preț mult mai mare ca urmare a faptului că nu s-au schimbat

Când trebuia să iau o decizie în care era nevoie de disciplină, tatăl meu îmi spunea: „John, plăteşte acum prețul, astfel încât să te poți juca mai târziu." Această lecție a fost o temă constantă în viața mea când am mai crescut. De ce? Fiindcă voiam întotdeauna să mă joc. Aşa era firea mea. Tata îmi spunea însă mereu: „Poți să te joci acum şi să plăteşti mai târziu sau poți să plăteşti acum şi să te joci mai încolo. Dar de un lucru să fii sigur: vei plăti. Şi, cu cât aştepți mai mult, cu atât mai mare va fi prețul, fiindcă plățile amânate cer o dobândă."

Schimbarea presupune mereu un efort din partea noastră. Trebuie să plătim un preț pentru ea. De fapt, schimbarea continuă şi îmbunătățirea presupun o plată continuă. Procesul începe însă cu *prima* plată, care demarează procesul de dezvoltare personală. Dacă prețul rămâne neplătit, nu va exista nici dezvoltare, nici nu vei învăța nimic. Şi cât te va costa totul în final? Nu îți vei atinge potențialul maxim şi nu vei face decât să regreți.

Pe măsură ce am înaintat în vârstă, am ajuns să-mi dau seama că cea mai mare parte a regretelor pe care le avem nu apar ca urmare a faptului că am făcut ceva, ci fiindcă puteam face ceva, dar nu am făcut. Prețul final pe care îl plătim se numeşte oportunitate ratată – şi are un preț foarte mare.

Cei mai mulți oameni se schimbă în anumite condiții

Într-un final, fiindcă oamenii sunt atât de reticenți, schimbarea apare doar în anumite condiții. Din experiența mea personală, oamenii se schimbă atunci când:

- *Suferă* suficient de tare astfel încât *să fie nevoiți.*
- *Învață* suficient de mult încât *să îşi dorească.*
- *Primesc* suficient ajutor şi informații încât *să fie capabili.*

Dacă nu se întâmplă unul din aceste lucruri, oamenii nu se schimbă. Uneori este nevoie de toate trei ca ei să fie dispuşi să facă o schimbare.

În urmă cu câțiva ani, editorul meu mi-a sugerat să încep să folosesc media socială ca să stabilesc legături cu oamenii. Nu am nici o înclinație către tehnologie, aşa că nici măcar cu simpla idee în sine nu am rezonat. Însă el a insistat, aşa că în cele din urmă am început să discut cu echipa mea despre asta. Dar, sincer, încă nu eram convins.

După aceea, într-o seară, în timp ce luam masa cu prietenul meu, Norwood Davis, care lucrase la mine la firmă ca director financiar, am adus vorba despre Twitter şi despre faptul că nu înţeleg la ce foloseşte.

„O să-ţi arăt", mi-a spus el, scoţându-şi telefonul. În timp ce îmi mâncam friptura, Norwood a scris pe Twitter că ia masa cu mine. În câteva minute, a primit o mulţime de răspunsuri şi de mesaje directe de la oameni care îl felicitau sau care îl rugau să îmi pună diverse întrebări. Iar într-un final, am înţeles. Twitter era o modalitate de a lua legătura cu oamenii şi de a comunica cu ei aproape instantaneu.

Într-un final am învăţat suficient de mult încât să-mi doresc o schimbare. Nu sunt însă o persoană înclinată spre tehnică, aşa că încă mai trebuia să primesc suficient ajutor ca să fiu capabil să mă schimb. Iar el a venit din partea lui Stephanie Wetzel, care mi-a creat un cont pe Twitter, mi-a făcut un profil pe Facebook şi mi-a lansat blogul. Acum sunt capabil să le ofer cititorilor mei sfaturi valoroase (şi sunt aproape o jumătate de milion), în orice moment şi în orice zi din săptămână. Şi gândeşte-te că am 65 de ani şi nu mă pricep aproape deloc la tehnologie, dar cu toate acestea am putut să intru şi în epoca informării prin mediile electronice. Este o dovadă că *oricine* se poate schimba dacă doreşte cu adevărat.

Schimbarea este arareori instantanee

În timp ce scriu acest capitol, mă aflu în Johannesburg, Africa de Sud. Cu doar câteva minute în urmă, prietenul meu, Collin Sewell, care are o reprezentanţă Ford în Texas, mi-a trimis următorul mesaj – un citat din Mark Batterson: „Tu şi cu mine suntem suntem la doar o singură decizie definitorie distanţă de viaţa pe care ne-o dorim." Cred că această decizie definitorie este disponibilitatea de a ne schimba.

> **„Te afli la doar o singură decizie definitorie distanţă de viaţa pe care ţi-o doreşti."**
> ***– Mark Batterson***

Decizia de a te schimba – şi de a continua să te schimbi – este mai mult decât un simplu act de voinţă. Este un proces, unul care mai întâi trebuie demarat şi apoi gestionat. Procesul, dar şi progresele înregistrate, nu se vor desfăşura la fel pentru toată lumea. Există însă anumite similarităţi, urmărindu-se, de obicei, următorul tipar:

- *Sunt acceptate noile informaţii.* În general, procesul nu este demarat până când anumite informaţii nu sunt învăţate şi acceptate. Oamenii îşi schimbă astfel perspectiva, iar din acel moment încep să vadă lucrurile în altă lumină.
- *Este adoptată o nouă atitudine.* În momentul în care perspectiva este pusă sub semnul întrebării şi apoi schimbată, aproape întotdeauna există o reacţie emoţională. Este un moment critic. Dacă atitudinea acelei persoane este una corespunzătoare, atunci poate trece la următoarea fază. Dacă nu, se poate să fie nevoie să se străduiască puţin ca să depăşească acest obstacol.
- *Este adoptat un nou comportament.* Când oamenii cred în ceva şi se simt bine în legătură cu acest lucru, încep să se comporte diferit. Încep să facă alte alegeri, să acţioneze şi să îşi dezvolte noi obiceiuri.
- *Datorită noilor convingeri, încep să îi influenţeze pe ceilalţi.* În momentul în care oamenii se schimbă, ajung să aibă convingeri noi. În situaţia în care sunt şi lideri, încep să îi influenţeze pe ceilalţi, investind în noua lor viziune.

Ca lider, consider că etapa finală a procesului este cea mai atrăgătoare, fiindcă poate reprezenta începutul unor lucruri minunate pentru echipă şi pentru organizaţie. Poate stabili o nouă direcţie, poate modifica o cultură şi poate contribui la creşterea entuziasmului. Dacă ai o funcţie de leadership, probabil că şi tu vei fi încântat. Însă este foarte important să înţelegi că nu toţi oamenii îşi asumă responsabilitatea de a se schimba astfel încât să ajungă adevăraţi vizionari. Dar cu cât depun un efort mai mare, cu atât mai repede se vor schimba.

Schimbările care contează

Dacă vrei să ai o disponibilitate mai mare să înveţi şi să te schimbi, să te dezvolţi şi să te perfecţionezi, atunci trebuie să faci următoarele lucruri.

1. Schimbă-te

Pe vremea când eram şi terapeut specializat în consiliere maritală, am descoperit că majoritatea oamenilor apelau la mine şi erau dispuşi să treacă prin acest proces doar în ideea ca partenerul de viaţă să se schimbe. Cred că face parte din firea omului: să dea vina pe ceilalţi şi să şi-o minimalizeze pe-a lor. Dar nu aşa vei avea o relaţie mai bună.

Prietenul meu Tony Evans scria:

Dacă vrei o lume mai bună
Locuită de naţiuni mai bune
Formată din state mai bune
Plină de regiuni mai bune
Compusă din oraşe mai bune
Cu nişte cartiere mai bune
Iluminată de biserici mai bune
Populată de familii mai bune
Atunci va trebui să începi să devii
O persoană mai bună.

Dacă vrei să vezi o schimbare pozitivă în căsnicia ta, renunţă să cauţi o persoană mai bună şi transformă-te tu însuţi într-o persoană mai bună. Dacă vrei să vezi o schimbare pozitivă în cariera ta, încetează să cauţi un angajator mai bun şi devino tu însuţi un angajat mai bun. În viaţă, dacă vrei mai mult, atunci trebuie să devii tu personal mai bun.

Dacă ţi se pare copleşitor să te schimbi, atunci începe prin paşi mici. Howard Markman, profesor de psihologie la Universitatea din Denver, spune: „Cele mai multe cupluri care au probleme sunt de părere că, pentru ca relația lor să se îmbunătățească, este nevoie de o schimbare extraordinară, dacă nu de un miracol." Nu este adevărat. „Progresul", spune Markman, „apare atunci când ne dăm seama că schimbările cât de mici pe care le facem la noi înşine pot avea efecte pozitive extraordinare." Acest principiu este valabil şi pentru cei care vor să se schimbe. Aşadar, dacă vrei să faci o schimbare majoră, începe prin paşi mai mici.

2. Schimbă-ți atitudinea

Acum câțiva ani, am citit un text al poetului şi savantului Samuel Johnson, care a reprezentat de atunci fundamentul atitudinii mele şi al direcției de dezvoltare personală pe care am urmat-o. Iată ce spunea: „Cel care cunoaşte atât de puțin natura umană, care încearcă să îşi găsească fericirea schimbând totul în jur, mai puțin propria dispoziție, îşi va irosi viața de la un capăt la altul, în eforturi care nu vor da nici un fel de roade, iar suferința de care va încerca să scape se va amplifica."

Este inutil să încercăm să îi schimbăm pe cei din jur. Nimeni nu poate schimba o altă ființă umană. Eu personal nu am fost conştient întotdeauna de acest lucru. Ani la rând am fost dezamăgit de faptul că oamenii din jurul meu nu erau dispuşi să se dezvolte pe plan personal. Am aşteptat vreme îndelungată, dorindu-mi să progreseze cumva. De mult prea multe ori am sperat că circumstanțele se vor schimba, doar ca într-un final să fiu dezamăgit. Tot ceea ce vrei să schimbi şi se află în afara zonei tale de control te va dezamăgi în cele din urmă. Mai mult, am descoperit şi că atunci când încercam să schimb lucruri pe care nu le puteam controla direct, nu mai controlam, de fapt, nici lucrurile pe care aş fi putut eu personal să le schimb, fiindcă punctele asupra cărora mă concentram nu erau cele corecte. Este o capcană care trebuie evitată întotdeauna.

Care este soluția? Schimbarea atitudinii – un lucru pe care îl pot controla personal, frumusețea constând în faptul că această simplă modificare poate reprezenta un factor major dacă vreau să îmi schimb viața în bine. Prin controlarea propriei mele atitudini şi prin faptul că aleg să gândesc corect, pot diminua efectele negative ale atitudinii negative a celor din jur. Nu mă va mai afecta personal atunci când vreunul dintre cunoscuţi nu se schimbă. Voi putea vedea oportunităţi acolo unde până acum vedeam obstacole. Şi cea mai bună veste este că, aşa cum spunea autorul şi speakerul Wayne Dyer, „când îţi schimbi modul în care priveşti lucrurile din jurul tău, lucrurile la care priveşti încep, de fapt, să se schimbe."

3. Schimbă-ţi prietenii care nu vor să se dezvolte pe plan personal

Toată viaţa mea, de când mă ştiu, am iubit oamenii şi am pus mare preţ pe relaţii. Cu toate acestea, în prima perioadă a vieţii mele, mi-am dat seama că nu toţi prietenii mei parcurgeau acelaşi drum pe care mi-l alesesem eu. După ce am descoperit impactul pe care dezvoltarea personală îl poate avea asupra unui individ, am început să fac tot ceea ce depindea de mine ca să mă dezvolt. Cei mai mulţi dintre prietenii mei nu procedau aşa. Când mi-am dat seama de asta, am ştiut că trebuie să aleg între viitorul meu, pe de o parte, şi prietenii mei, de cealaltă parte. Nu a fost o alegere uşoară, dar am ales viitorul.

Mama obişnuia să-mi spună: „Cine se-aseamănă se adună", încercând să mă facă să fiu atent la toate influenţele negative pe care le-aş fi putut avea în copilărie. Acest adevăr se aplică însă şi influenţelor pozitive. Dacă vrei să fii genul acela de persoană care se dezvoltă pe plan personal, atunci trebuie să-ţi petreci timpul cu oameni care, la rândul lor, fac acest lucru. Dacă vrei să faci schimbări în bine, atunci trebuie să fii înconjurat de persoane care să te poată învăţa lucruri pozitive.

Există un proverb care spune: „Oglinda reflectă viaţa unui om, însă modul în care e el în realitate este arătat de către prietenii pe care şi-i alege." Prietenii tăi fie îţi vor împărtăşi şi extinde viziunea, fie îţi vor spulbera visurile. Unii te vor inspira să ajungi şi mai sus. Alţii te vor invita alături de ei pe canapeaua vieţii, unde încearcă să se relaxeze. Fiindcă nu toată lumea vrea ca tu să ai succes, trebuie să faci o alegere. Îi vei lăsa pe cei care nu vor să se perfecţioneze să te doboare? Sau vei merge mai departe? Poate fi o alegere dureroasă şi dificilă, dar îţi poate schimba foarte mult viaţa în bine.

Trebuie să recunosc că sunt foarte interesat de acest aspect, fiindcă ştiu cât de important este în obținerea succesului. Gândeşte-te la impactul negativ ce poate apărea în momentul în care nu îți petreci timpul cu oamenii potriviți:

- Ce fel de sfaturi primeşti, atunci când ai nevoie, de la oamenii neproductivi?
- Ce se întâmplă atunci când discuți despre problemele pe care le ai cu persoane incapabile să contribuie la găsirea unei soluții?
- Ce se întâmplă atunci când urmezi pe cineva care nu are o direcție clar stabilită?
- În ce loc vei sfârşi în condițiile în care ceri îndrumări de la persoane care s-au rătăcit ele însele?

Fiecare minut pe care îl petreci alături de oamenii nepotriviți îți răpeşte din timpul pe care îl poți petrece cu cei potriviți.

În viață există multe drumuri care nu duc nicăieri. După cum există şi mulți oameni care te vor invita să îi urmezi în acele direcții. Înțelept este cel care îşi umple viața cu prietenii potriviți. Fiecare minut pe care îl petreci alături de oamenii nepotriviți îți răpeşte din timpul pe care îl poți petrece cu cei potriviți. Prin urmare, fă schimbările corespunzătoare.

4. Fii hotărât să trăieşti altfel decât oamenii mediocri

Una dintre cele mai importante întrebări pe care ți le poți pune în viață este următoarea: „Cine sunt eu?". Chiar şi mai importantă este însă „Ce voi deveni?".

Una dintre cele mai importante întrebări în viață este următoarea: „Cine sunt eu?". Chiar şi mai importantă este „Ce voi deveni?". Pentru a răspunde în mod satisfăcător la această întrebare, trebuie să ştim foarte clar atât unde ne aflăm, cât şi unde ne dorim să ajungem. Cei mai mulți oameni nu fac acest lucru. Ştiu la ce nivel se aflau şi unde sunt acum. Acest lucru le arată cine sunt. (Iar unii nu se analizează singuri nici măcar la acest nivel.) Cu toate acestea, ca să ştii ce poți deveni, trebuie să ştii nu doar unde te afli exact în prezent, ci şi încotro te îndrepţi şi ce schimbări trebuie să faci astfel încât să ajungi acolo unde îţi doreşti.

Dacă eşti hotărât să te schimbi şi să depăşeşti nivelul de mediocritate, atunci este obligatoriu să ştii că lucrurile trebuie făcute diferit pe măsură ce avansezi. Iată aspectele pe care le poţi lua în considerare:

Gândeşte diferit

Oamenii care au cu adevărat succes sunt realişti vizavi de problemele pe care le au şi reuşesc să îşi gestioneze timpul aşa cum trebuie. Sunt perfect conştienţi de faptul că speranţa nu este o strategie.

Gestionează diferit sentimentele

Oamenii de succes nu permit ca sentimentele să le determine comportamentul. Îşi incorporează cumva sentimentele în modul în care se comportă, astfel încât să facă tot ceea ce trebuie ca să se dezvolte pe plan personal şi să continue să meargă mai departe.

Acţionează diferit

Oamenii de succes fac două lucruri pe care ceilalţi nu le fac: iniţiază acţiunea şi termină ceea ce au început. Prin urmare, pentru ei devine un obicei să facă lucruri pe care cei care nu reuşesc în viaţă nu le fac.

Probabil că ai mai auzit spunându-se: „Dacă vrei ceva ce nu ai mai avut niciodată, atunci trebuie să faci ceva ce nu ai mai făcut până acum." De asemenea, este la fel de adevărat că dacă vrei să devii genul acela de persoană aşa cum nu ai mai fost până acum, trebuie să faci lucruri pe care nu le-ai mai făcut până acum, ceea ce înseamnă să îţi schimbi rutina zilnică. Secretul succesului poate fi găsit în agenda ta zilnică.

5. Dă uitării ceea ce ştii, ca să înveţi ceea ce nu ştii

Satchel Paige, jucător profesionist de baseball, spunea: „Nu te răneşte ceea ce nu ştii – ci ceea ce ştii." Este cât se poate de adevărat.

Multe dintre lucrurile pe care le învățăm sunt greșite, așa că trebuie să le dăm uitării dacă vrem ca viața noastră să se schimbe în bine. Poate fi dificil să te debarasezi de ceea ce știi, însă este un preț pe care trebuie să îl plătim dacă vrem să ne dezvoltăm pe plan personal.

Am citit de curând un articol scris de specialistul în leadership Lance Secretan, în care descrie modul în care a colaborat cu schiori de nivel intermediar, pe care la un moment dat a început să îi învețe mișcări pentru avansați sau pentru experți. Explica că stăpânirea unor asemenea tehnici îi derutează și pe schiorii cei mai avansați. Autorul susținea însă că secretul nu stă atât de mult în deprinderea unor abilități noi, cât în a-i ajuta pe schiori să se dezvețe de unele vechi. Iată ce scria:

> Când ți-e frică, îți întărești anumite atitudini și convingeri – apelezi la ceea ce îți este familiar și apropiat. Este practic imposibil să înveți ceva nou, iar eficiența îți este afectată. Un schior de nivel intermediar, care face un pitch de 60 de grade, va apela la vechile obiceiuri – un plug (schiurile sunt poziționate astfel încât să se reducă viteza) sau la alunecare laterală (schiurile sunt poziționate la 90 de grade față de înclinația pârtiei). Până când nu renunță să mai ia în calcul aceste variante, nu pot învăța nimic nou.
>
> *Să renunți la obiceiurile proaste este o condiție prealabilă a învățării.* Dezvățul înseamnă să vezi lumea dintr-o perspectivă nouă. Pentru asta, trebuie: 1) să îți dai seama că un obicei, o convingere sau o atitudine veche nu va rezolva problema cu care te confrunți acum și că dacă procedezi în continuare așa nu vei ajunge la rezultatele dorite; 2) să îți deschizi mintea – să vezi că există și alte feluri de a proceda decât cele de până acum; 3) să încetezi *să mai încerci să mai găsești o noimă în folosirea unei soluții pe care o preferi de multă vreme* și *să începi să te întrebi cum poți schimba ceva astfel încât să te dezvolți și să înveți;* 4) să îți iei angajamentul să nu mai recurgi la vechile obiceiuri; 5) să aplici în practică noile deprinderi.[9]

Poate fi destul de greu să te dezobişnuieşti să faci lucrurile într-un mod depăşit sau necorespunzător. Avem tendinţa să procedăm mereu aşa cum ştim, chiar dacă nu e cel mai bine pentru noi. Secretul este să îţi acorzi permisiunea să greşeşti şi să fii dispus să te schimbi în bine. Psihiatrul David Burns spunea: „Nu renunţa niciodată la dreptul tău de a greşi, fiindcă atunci îţi vei pierde abilitatea de a învăţa lucruri noi şi de a merge mai departe în viaţă."

Schimbarea este dificilă pentru fiecare dintre noi, dar cu toate acestea esenţială dacă vrem să transformăm pierderile suferite în câştiguri. Este preţul pe care trebuie să îl plătim pentru a învăţa. Nu lăsa pe nimeni să-ţi spună „Nu poţi învăţa un câine bătrân trucuri noi." O mulţime de dresori de câini îţi pot spune că nu e adevărat. În plus, ideile din acest capitol nu sunt scrise pentru câinii bătrâni şi nu sunt nici trucuri. Ele se adresează celor ca tine şi ca mine, care vor să se schimbe, să înveţe şi să se dezvolte. Şi chiar putem face acest lucru – dacă suntem dispuşi să plătim preţul necesar.

„Nu renunța niciodată la dreptul tău de a greși, fiindcă atunci îți vei pierde abilitatea de a învăța lucruri noi și de a merge mai departe în viață."
– *David Burns*

12

Maturitatea: valoarea învățării

Ce anume poți câștiga dacă adopți toate aceste idei despre care am discutat până acum? Se află ceva cu adevărat valoros la capătul acestui curcubeu? Ce se întâmplă dacă ai trecut prin:

- Cultivarea modestiei: spiritul învățării
- Confruntarea cu realitatea: fundamentul învățării
- Asumarea responsabilității: primul pas al învățării
- Încercarea de a te perfecționa: esența învățării
- Hrănirea speranței: motivația învățării
- Dezvoltarea capacității de a învăța: calea care trebuie urmată
- Depășirea adversităților: factorul care declanșează învățarea
- Rezolvarea problemelor: oportunități de a învăța
- Trăirea unor experiențe neplăcute: perspectiva învățării
- Adoptarea schimbării: prețul învățării

Ce se întâmplă? Ești recompensat cu maturitate, cea care reprezintă în cele din urmă valoarea învățării!

Când spun „maturitate", nu mă refer la vârstă. Mulți oameni cred că maturitatea este rezultatul firesc al înaintării în vârstă. Când întâlnesc o persoană imatură, spun: „Să-i mai dăm câțiva ani să se maturizeze!". Nu e neapărat adevărat! Maturitatea nu are mereu legătură cu vârsta. Dimpotrivă, o persoană matură este cineva care a învăţat din pierderile suferite, care a ajuns la o anumită înţelepciune şi are o stabilitate mentală şi emoţională în faţa dificultăţilor vieţii.

„Oamenii buni sunt buni fiindcă ajung la o anumită înţelepciune tocmai pentru că au avut şi eşecuri. Din succese nu învăţăm foarte multe."
– William Saroyan

Autorul William Saroyan observa: „Oamenii buni sunt buni fiindcă ajung la o anumită înţelepciune tocmai pentru că au avut şi eşecuri. Din succese nu învăţăm foarte multe." Saroyan descrie aici acest gen de maturitate. Unii ajung la ea de la o vârstă fragedă. Alţii nu devin niciodată maturi.

George Reedy, secretarul de presă al preşedintelui Lyndon Johnson, l-a convins pe acesta că nu ar trebui să aibă asistenţi mai mici de 40 de ani şi care să nu fi suferit nici o dezamăgire majoră în viaţă. De ce? Reedy era de părere că le lipseşte maturitatea necesară pentru a consilia un preşedinte. Oamenii care nu au suferit pierderi importante au tendinţa să creadă că sunt invincibili. Încep să creadă că sunt mai buni decât în realitate şi sunt înclinaţi să îşi folosească în mod greşit puterea. Toată lumea care a avut reuşite în viaţă ştie cum e să ai eşecuri.

Fred Smith, unul dintre mentorii mei timp de mai mulţi ani, obişnuia să-mi spună: „Nu cred că Dumnezeu este interesat de succesul nostru cât este mai degrabă de maturitatea la care ajungem." Este un gând liniştitor, cu care sunt de acord. Maturitatea apare de cele mai multe ori în urma pierderilor suferite decât drept rezultat al reuşitelor. Iar *modul* în care te confrunţi cu aceste pierderi chiar contează. Oamenii suferă diverse pierderi, fac greşeli şi trec prin experienţe mai neplăcute tot timpul, fără să se şi maturizeze neapărat.

Sursa maturizării

Dacă îţi doreşti să vezi care este adevărata valoare a învăţării care apare odată cu maturizarea, nu uita următoarele reguli:

1. Maturitatea este rezultatul descoperirii unor beneficii în urma pierderilor suferite

În primul rând, trebuie *să înveţi* din greşeli şi din pierderi. De altfel, a fost şi tema despre care am discutat în toată cartea. Warren

Buffett, renumitul investitor, a învățat tot timpul. Ştim că este unul dintre cei mai bogați oameni din lume. Buffett este o persoană extrem de respectată pentru abilitățile sale financiare, care şi-a dezvoltat calitățile ca urmare a faptului că a învățat mereu ceva din pierderile suferite. Iată ce spune: „Am comis o mulțime de greşeli. Face parte din joc. Trebuie doar să te asiguri că faci mai multe lucruri corecte decât greşite."

Printre greşelile pe care le-a făcut Buffett se numără şi faptul că a plătit prea mult pentru o companie (Conoco Phillips şi USAir), că a achiziționat firme aflate într-o situație financiară foarte proastă (Blue Chip Stamp), că a ratat nişte oportunități grozave (Capital Cities Broadcasting), că a angajat manageri necorespunzători şi că a condus el personal diverse firme şi operațiuni, în condițiile în care nu ştia cum să o facă. Cu toate acestea, unul dintre motivele pe care a avut un succes atât de mare, deşi a suferit mai multe pierderi, este acela că a învățat din greşelile sale, dar nu s-a lăsat copleşit de ele. Cred că cheia prin care te poți elibera de povara eşecurilor din trecut este să tragi nişte învățăminte din ele şi să uiți tot ceea ce înseamnă detalii. Acest lucru nu numai că ne ajută să evoluăm la nivel mental, dar ne aduce şi libertate emoțională.

Evident, este extraordinar să înveți din greşeli, dar nu înseamnă mare lucru dacă nu ştii cum să transformi aceste lecții în *beneficii* – mai exact să aplicăm învățămintele deprinse în toate acțiunile noastre viitoare. Şi eu am încercat să fac acest lucru, deşi mi-a luat ceva vreme până când am învățat cum să o fac. Iată câteva exemple de dificultăți cu care m-am confruntat, cum m-au afectat ele emoțional şi cum m-am străduit să-mi schimb modul de gândire şi să beneficiez de pe urma experiențelor mele:

- **Când m-am dat peste cap să scriu o recenzie la un capitol din Biblie:** mă simțeam descurajat, voiam să renunț şi mă consideram slab. Cu toate acestea, am lucrat în continuare, am primit ajutor şi mi-am dat seama că existau şi alte metode prin care să învăț. Doi ani mai târziu am terminat proiectul. Beneficiul de pe urma acestei experiențe: am început să mă consider mult mai tenace. Şi nu am mai permis niciodată ca un proiect editorial să mă împiedice să-mi respect angajamentele.

- **Când am făcut un atac de cord:** mi-am dat seama de faptul că până atunci fusesem convins că e de la sine înțeles să fiu sănătos. Eram indisciplinat şi îmi făceam griji pentru viitor. Am permis însă acelei experiențe să îmi schimbe modul de alimentație şi regimul de exerciții fizice. Am început să mă duc zilnic la înot. Pentru prima dată în viață dădeam dovadă de disciplină în această zonă a vieții mele. Beneficiul: trăiesc zilnic cât mai sănătos astfel încât să pot petrece cât mai mulți ani alături de Margaret, de copii şi de nepoți.
- **Când a murit mama mea:** am pierdut persoana care mi-a oferit iubire necondiționată în fiecare zi din primii şaizeci şi doi de ani de viață. M-am simțit copleşit şi pierdut. Câți oameni mai pățiseră aşa ceva? Să suporte o asemenea pierdere? Mi-am dat seama însă că pentru mine fusese un dar – aşa că m-am simțit recunoscător. Beneficiul: m-am hotărât să ofer dragostea aceea necondiționată cât mai multor persoane dragi din viața mea.
- **Când am pierdut un milion de dolari în urma unei decizii de business greşite:** m-am îmbolnăvit fiindcă am fost nevoit să vând câteva investiții să acopăr pierderile – şi chiar nu ne puteam permite. Mă pedepseam singur doar gândindu-mă că am fost atât de neatent. Beneficiul: am făcut unele schimbări în modul în care luam deciziile şi m-am simțit mult mai înțelept în urma acestei experiențe.

Aceste experiențe m-au schimbat foarte mult. M-au învățat nişte lecții şi am avut o mulțime de beneficii din faptul că le-am aplicat. În tinerețe, eram convins că, pe măsură ce voi îmbătrâni şi voi câştiga experiență, aş face mai puține greşeli şi aş suferi mai puține pierderi. Dar mă înşelam. Nu a fost aşa. Am descoperit că încă mai fac greşeli şi mă confrunt cu pierderi, dar învăț mult mai repede din ele şi sunt capabil să trec mult mai repede mai departe – cel puțin la nivel emoțional.

Dacă vrei să ai cât mai mult de câştigat de pe urma pierderilor şi a greşelilor, nu le permite să te copleşească la nivel emoțional. Bancherul şi speakerul Herbert V. Prochnow susține: „Un coleg care nu face niciodată greşeli primeşte ordine de la cel care face". De ce? Fiindcă persoana care avansează în carieră îşi asumă riscuri, are eşecuri, învață şi aplică acele lecții astfel încât să aibă de câştigat. Observați cu atenție orice persoană de succes şi veți vedea că nu priveşte greşelile ca şi cum ar fi nişte inamici. Dacă au regrete, probabil că vor avea o atitudine de genul celei pe care a avut-o actrița Tallulah Bankhead, care a spus: „Dacă ar fi să-mi iau viața de la capăt, aş face aceleaşi greşeli, doar că ceva mai devreme."

2. Maturitatea este rezultatul faptului că învățăm să ne alimentăm emoțiile corespunzătoare

În urmă cu mai mulți ani, am citit o poezioară care cred că descrie cât se poate de bine condiția umană:

Două caractere se bat în sufletul meu.
Unul este nebun, celălalt binecuvântat.
Pe unul îl iubesc, pe celălalt îl urăsc.
Cel pe care îl hrănesc se va dezvolta mai mult.[1]

Eu personal cred că atât emoțiile pozitive, cât şi cele negative convietuiesc în fiecare dintre noi. Există persoane care ne spun că ar trebui să încercăm să eliminăm toate sentimentele negative din viața noastră. Eu personal nu am putut face niciodată acest lucru. Am încercat, dar am descoperit că pur şi simplu nu pot. Cu toate acestea, *pot* alimenta gândurile pozitive, într-o asemenea măsură încât să le domine pe cele negative.

Se spune că generalul George Patton, un războinic neînfricat din Armata americană din perioada celui de-Al Doilea Război Mondial, se considera oricum altcumva dar nu curajos. În momentul în care un oficial i-a lăudat actele de erosim, răspunsul lui Patton a fost următorul: „Stimate domn, eu nu sunt curajos. Adevărul este că, în adâncul sufletului, sunt un laş. Niciodată până acum nu m-am aflat în bătaia puştii sau în toiul unei lupte fără să-mi fie frică. Îmi transpiră mereu palmele şi simt un nod în gât." Cum de putea o persoană atât de fricoasă să dea dovadă de atât curaj? Îşi hrănea emoţiile corespunzătoare. Sau, aşa cum spunea chiar Patton: „Am învăţat încă de timpuriu să nu îmi ascult temerile."

Şi eu am încercat să îmi alimentez emoţiile corecte, mai exact pe acelea care mi-ar permite să câştig. „Fă în fiecare zi un lucru pe care nu vrei să îl faci", ne sfătuieşte autorul Mark Twain. „Este regula de aur astfel încât să ne obişnuim să ne facem datoria fără să ne enervăm." Dacă pui accentul pe emoţiile corespunzătoare, ai şanse mai mari de succes. Dimpotrivă, dacă le acorzi atenţie celor negative, te vei îndrepta mai mult ca sigur spre eşec.

„Maturitatea înseamnă să faci ceea ce se presupune că trebuie să faci, atunci când se presupune că trebuie s-o faci, indiferent de felul în care te simţi."
– Dom Capers

Am luat la un moment dat masa cu Dom Capers, renumitul antrenor din Liga Naţională de Fotbal. Iată ce mi-a spus: „Maturitatea înseamnă să faci ceea ce se presupune că trebuie să faci, atunci când se presupune că trebuie s-o faci, indiferent de felul în care te simţi." Este perfect adevărat. Cheia succesului este acţiunea. De mult prea multe ori vrem să simţim care ar trebui să fie acţiunile noastre, când de fapt ar trebui să acţionăm ţinând cont de sentimente. Dacă facem ceea ce trebuie, în cele din urmă vom avea şi sentimentele corespunzătoare.

3. Maturitatea este rezultatul procesului de formare a unor obiceiuri bune

Og Mandino, autorul cărţii *The Greatest Salesman in the World,* spunea: „Singura diferenţă reală între cei care dau greş şi cei care reuşesc este reprezentată de diferenţa dintre obiceiurile lor." Încurajându-ne emoţiile corespunzătoare prin nişte acţiuni pozitive, pe o perioadă rezonabilă de timp, ne putem forma obiceiul de a ne comporta aşa cum trebuie, ceea ce duce adesea la rezultate pozitive. Aşa cum spunea poetul John Dryden: „La început noi ne formăm obiceiurile, dar după aceea obiceiurile ne definesc."

În cartea *Cele mai importante lecții de viață,* Hal Urban scrie despre puterea obiceiurilor bune. Iată ce spune el:

> Semnificația originală a cuvântului englezesc *habit* („obicei") era „veşmânt" sau „piesă vestimentară". Aşadar, putem considera că ne „îmbrăcăm" zilnic obiceiurile. Personalitatea noastră se compune din suma atitudinilor, obiceiurilor şi a aspectului fizic. Cu alte cuvinte, personalitatea ne este definită de trăsăturile cu care ne identificăm - acele părți ale noastre pe care le permitem celor din jur să le vadă. Ca şi în cazul hainelor, toate obiceiurile pe care le avem sunt dobândite. Nu ne naştem cu nici unul dintre ele. Le deprindem, aşa cum deprindem şi atitudinile pe care le avem. Ele se dezvoltă în timp şi se consolidează fiindcă le repetăm.[2]

Pentru a-ți forma nişte obiceiuri bune, ai nevoie de disciplină şi de timp în care să le dezvolți. Urban descrie modul în care Benjamin Franklin şi-a făcut un obicei care credea că l-ar putea ajuta să fie mai bun. Franklin a enumerat treisprezece calități pe care şi-ar fi dorit să le aibă, le-a pus în ordinea importanței, după care le-a notat pe fiecare pe câte o pagină într-un carnețel. Avea să se concentreze asupra unei calități pe săptămână, notându-şi observațiile în agendă. În timp, a ajuns să îşi dezvolte toate acele calități, ajungând să fie aşa cum îşi dorise dintotdeauna.

Cei care lucrează în medii extrem de presante şi au o asemenea carieră par să învețe această lecție din timp, fiind în cazul lor o condiție a succesului. De exemplu, în patinajul de performanță, acest lucru se numeşte „să rămâi în program". În momentul în care patinatorul execută un exercițiu de rutină, dacă face o greşeală sau cade, se presupune că trebuie să se ridice imediat şi să revină în program - indiferent că va concura la Olimpiadă, în fața unor arbitrilor nemiloşi şi a milioanelor de telespectatori sau că îşi face antrenamentul de dimineață. Este nevoie de concentrare şi de capacitatea de a te ancora în momentul prezent. De ce este acest lucru atât de important? Fiindcă pentru a reuşi la nivel mare, ideal este să te asiguri că o eventuală provocare nu te va scoate din cursă. Trebuie, aşadar, să îți cultivi obiceiul de a executa sarcini şi de a le duce la bun sfârşit.

„Nu ai reuşit încă? Continuă! Ai reuşit? Continuă!"
– Fridtjof Nansen

Dacă vrem să vedem cât de valoroasă este învățarea, trebuie să ne facem un obicei din a executa sarcinile la un nivel superior, indiferent că afară plouă sau e soare, că reuşim sau nu, că dăm înapoi sau progresăm. Ar trebui să urmăm cu toții sfatul lui Fridtjof Nansen, laureat al Premiului Nobel pentru pace, care spunea: „Nu ai reuşit încă? Continuă! Ai reuşit? Continuă!"

4. Maturitatea apare ca urmare a faptului că înveți să te sacrifici în prezent ca să ai succes pe viitor

Am mai discutat despre acest subiect, dar merită să îl repetăm. Există o legătură foarte clară între succesul unei persoane şi disponibilitatea acesteia de a face anumite sacrificii. Autorul Arthur C. Brooks a scris recent un editorial pentru *Wall Street Journal* în care aborda această problemă. Iată ce spunea: „Cei care nu urmăresc decât beneficiile rapide au tendința să dea greş, iar sacrificiul este o parte inerentă a succesului ca antreprenor." Citează un studiu din 1972, în care Walter Mischel, psiholog la Stanford, a desfăşurat un experiment referitor la copii şi bezele. Cercetătorii le-au oferit copiilor câte o prăjitură, specificându-le că o pot primi şi pe a doua dacă aşteaptă un sfert de oră până să o mănânce pe prima. Două treimi dintre copii nu au reuşit să se abțină.

Unul dintre cele mai intrigante aspecte referitoare la acest studiu a fost legat de ceea ce au descoperit cercetătorii mai târziu. Când au urmărit aceiaşi copii ca să vadă ce au ajuns în viață, au văzut că cei care reuşiseră să se abțină şi să nu mănânce prăjitura în intervalul de timp specificat au avut un scor cu 210 puncte mai mare la testele pentru admiterea la facultate, au renunțat într-un număr semnificativ mai mic la studiile universitare, câştigau mai bine şi puțini dintre ei aveau probleme cu alcoolul sau cu drogurile.

Brooks explică şi implicațiile acestei cercetări. Iată ce scrie:

> Dovezile reuşesc să ne arate şi alte aspecte în afară de faptul că cei care au reuşit să se abțină s-au descurcat mult mai bine în general.
>
> Când citim poveştile unor antreprenori de succes, ni se pare că seamănă puțin cu legendarul rege Midas - care prefăcea în aur tot ceea ce atingea. Un student plin de coşuri pe față a pus bazele unei companii pe internet în timpul unui curs plictisitor la Harvard şi, în scurtă vreme, a ajuns miliardar. În viața reală, nu aşa funcționează lucrurile. Steven Rogers, profesor universitar la Northwestern, susține că un antreprenor obişnuit dă greş, în medie, de patru ori înainte să aibă succes.
>
> Când sunt întrebați care a fost cel mai mare succes al lor, antreprenorii vorbesc de cele mai multe ori despre cât de importante au fost în ceea ce priveşte formarea lor greutățile prin care au trecut... La un moment dat l-am rugat pe Charles Schwab, fondatorul legendarei companii de investiții, să îmi dea câteva detalii despre succesul corporației care îi poartă numele şi care are o valoare de piață de 15 miliarde de dolari. Şi mi-a povestit despre faptul că, în primii ani, şi-a ipotecat de două ori casa doar ca să plătească oamenilor salariile.
>
> De ce se pune atât de mult pe depăşirea greutăților? Antreprenorii ştiu foarte bine că, atunci când fac sacrificii, învață ceva şi devin mai buni - adică exact ceea ce trebuie să facă dacă vor să le fie recunoscute meritele. Fiecare sacrificiu şi recompensă amânată îi face mai înțelepți şi mai buni, arătându-le că nimic nu se obține fără efort şi nici pe gratis. Şi când, în cele din urmă, apare şi succesul, nu ar da înapoi perioada aceea de început pentru nimic în lume, indiferent cât de mari au fost neplăcerile prin care au trecut.[3]

Nu e uşor să ajungi să fii dispus să te sacrifici. Oamenii au tendința să adopte în mod firesc comportamente care îi fac să se simtă bine. Tuturor ne place confortul, bucuria şi distracția - şi ne dorim ca aceste lucruri să ni se întâmple în mod repetat. Iar dacă aşa se

Dacă vrei să te maturizezi şi să vezi cât de important este să înveţi, atunci trebuie să renunţi acum la anumite lucruri ca să ai de câştigat mai mult pe viitor.

întâmplă, putem deveni dependenţi sau, dimpotrivă, plictisiţi – situaţie în care căutăm plăceri şi mai mari. Pentru unii, acest lucru se transformă într-un adevărat scop în viaţă. Există însă şi o problemă. Un individ care nu se poate sacrifica nu îşi va aparţine niciodată sieşi, ci lucrurilor la care nu este dispus să renunţe. Dacă vrei să te maturizezi şi să vezi cât de important este să înveţi, atunci trebuie să renunţi acum la anumite lucruri ca să ai de câştigat mai mult pe viitor.

5. Maturitatea este rezultatul faptului că ai învăţat să dai dovadă de respect faţă de tine şi de cei din jur

Copiii mei au crescut acum, s-au căsătorit şi au propriile familii, dar atunci când erau adolescenţi, Margaret şi cu mine ne-am întâlnit de câteva ori cu un consilier, care ne era şi prieten. Amândoi ne dădeam seama cât de mare este responsabilitatea pe care o avem ca părinţi şi am avut foarte multe de învăţat din sfaturile ei. La una dintre şedinţe, m-a mustrat, spunându-mi: „Îţi sprijini mult prea mult copiii şi vrei să-i ajuţi de fiecare dată când au probleme."

Am fost surprins de afirmaţia ei şi am adoptat o atitudine defensivă. „Cum poate cineva să susţină *prea* mult pe altcineva?", am întrebat ei. „Şi de ce nu ar trebui un părinte să sară în ajutorul propriilor copii atunci când au probleme?"

Ştia că eu sunt de părere că stima de sine este importantă în viaţa unei persoane. De asemenea, mai ştia şi că îmi doream foarte mult să-mi sprijin copiii. Temerea ei era însă aceea că le insuflam un fals respect de sine.

„Uite despre ce este vorba", mi-a spus ea, „le poţi spune copiilor tăi că sunt minunaţi cât e ziua de lungă, indiferent că sunt sau nu, şi se poate chiar să îi faci să se simtă bine. La un moment dat se vor lovi însă de lumea reală, aşteptându-se ca ceilalţi să îi trateze la fel – şi se vor fi îngrozitor de dezamăgiţi." Cuvintele ei erau cât se poate de adevărate. A continuat: „Cea mai bună manieră de a le întări stima de sine copiilor tăi este să le pui la dispoziţie instrumentele pe care le pot folosi ca să îşi facă o viaţă mai bună."

Admonestarea ei a fost confirmată şi de Margaret. Era adevărat că voiam să-mi protejez familia de probleme. Începând din acea zi, m-am străduit să mă schimb. Mi-am dat seama că nu le puteam oferi copiilor mei stimă de sine. I-aş fi putut iubi necondiționat, dar stima de sine trebuiau să şi-o câştige singuri, prin acțiunile şi alegerile lor. (Şi, apropo, dacă ai asemenea părinți care te susțin excesiv, să fii recunoscător, dar şi hotărât să ai rezultate cât mai bune, să îți asumi responsabilitatea vizavi de propria persoană atunci când nu ai succes şi să înveți din eşecuri, fără să fii defensiv.)

Cuvântul „stimă" înseamnă „sentiment de prețuire (plină de respect) determinat de meritele sau de calitățile cuiva sau a ceva; considerație, respect, atitudine respectuoasă". Aşadar, stimă de sine înseamnă a te respecta pe tine. Acest lucru izvorăşte din propriul tău caracter. Ne simțim bine cu noi înşine atunci când facem alegerile corecte, indiferent de circumstanțe. De fapt, dacă propriul comportament este pozitiv în situații cu o conotație negativă, atunci ni se consolidează stima de sine şi ni se formează caracterul. Acest lucru provine din interiorul nostru. Şi cu cât suntem mai pregătiți să facem față problemelor, cu atât ajungem mai repede să ne maturizăm şi să avem şansa să putem învăța ceva astfel încât să ne perfecționăm pe plan personal.

Autorul şi speakerul Brian Tracy spunea: „Stima de sine este reputația pe care o ai vizavi de tine." Dacă vrei ca ea să fie una de durată şi mai solidă, trebuie să fie dobândită şi confirmată, zi de zi. Totul are loc de la interior către exterior. Şi, dacă este suficient de solidă, factorii externi care vin să o atace nu o vor atinge. Dacă eşti loial propriilor principii şi valori, poți învăța din greşeli şi poți continua să avansezi.

Cincizeci de ani în care a învățat cât de grea e viața

Timp de mai bine de cinci deceni, Gail Borden Jr. nu a fost deloc ceea ce se consideră un om de succes, deşi chiar nu putea fi acuzat că nu a încercat. Născut în 1801, Borden şi-a petrecut copilăria în New York, Indiana, dar şi în Mississippi. Până în adolescență, fusese doar doi ani la şcoală. A învățat cum să supraviețuiască şi, pentru o vreme, a lucrat ca inspector la primărie în Amite, Mississippi. I se părea totuşi că nu îşi găseşte liniştea, aşa că, la douăzeci şi opt de ani, s-a mutat în Texas cu tatăl şi fratele lui. Un timp, s-a ocupat de agricultură şi creşterea animalelor, dar nu asta voia să facă cu viața lui. În momentul în care i s-a oferit ocazia, l-a înlocuit pe fratele său ca inspector oficial în colonia Stephen F. Austin, cu reşedința în San Felipe. Dar nu a rezistat mult nici aici.

Pe la treizeci şi ceva de ani, Borden a intrat într-un parteneriat cu fratele lui şi cu un prieten şi au înființat un ziar – în ciuda faptului că nu aveau nici o experiență în acest domeniu. Au scos primul număr la câteva zile de la declanşarea Revoluției din Texas. Au publicat prima listă a cetățenilor texani care fuseseră ucişi în luptă, sub titlul „Să ne amintim de Alamo". În timpul Revoluției, au fugit din calea armatei mexicane cu tiparnița, dar au fost prinşi în cele din urmă, iar soldații au aruncat-o în Golful Buffalo. La scurtă vreme după sfârşitul luptelor, Borden şi-a ipotecat pământul ca să cumpere una nouă, însă din cauza dificultăților financiare, într-un final şi-a vândut partea pe care o deținea la ziar.

În momentul acela, Borden s-a folosit de relațiile sale politice pentru a-şi asigura o poziție în guvern. Sam Houston l-a numit pe postul de colector de impozite în Galveston. Deşi a avut un oarecare succes pe acea poziție, a fost înlocuit după o vreme. Imediat după aceea, şi-a încercat norocul în imobiliare.

Unii se maturizează mult prea târziu

Spre meritul său, Borden nu a renunțat, dând dovadă de tenacitate. Toți îl criticau însă că se apucă de ceva şi îşi pierde interesul mult prea repede, după care se gândeşte la altceva nou. Spre vârsta de cincizeci de ani, părea că a ajuns în sfârşit la maturitate. Prin 1840 se ocupa de mai multe invenții. Când a auzit de goana după aur din California, şi-a concentrat întreaga atenție pe mâncarea condensată, care să poată fi păstrată în stare bună pentru o perioadă mai îndelungată. Borden spunea: „Aş vrea să pun un cartof într-o cutie de medicamente, un dovleac într-o lingură şi un pepene într-o farfurioară."

Primul produs al lui Borden a fost biscuitele din carne. A extras toți nutrienții din carnea de vită, prin fierbere. După aceea a strecurat lichidul şi l-a condensat transformându-l într-un sirop, pe care l-a amestecat cu făină şi l-a copt sub formă de biscuiți uscați. În cele din urmă a brevetat procesul şi a avut un succes suficient de mare astfel încât să primească un contract prin care avea să producă asemenea biscuiți pentru Armata Statelor Unite. De asemenea, a primit Medalia Consiliului la Marea Expoziție de la Londra, din 1851. Însă cea mai mare contribuție a lui la societate a fost într-un final un alt produs.

În timp ce se afla pe vapor, întorcându-se din Anglia, Borden a văzut câțiva copii morți ca urmare a faptului că băuseră lapte contaminat. S-a gândit atunci să găsească o cale să condenseze laptele şi să-l păstreze astfel încât să fie sigur pentru consumul uman.

La început a procedat ca atunci când făcuse biscuiții din carne. A pus lapte într-un ibric şi l-a fiert la bain marie, dar nu a reuşit. Laptele avea gust de ars. A încercat şi în alte moduri, dar abia când a văzut cum este condensat zahărul din arțar într-o cuvă etanşă şi-a dat seama cum să procedeze. Când în sfârşit descoperise procesul optim, era aproape ruinat din punct de vedere financiar, aşa că şi-a găsit nişte parteneri. Cu ajutorul lor, şi-a deschis o fabrică în Connecticut în anul 1856. Cu toate acestea, fiindcă profitul întârzia să apară, investitorii s-au retras, astfel că a fost nevoit să închidă fabrica. Cu ajutorul altui investitor, Borden şi-a deschis o altă fabrică, închisă şi ea ulterior, din cauza unei crize financiare de proporții, la nivel național.

Mulți ar fi renunțat după atâta luptă. De fapt, dacă aceste lucruri i s-ar fi întâmplat lui Borden la începutul vieții, probabil că şi el ar fi lăsat-o baltă. Însă la vremea aceea era deja suficient de matur să învețe din eşecuri şi să profite de o oportunitate atunci când îi iese în cale. La un moment dat, în timpul unei călătorii cu trenul, Borden l-a cunoscut pe Jeremiah Milbank, un important om de finanțe, pe care l-a convins să încheie un parteneriat. Au înființat astfel New York Condensed Milk Company în anul 1857, care, în sfârşit, a avut succes. Ulterior, a fost redenumită, transformându-se în Borden

Company. Se spune că cei 100.000 de dolari investiți de Milbank valorau la moartea acestuia, în 1884, opt milioane de dolari.

Borden a făcut avere cu laptele condensat. În timp a dezvoltat şi alte procese pentru a conserva alimentele, de exemplu pentru sucul de fructe. Însă avea să rămână în istorie pentru laptele condensat. Iar viața lui este un testament care ne arată cât de important este să înveți atunci când în sfârşit te maturizezi şi tragi nişte învățăminte de pe urma pierderilor, greşelilor şi a eşecurilor. A fost o lecție pe care Borden a învățat-o foarte bine. Pe piatra sa funerară a cerut să se inscripționeze următoarele cuvinte: „Am încercat şi am dat greş. Am încercat din nou şi am reuşit." Ce îşi poate dori mai mult cineva?

13

Nu totul se rezumă la a câştiga, important este să înveţi

Am citit la un moment dat o poveste ilustrată, intitulată *La bine şi la rău*, în care era vorba despre un băieţel care juca şah cu bunicul lui. „Nuuuu! Iarăşi faci aşa?", strigă el. „Bunicule, tot timpul câştigi!"

„Şi ce-ai vrea să fac?", îi răspunde bătrânul, „să pierd intenţionat? Nu vei învăţa niciodată să joci şah aşa."

„Nu vreau să învăţ", se tânguieşte băieţelul. „Vreau doar să câştig!"

Această poveste surprinde foarte bine atitudinea pe care o avem fiecare dintre noi de cele mai multe ori. Vrem doar să câştigăm! Adevărul este însă că victoria nu înseamnă totul, ci important este să înveţi ceva.

Câteva gânduri de final referitoare la învăţare

Autorul Doug Adams spunea: „Trăieşti şi înveţi. În orice ritm ai trăi." Este posibil să câştigi şi să nu înveţi nimic. Şi oricum, pentru persoana care va pune victoria înainte de ideea de a învăţa ceva, viaţa va fi destul de grea.

Scopul meu în momentul în care am scris această carte a fost să te ajut să înveţi cum să înveţi - din eşecuri, din pierderi, din provocările cu care te confrunţi şi din experienţele mai puţin plăcute.

Aş vrea ca toată lumea să aibă de câştigat pe toate planurile, prin prisma faptului că putem învăţa tot timpul câte ceva. Pentru ca totul să fie cât mai clar, aş vrea să îţi împărtăşesc câteva gânduri de final referitoare la învăţare, care să te ajute să mergi mai departe, în direcţia cea bună.

1. Învăţăm mai puţin pe măsură ce înregistrăm mai multe victorii

În urmă cu mai mulţi ani, în timp ce mă aflam în localitatea texană Odessa, am avut o conversaţie interesantă cu Jim Collins, autorul cărţii *Good to Great.* Jim are nişte puncte de vedere extraordinare, aşa că îmi făcea mare plăcere să discut cu el despre leadership. La vremea aceea, economia mergea foarte bine şi rata şomajului era sub 4%. Am vorbit despre pericolul mulţumirii de sine în care se complac oamenii atunci când au succes, fiind tentaţi să se relaxeze şi să stea cuminţi în perioadele în care lucrurile merg bine. Jim mi-a pus următoarea întrebare: „Cum să continuăm să ne dezvoltăm, să ne perfecţionăm şi să devenim mai buni într-un anumit domeniu, în condiţiile în care ceea ce avem este deja destul de bun?"

„Succesul nu este un profesor strălucit. Îi face pe cei mai isteţi să creadă că nu pot pierde niciodată."
– *Bill Gates*

Mulţumirea de sine reprezintă un pericol cu care se confruntă toate persoanele care au succes. Bill Gates, fondatorul companiei Microsoft, observa: „Succesul nu este un profesor strălucit. Îi face pe cei mai isteţi să creadă că nu pot pierde niciodată." În acelaşi timp, ajung să fie convinşi că nu trebuie să mai înveţe nimic.

Cel mai mare pericol la adresa succesului de mâine este succesul de astăzi. Această problemă se poate manifesta în mai multe feluri. Iată câteva dintre ele, pe care le-am observat mai des:

- *Am fost acolo, am făcut asta.* Unii oameni ajung în punctul în care şi-au propus şi acolo rămân. Se plictisesc, îşi pierd curiozitatea şi angajamentul. Nu permite ca acest lucru să ţi se întâmple şi ţie.
- *Banchetele.* Atunci când ai succes, oamenii vor să îţi audă povestea. Cu toate acestea, există un pericol real, acela de a

înlocui faptele cu vorbele. Consultantul Gail Cooper ne sfătuieşte: „În momentul în care ai câştigat un premiu, pune-l în bibliotecă şi apucă-te iar de muncă."

- *Succesul garantează succesul.* Doar fiindcă te pricepi foarte bine la un lucru, nu înseamnă că le poți face pe toate la fel de bine. În momentul în care câştigi, păstrează-ți perspectiva de ansamblu asupra lucrurilor.
- *Mitul elanului.* În mod normal, oamenii au tendința ca după ce au avut succes să ia o pauză. Este o idee cât se poate de greşită. Când ai câştigat, profită de moment. Vei putea astfel să faci nişte lucruri care, altfel, ți s-ar părea imposibile.
- *O minune singulară.* Ai cunoscut vreodată pe cineva care a avut succes *o singură dată* – şi trăieşte încă de pe urma lui? Nu e nimic rău în a trăi raportându-te la ziua de ieri, dar nu e în regulă să trăieşti doar de pe urma ei.
- *O gândire de tipul „Am dreptul la toate".* Oamenii care au un lucru pe care nu l-au dobândit singuri încep să creadă că au dreptul la mai mult. De aceea dispar de pe piață foarte multe companii moştenite. Ca să ieşi victorios în continuare, trebuie să fii dispus să înveți permanent câte ceva.
- *Acționează astfel încât să nu pierzi.* După ce au avut un succes, unii oameni devin precauți şi adoptă o atitudine defensivă, făcându-şi griji că îşi vor pierde locul cu greu câştigat. Tocmai fiindcă nu vor să facă ceva stupid, chiar fac ceva stupid – încearcă să nu piardă, în loc să îşi îndrepte atenția asupra modului în care pot câştiga în continuare.
- *Plafonarea.* Unii oameni se concentrează atât de mult asupra unui anumit scop încât, în momentul în care îl ating, se plafonează, fiindcă sunt de părere că acela este apogeul. Acest mod de gândire nu face altceva decât să le dăuneze.

Fiecare dintre aceste atitudini greşite referitoare la succes poate transforma foarte rapid un învingător într-un ratat. Probabil că ai mai auzit fraza: „Regula numărul unu a succesului este să nu-ți faci rău singur!" Este una dintre cel mai des întâlnite modalități în care ne îndepărtăm de la drumul cel bun imediat ce am ajuns să avem un oarecare succes. Romancierul John Steinbeck explică foarte bine această atitudine. Într-o scrisoare adresată lui Adlai Stevenson şi publicată ulterior în *Washington Post*, pe 28 ianuarie 1960, Steinbeck scria: „Ciudată specie mai suntem. Putem face faţă oricăror situaţii în care ne pun Dumnezeu şi Natura, cu excepţia abundenţei. Dacă aş dori să distrug o naţiune, i-aş da totul din belşug şi, astfel, aş reuşi s-o culc la pământ, nefericită, lacomă şi putred de bolnavă."

Dacă vrei să înveţi ceva şi să te dezvolţi pe plan personal, trebuie să te confrunţi cu lipsuri. În funcţie de personalitatea pe care o ai, succesul îţi poate atenua dorinţa de a câştiga din nou. Aşadar, cultivă-ţi dorinţa de a învăţa. Şi-atunci, indiferent că pierzi sau câştigi, îţi va fi cu siguranţă bine.

Regula numărul unu a succesului este să nu-ţi faci rău singur!

2. Ai posibilitatea să înveţi ceva nou doar atunci când îţi schimbi modul de gândire

Te-ai întrebat vreodată de ce atât de mulţi oameni care au câştigat la loterie îşi pierd toţi banii? Mereu se întâmplă acest lucru. Astăzi avem în mână un cec pe care este înscrisă o sumă de mai multe milioane de dolari, iar după câţiva ani ne trezim că am nu mai avem nimic. De ce oare? Motivul pentru care aceşti oameni pierd tot este acela că nu şi-au schimbat modul de gândire. Da, e-adevărat, au primit nişte bani la care nu se aşteptau, însă au gândit la fel ca până atunci. Nu ceea ce deţinem ne determină succesul. Ci modul nostru de gândire. Dacă ar fi dispuşi să şi-l schimbe, atunci poate că ar rămâne şi cu banii.

Am observat trei tipare de gândire pozitivă pe care le adoptă cei care învaţă mereu câte ceva. Adoptă-le şi tu şi îţi vei putea schimba modul de gândire astfel încât să continui să te dezvolţi.

Nu permite ca ceea ce ştii deja să te facă să crezi că le ştii pe toate

Scriitorul şi filosoful J. Krishnamurti spunea: „Să ştii înseamnă să fii ignorant. Faptul că nu ştii este începutul înţelepciunii." Pe măsură

> **„Să ştii înseamnă să fii ignorant. Faptul că nu ştii este începutul înţelepciunii."**
> ***– J. Krishnamurti***

ce ai succes, înveţi ceva nou şi te dezvolţi pe plan personal, te confrunţi cu un pericol real, acela de a crede că le ştii pe toate. Nu permite să se întâmple acest lucru! Căci pur şi simplu nu poţi învăţa ceea ce crezi că ştii deja!

M-am străduit foarte mult să nu cumva să cad în această capcană. Am început să studiez cu pasiune leadershipul în 1974. În cele aproape patru decenii care au trecut de-atunci, am citit mii de articole şi cărţi despre acest subiect, am cunoscut mii de lideri, am participat la mii de evenimente de leadership, m-am confruntat cu o mulţime de probleme pe această temă, am scris sute de lecţii de leadership, m-am adresat câtorva milioane de oameni pe acest subiect şi am scris peste şaptezeci de cărţi. Am ajuns oare la capăt? Nicidecum. Încă mai am de învăţat şi mă simt şi acum provocat să devin un lider mai bun.

Unul dintre lucrurile pentru care sunt foarte încântat să învăţ ceva nou despre leadership este pasiunea mea faţă de acest subiect. Şi-acum le mai pun altor lideri întrebări despre leadership. Încă mai explorez domeniul. Sunt sigur că nu ştiu tot ceea ce se poate şti şi nici nu cred că voi cuprinde vreodată totul. Îmi doresc să pun întrebări până la sfârşitul vieţii şi să nu mă opresc niciodată din învăţat. Şi tu, la rândul tău, ar trebui să fii la fel de pasionat de domeniul de care eşti interesat. Dacă poţi avea tot timpul acea atitudine specifică începătorului, îţi vei schimba modul de gândire şi vei continua să te dezvolţi pe plan personal.

Ai tot timpul o atitudine mentală pozitivă

Scriitorul şi gânditorul G.K. Chesterton spunea: „Felul în care gândim atunci când am dat greş determină cât timp va trece până când vom câştiga." Cred că o parte importantă a unui mod de gândire corect provine din faptul că poţi avea tot timpul o atitudine pozitivă. Cum faci acest lucru? Alimentându-ţi permanent mintea cu gânduri pozitive, citind cărţi pozitive, notându-ţi citate pozitive şi ascultând mesaje pozitive. În aceste condiţii, gândirea ta va fi

O atitudine pozitivă constantă îţi va fi cel mai puternic aliat dacă vrei să te dezvolţi pe plan personal şi să înveţi câte ceva în permanenţă.

asaltată de o mulţime de materiale cu o conotaţie pozitivă, iar tu te vei concentra asupra lucrurilor care îţi vor insufla curaj.

În momentele în care ideile şi gândurile descurajante vor încerca să te facă să ai o atitudine negativistă, atunci tu vei fi ridicat deja o barieră împotriva lor. Gândeşte pozitiv suficient de multă vreme şi nu numai că pozitivismul tău va fi mai puternic decât negativismul, dar te vei simţi şi mult mai confortabil.

O atitudine pozitivă constantă îţi va fi cel mai puternic aliat dacă vrei să te dezvolţi pe plan personal şi să înveţi câte ceva în permanenţă. Dacă poţi rămâne pozitiv, atunci chiar şi în momentele în care lucrurile merg mai prost, nu vei claca. Atitudinea ta va fi una de genul: „Cel mai rău lucru care mi s-ar putea întâmpla astăzi ar putea duce la cel mai bun lucru care mi s-ar putea întâmpla astăzi."

Dă întotdeauna dovadă de creativitate

Există o problemă clasică de genul celor care arată puterea gândirii pozitive, despre care le vorbesc uneori celor care participă la conferinţele mele. Iată despre ce este vorba: folosindu-te de patru linii drepte, leagă toate cele nouă puncte de mai jos, fără să treci de două ori prin acelaşi punct şi fără să ridici creionul de pe foaie.

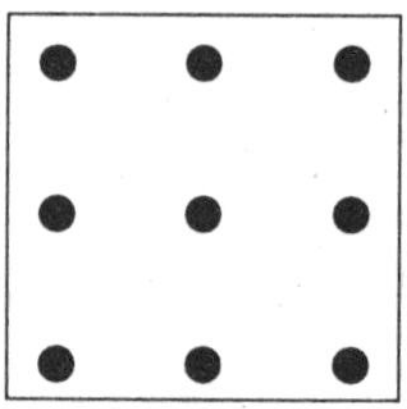

Ai reuşit să o rezolvi? Multora li se pare greu de prima dată. Secretul este că trebuie *să te distanţezi puţin* de problemă! (Dacă tot nu ţi-ai dat seama cum să faci, poţi vedea soluţia de la sfârşitul capitolului.)

Această distanţare, dar şi părăsirea zonei personale de confort, reprezintă cheia gândirii creative care te poate ajuta să te dezvolţi pe plan personal şi să te perfecţionezi. Problema este că cei mai mulţi dintre noi sunt de părere că *trebuie* să stai la locul tău, să rămâi în rând ş.a.m.d. Cine spune asta? Niciodată nu ar trebui să existe vreo restricţie atunci când vine vorba despre modul în care gândim sau despre felul în care rezolvăm problemele.

Creativitatea este abilitatea de a te elibera de nişte limite imaginare, de a-ţi face noi relaţii şi de a explora diverse opţiuni, astfel încât să poţi face cât mai multe lucruri valoroase. Pe oameni îi ţin în loc tocmai aceste „granițe imaginare", cărora le-au permis să le acapareze şi să le limiteze modul de a gândi şi de a proceda. Iată care e ideea: opţiunile pe care le-ai testat şi care funcţionează sunt şi recompensele care îţi impulsionează creativitatea. Învăţăm mult mai bine atunci când gândim mai bine. Iar pentru asta este nevoie să ne schimbăm.

3. Învățarea reală este definită ca o schimbare de comportament

Umoristul Will Rogers spunea: „Există trei tipuri de oameni. Cei care învață citind, câțiva care învață observând şi aceea dintre noi care trebuie să facă pipi pe un gard electric şi să vadă pe propria piele ce înseamnă asta." Mda, vei cam avea de suferit... Să recunoaştem însă: unii nu învață decât aşa.

L-am auzit la un moment dat pe autorul şi consultantul Ken Blanchard spunând: „Nu ai învăţat nimic până când nu ai acţionat în vreun fel pe baza celor învăţate." După părerea mea, acesta este punctul de vedere corect atunci când vine vorba despre învăţare – tocmai fiindcă este măsurată în funcţie de acţiunile palpabile. Este şi motivul pentru care antrenorul John Wooden le spunea aproape tot timpul jucătorilor săi: „Nu-mi spuneţi ce aveţi de gând să faceţi, arătaţi-mi ceea ce veţi face."

Cea mai mare breşă posibilă în viaţă este cea dintre ceea ce ştii şi ceea ce faci. Nici nu le mai ştiu numărul celor pe care i-am întâlnit de-a lungul timpului şi care mi-au spus că *ştiau* cum trebuie să procedeze, dar nu o făceau. Uneori motivul este teama. Alteori lenea sau disfuncţiile emoţionale. Ideea este următoarea: situaţia în care ştii ce să faci, dar *nu* faci nu e cu nimic mai bună decât situaţia în care nu ştii ce să faci. Rezultatul final e acelaşi. Stagnarea. Nu ai învăţat cu adevărat un lucru până când nu l-ai experimentat pe propria piele. Aşa cum spunea poetul Ralph Waldo Emerson: „Viaţa este o succesiune de lecţii care trebuie trăite ca să fie înţelese."

Prietenul meu, Dave Ramsey, un expert în servicii financiare, care, în plus, scrie cărţi, organizează seminarii şi este gazda unei emisiuni la un post de radio, pune un un mare preţ pe acţiunea în sine atunci când le predă altora lecţii financiare sau îi consiliază pe acest subiect. Într-un interviu recent, a punctat: „Am descoperit că finanţele personale reprezintă 80% comportament. Toată lumea încearcă să rezolve problemele financiare cu ajutorul matematicii. Nu este însă vorba despre probleme de matematică şi nici despre cunoştinţe teoretice. Este o problemă de comportament. Problema când vine vorba despre banii mei este idiotul pe care îl văd în oglindă în fiecare dimineaţă. Dacă l-aş putea face să se comporte aşa cum trebuie, ar putea fi şi slab, şi bogat. Nu e o chestiune de magie."[1] Este perfect adevărat. Să îţi schimbi comportamentul în urma lucrurilor pe care le-ai învăţat nu presupune nici un truc magic. Rezultatul final este însă magie, fiindcă îţi poate schimba viaţa.

4. Succesul continuu este rezultatul eşecurilor din care ai învăţat

Marva Collins, profesor în Chicago, spunea: „Dacă nu poţi face o greşeală, atunci nu poţi face nimic." Este perfect adevărat. Dacă vrei să ai succes, trebuie să fii dispus să greşeşti, dar şi să înveţi ceva din eşecurile suferite. Şi dacă eşti de acord să repeţi acest proces de tip „greşeşte şi învaţă ceva", atunci vei fi şi mai puternic decât înainte.

> **„Dacă nu poţi face o greşeală, atunci nu poţi face nimic."**
> **– *Marva Collins***

În cartea sa, *Cele mai importante lecţii de viaţă*, Hal Urban descrie foarte bine acest proces, pe care îl şi numeşte „Puternic în locurile în care ai fost lovit". Urban scrie:

> Aproape de finalul cărţii *Adio, arme*, faimosul roman despre Primul Război Mondial, Ernest Hemingway a scris: „Lumea loveşte pe fiecare, iar după aceea mulţi sunt puternici

exact în acele locuri lovite." Într-adevăr, lumea loveşte pe fiecare şi, de obicei, nu doar o dată. Dar aşa cum un os rupt devine şi mai puternic atunci când se vindecă, la fel se întâmplă şi cu noi. Totul depinde de atitudinea noastră şi de alegerile pe care le facem. Putem deveni mai puternici în locurile rănite dacă alegem să învăţăm din greşeli, să ne corectăm traiectoria şi să încercăm iar. Eşecurile noastre în viaţă, oricât de dureroase sunt, pot fi cele mai valoroase experienţe de învăţare şi cea mai mare sursă de forţă reînnoită. După cum spunea generalul George S. Patton: „Succesul înseamnă cât de sus sari după ce ajungi la fund".[2]

„Dacă eşti dispus să priveşti eşecul ca pe o binecuvântare, atunci vei stăpâni una dintre principalele forţe care te vor conduce către succes."
– Joseph Sugarman

Speranţa mea este ca tu să sari cât mai sus – şi să continui să o faci. Cu fiecare pas înapoi, vei putea sări şi mai sus. Exact asta înseamnă să ai succes în viaţă: abilitatea învăţată de a sări înapoi şi înainte. Aşa cum spunea autorul şi antreprenorul Joseph Sugarman: „Dacă eşti dispus să accepţi un eşec şi să înveţi din el, dar şi să priveşti eşecul ca o binecuvântare, atunci vei stăpâni una dintre principalele forţe care te vor conduce către succes."

Concentrează-te şi riscă pe măsură ce câştigi, pierzi şi înveţi ceva

Pe măsură ce înaintezi în viaţă şi te străduieşti să ai succes, nu uita că progresul înseamnă să îţi asumi riscuri, că poţi avea şi eşecuri, dar şi oportunitatea de a învăţa ceva. De fiecare dată când înveţi ceva nou, trebuie să rişti. Este o parte inerentă a procesului de învăţare. Gestionarea riscurilor este însă o artă, bazată pe coordonarea optimă a celor două zone de succes din viaţa ta: zona de competenţe, cea în care lucrezi cel mai bine, şi zona de confort, cea în care te simţi în siguranţă.

Pentru ca şansele tale de succes să fie cât mai mari, trebuie să profiţi la maximum, atât de pe urma eşecurilor, cât şi de pe urma succeselor. În acest sens, ideal este să pui accentul pe punctele forte, ieşind, în acelaşi timp, din zona personală de confort. Să vedem cum funcţionează acest lucru.

ZONA DE PUTERE	ZONA DE CONFORT	REZULTAT
În afara zonei de putere	În afara zonei de confort	Performanţă slabă – este imposibil să câştigi
În afara zonei de putere	În interiorul zonei de confort	Performanţă mediocră – este imposibil să câştigi
În interiorul zonei de putere	În interiorul zonei de confort	Performanţă bună – este posibil să câştigi
În interiorul zonei de putere	În afara zonei de confort	Performanţă extraordinară – câştigi mereu

Înţelepciunea tradiţională şi, sincer, cea mai mare parte a programelor şcolare, ne învaţă să lucrăm asupra punctelor noastre slabe. Însă nu în această zonă tu îţi atingi potenţialul maxim. Oamenii nu au succes dacă îşi dedică timpul şi efortul unor activităţi pe care nu le stăpânesc suficient. Aşadar, punctele tari trebuie să ţi le dezvolţi, fiindcă aici poţi fi cel mai productiv. Un studiu recent realizat de organizaţia Gallup subliniază acest lucru, oferind şi nişte instrumente de testare extrem de utile.

Deşi este cât se poate de adevărat că cele mai mari succese le vei obţine în zona ta de competenţă, la fel de adevărat este şi că tot aici vei avea şi cele mai mari eşecuri. De ce spun acest lucru? Fiindcă doar aşa poţi afla la ce te pricepi cel mai bine şi unde îţi poţi folosi cel mai bine abilităţile. De exemplu, unul dintre punctele mele forte este comunicarea. Să spunem că încerc ceva nou în momentul în care sunt pe scenă şi vorbesc publicului, dar nu reuşesc să fac mare lucru. Probabil că îmi dau seama imediat ce nu a mers. Poate chiar să identific problema şi să fac tot ceea ce trebuie ca să o remediez în timp ce sunt pe scenă. Şi, fiindcă mă desfăşor în zona mea de competenţă, voi înţelege problema şi nu voi mai repeta greşeala.

În schimb, să spunem că am o problemă cu maşina. Cum merg eu aşa pe drum, se opreşte brusc. Singurul lucru pe care ştiu să-l fac în această situaţie este să verific nivelul de combustibil. Dacă am totuşi suficientă benzină, atunci habar nu am despre ce poate fi vorba. Nu pot decât să-mi sun mecanicul. Şi chiar dacă acesta îmi explică *exact* ce anume s-a defectat, pe viitor tot nu voi şti cum să procedez dacă mai apare această problemă. De ce? Fiindcă nu ţine de zona mea de competenţă.

Mai mult ca sigur că şi în cazul tău lucrurile stau tot aşa. Dacă ţi se întâmplă ceva cu care nu eşti familiarizat, atunci problema este un adevărat mister. Dacă te pricepi la acel lucru, atunci problema este o provocare, o experienţă din care poţi învăţa ceva şi o cale de autoperfecţionare. Este şi motivul pentru care trebuie să îţi părăseşti zona personală de confort şi să îţi asumi riscuri, încercând să îţi consolidezi punctele tari. În momentul în care îţi asumi riscuri, înveţi mai repede decât cei care nu o fac. Practic, experimentezi ceva. Vei afla ce funcţionează cu adevărat şi ce nu. Vei depăşi obstacolele mai repede decât cei care fac doar ceea ce li se pare sigur.

Benjamin Barber, specialist în teorie politică, spunea: „Eu personal împart lumea în persoane care învaţă şi persoane care nu învaţă. Există oameni care sunt interesaţi tot timpul de ceva nou, care sunt deschişi la ceea se întâmplă în jurul lor, care ascultă şi care aud lecţii. În momentul în care fac ceva greşit, nu mai repetă acea eroare. Iar atunci când fac ceva care a funcţionat doar într-o măsură mai mică, se vor strădui ca data viitoare să fie mai bine. Întrebarea pe care trebuie să ţi-o pui nu este dacă eşti o persoană de succes sau nu, ci dacă eşti sau nu tipul de individ dispus să înveţe.

Continuă să urci

Vei evolua cel mai mult din punct de vedere profesional în momentul în care începi să îţi asumi riscuri în zona ta de expertiză. Riscurile asumate în condiţiile în care nu există abilităţi duc doar la frustrare şi la perpetuarea eşecurilor. Dacă însă abilităţile respective există, şansele de a învăţa ceva şi de a avea succes cresc exponenţial.

Nu ştiu care este obiectivul tău principal şi nici cât de amplu este - practic, ceea ce eşti menit să faci. Fiecare dintre noi avem un Everest personal. Ştiu însă următorul lucru: indiferent că pierzi sau câştigi, trebuie să încerci să ajungi în vârf. Căci, dacă nu, vei regreta de-a pururi. Pe măsură ce înaintezi în vârstă, descoperi că eşti din ce în ce mai dezamăgit de lucrurile pe care nu le-ai încercat decât de cele pe care le-ai testat, dar nu ai reuşit să le duci la bun sfârşit. Şi iată şi vestea cea bună. Fiecare pas înainte înseamnă şansa de a învăţa ceva. Te-ai înscris, cu normă întreagă, la o şcoală neoficială numită „viaţă". Aici nu se pune problema în termeni de greşeli, ci de lecţii. Dezvoltarea personală este un proces de încercări şi erori, de experimentare şi de perfecţionare. Experimentele eşuate fac parte din acest proces în aceeaşi măsură ca şi cele care funcţionează.

Lecţiile pe care le vei putea învăţa cu această ocazie vor îmbrăca diferite forme. Dacă nu reuşeşti să ţi se însuşeşti, te vei bloca şi nu vei mai fi capabil să avansezi. Învaţă-ţi lecţia şi vei putea trece mai departe, la următoarea. Dacă procedezi mereu aşa cum trebuie, procesul este unul care nu se termină niciodată. Nu există, practic, o latură a vieţii care să nu conţină lecţii. Ca fiinţă umană, acest lucru înseamnă că vei avea întotdeauna oportunitatea de a învăţa ceva. Trebuie doar să fii dispus să profiţi de ocazie. Vei avea la dispoziţie toate instrumentele şi resursele de care ai nevoie. Alegerea este a ta. Ceilalţi îţi vor oferi sfaturi. Unii chiar te vor ajuta, însă testul tu îl susţii. Uneori vei învinge. Alteori vei pierde. Însă de fiecare dată, vei avea oportunitatea de a te întreba: „Ce anume am învăţat?". Dacă ai întotdeauna un răspuns la această întrebare, atunci vei ajunge departe. Iar călătoria ta va fi una plină de bucurii şi de recompense.

Soluţia problemei de la pagina 218.

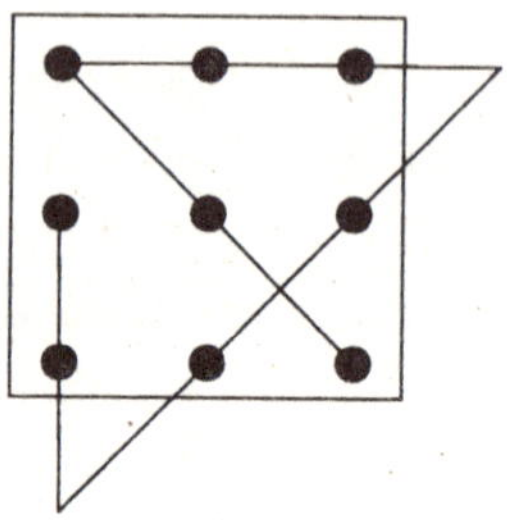

Note

1. Eşecurile sunt dureroase

1. Charles Bracelen Flood, *Lee: The Last Years* (New York: Mariner Books, 1998), 136.

2. Modestia: spiritul învăţării

1. „John Wooden: Life and Times", UCLA , www.spotlight.ucla.edu/john-wooden/life-and-times/, accesat pe 23 septembrie 2010.
2. John Wooden şi Don Yeager, *A Game Plan for Life: The Power of Mentoring* (New York: Bloomsbury, 2009), 34.
3. Jim Tressel şi Chris Fabry, *The Winners Manual: For the Game of Life* (Carol Stream, IL: Tyndale, 2008), 157.
4. Norman McGowan, *My Years With Churchill* (London: Souvenir Press, 1958).
5. Ecleziastul. 7:14 (NAS B).
6. Charlotte Foltz Jones, *Mistakes That Worked* (New York: Doubleday, 1991), introducere.
7. Ibid., 8-9.
8. Ibid., 51-53.
9. „Accidental Discoveries", Xperimania, www.xperimania.net/ww/en/pub/xperimania/news/world_of_materials/accidental_discoveries.htm, accesat pe 20 iulie 2012.
10. Scrisoare datată 20 august 1816, imaginea 58 din 360, volum legat, 30 ianuarie 1816 - 28 decembrie 1818, „The Samuel F.B. Morse Papers at the Library of Congress", Library of Congress, http://memory.loc.gov/cgi-bin/ampage?collId=mmorse&fileName=005/005001/005001page.db&recNum=57, accesat pe 12 iulie 2012.
11. Scrisoare datată 2 septembrie 1816, imaginile 70-72 din 360, volum legat, 30 ianuarie 1816 - 28 decembrie 1818, „The Samuel

F.B. Morse Papers at the Library of Congress", Library of Congress, http://memory.loc.gov/cgi-bin/ampage?collId=mmorse&fileName=005/005001/005001page.db&recNum=69, accesat pe 13 iulie 2012.

12. Tim Hansel, *Eating Problems for Breakfast* (Waco, TX: Word Publishing, 1988) 33-34.

3. Realitatea: fundamentul învățării

1. Charlene Schiff, „Charlene Schiff: A Daughter's Separation from Her Mother", First Person Podcast Series (transcriere), United States Holocaust Memorial Museum, www.ushmm.org/museum/publicprograms/programs/firstperson/podcast/detail.php?EventId=E6E7C692-DFC9-49E3-8577-7E495EEFD0B7&lang=en, accesat pe 10 august 2012.
2. Charlene Schiff, discuție cu Sam Boykin, în „Home of the Brave", *Reader's Digest*, aprilie 2009, 149.
3. „Survivor Volunteers: Charlene Schiff (Shulamit Perlmutter)", United States Holocaust Memorial Museum, www.ushmm.org/remembrance/survivoraffairs/meet/detail.php?content=schiff, accesat pe 10 august 2012.
4. „Charlene Schiff: A Daughter's Separation."
5. „Survivor Volunteers: Charlene Schiff (Shulamit Perlmutter)."
6. Ibid.
7. Boykin, „Home of the Brave."
8. Jack Moline, „A Life Bearing Witness to the Holocaust", *Alexandria Gazette Packet*, 5 noiembrie 2008, www.tisaraphoto.com/legends/Schiff.htm, accesat pe 30 iulie 2012.
9. Boykin, „Home of the Brave."
10. Hal Urban, *Life's Greatest Lessons: 20 Things That Matter* (New York: Fireside, 2003), 12.
11. Sursă necunoscută.
12. Michael Tarm, „Astronauts, Flight Directors Hold Reunion to Mark 40th Anniversary of Apollo 13 Drama, Triumph", *Star Tribune*, 12 aprilie 2010, www.startribune.com/templates/Print_This_Story?sid=90707004, accesat pe 5 aprilie 2013.

4. Responsabilitatea: primul pas al învățării

1. Spongebob623, „Homeless Man w/Golden Radio Voice", You Tube, www.youtube.com/watch?v=HoXS2MSPFwI.

2. Ted Williams şi Bret Witter, *A Golden Voice: How Faith, Hard Work, and Humility Brought Me from the Streets to Salvation* (New York: Gotham Books, 2012), 23.
3. Ibid., 37.
4. Ibid., 53.
5. Ibid., 55.
6. Ibid., 161.
7. Ibid., 251.
8. Charles J. Sykes, *A Nation of Victims: The Decay of the American Character* (New York: St. Martin's Griffin, 1993), 3.
9. *A Golden Voice*, 237.
10. Matei 5:45.
11. Autor necunoscut.
12. „«Thank You for Smoking» author Christopher Buckley Takes on Social Security Reform in «Boomsday»", Greater Talent Network, www.greatertalent.com/speaker-news/thank-you-for-smoking-author-christopher-buckley-takes-on-social-security-reform-in-boomsday/, accesat pe 23 august 2012.
13. Eric Plasker, „I Choose My Life", în *The 100 Year Lifestyle* (Avon, MA: Adams Media, 2007), Kindle edition, location 4686-4711 din 4808.
14. Patricia Sellers, „So You Fail. Now Bounce Back!", CNNMoney, 1 mai 1995, http://money.cnn.com/magazines/fortune/fortune_archive/1995/05/01/202473/index.htm, accesat pe 27 august 2012.
15. Alan Loy McGinnis, *Confidence: How to Succeed at Being Yourself* (Minneapolis, MN: Augsburg Fortress, 1987), 27.
16. Frances Cole Jones, *The Wow Factor: The 33 Things You Must (and Must Not) Do to Guarantee Your Edge in Today's Business World* (New York: Ballantine Books, 2009), 30-31.

5. Perfecţionarea: esenţa învăţării

1. „Walter Cronkite", obituar, *New York Times*, 17 iulie 2009, www.legacy.com/obituaries/nytimes/obituary.aspx?page=lifestory&pid=129897
828#fbLoggedOut, accesat pe 28 august 2012.
2. Richard Huff, „Walter Cronkite, «Most Trusted Man in America» and CBS Anchor, Dead at 92", *New York Daily News*, 17 iulie 2009, http://articles.nydailynews.com/2009-07-17/news/17929428_1_anchor-seat-walter-cronkite-cbs-anchor, accesat pe 28 august 2012.

3. Dana Cook, „Walter Cronkite, 1916-2009", *Salon*, 18 iulie 2009, www.salon.com/2009/07/18/walter_cronkite/, accesat pe 28 august 2012.
4. Walter Cronkite, *A Reporter's Life* (New York: Ballantine Books, 1996), 68.
5. Henry O. Dormann, comp., *Letters from Leaders: Personal Advice for Tomorrow's Leaders from the World's Most Influential People* (Guilford, CT: Lyons Press, 2009) 22-23.
6. Kevin Kelly, „The Speed of Information", *The Technium* (blog), 20 februarie 2006, www.kk.org/thetechnium/archives/2006/02/the_speed_of_in.php, accesat pe 29 august 2012.
7. „Author Biography: Jack V. Matson", Paradigm Press, www.innserendipity.com/paradigm/matson.html, accesat pe 29 august 2012.

6. Speranța: motivația învățării

1. Reclamă de o pagină a companiei Marriott, *USA Today*, 20 ianuarie 2009.
2. „When Everything Material is Lost", Pulpit Helps, www.pulpithelps.com/www/docs/243-317, accesat pe 4 septembrie 2012.
3. Jonathan Sacks, *The Dignity of Difference: How to Avoid the Clash of Civilizations* (New York: Continuum, 2002), 206.
4. Bob Wosczyk, *Who Says the Fat Lady Has to Sing? How to Overcome the Eight Fears That Make Us Quit on Our Lifelong Dreams* (Tucson: Wheatmark, 2008), 1-2.
5. Jim Abbott și Tim Brown, *Imperfect: An Improbable Life* (New York: Ballantine Books, 2012), 55.
6. Ibid., 56.
7. Ibid., 58.
8. Ibid., 61.
9. Ibid., 66.
10. Ibid., 182.
11. Ibid., 185.
12. Ibid., 183.
13. „Jim Abbott Career Stats", MLB.com, http://mlb.mlb.com/team/player.jsp?player_id=110009, accesat pe 10 septembrie 2012.
14. Abbott și Brown, *Imperfect*, 276.

7. Capacitatea de a învăța: calea care trebuie urmată

1. Mark Murphy, *Hiring for Attitude: A Revolutionary Approach to Recruiting Star Performers with Both Tremendous Skills and Superb Attitude* (New York: McGraw-Hill, 2012), xi-xii.
2. Hal Urban, *Life's Greatest Lessons: 20 Things That Matter* (New York: Fireside, 2003), 42-43.
3. Ibid., 50.
4. Jeorald Pitts şi Lil Tone, „Can You Identify What I Am?", *Los Angeles Sentinel*, 16 decembrie 2010, www.lasentinel.net/index.php?option=com_content&view=article&id=3252:can-you-identify-what-i-am&catid=92&Itemid=182, accesat pe 13 septembrie 2012.
5. Richard Wurmbrand, *In God's Underground*, Kindle edition (Bartlesville, OK: Living Sacrifice Book Company, 1968), locație de la 213 la 3720.
6. Ibid., locație de la 102 la 3720.

8. Adversitățile: factorul care declanşează învățarea

1. Gilbert King, „The Unknown Story of the Black Cyclone, the Cycling Champion Who Broke the Color Barrier", *Past Imperfect* (blog), *Smithsonian*, 12 septembrie 2012, http://blogs.smithsonianmag.com/history/2012/09/the-unknown-story-of-the-black-cyclone-the-cycling-champion-who-broke-the-color-barrier/?utm_source=smithsoniantopic&utm_medium=email&utm_campaign=20120916-Weekender, accesat pe 17 septembrie 2012.
2. Michael Kranish, „Major Taylor – The World's Fastest Bicycle Racer", *Boston Globe Magazine*, 16 septembrie 2001, www.michaelkranish.com/Michael_Kranish/Major_Taylor.html, accesat pe 18 septembrie 2012.
3. King, „The Unknown Story of the Black Cyclone".
4. Kranish, „Major Taylor".
5. King, „The Unknown Story of the Black Cyclone".
6. Kranish, „Major Taylor".
7. Ibid.
8. Robert Browning Hamilton, „Along the Road", citat în Edith P. Hazen, ed., *The Columbia Granger's Index to Poetry*, ediția a 10-a (New York: Columbia University Press, 1993), 34.
9. Amy Wilkinson, „Entrepreneurial Nation", *USA Today*, 16 iulie 2009, 9A.

10. James Casey, „Climb the Steep", PoemHunter.com, www.poem hunter.com/poem/climb-the-steep/, accesat pe 25 septembrie 2012.

9. Problemele: oportunități de a învăța

1. Sursă necunoscută.
2. Robert H. Schuller, *Tough Times Never Last, But Tough People Do* (New York: Bantam Books, 1984), 73.
3. *Understanding the Winds of Adversity*, Supplementary Alumni Book, volumul 7 (Oak Brook, IL: Institute in Basic Youth Conflicts, 1981), citat în Bill Scheidler, „Understanding Suffering and Affliction", ChurchLeadershipResources.com, www.church leadershipresources.com/Download Landing.aspx?resourceId =2662&openOrSave=Save, accesat pe 28 septembrie 2012.
4. Lowell D. Streiker, *An Encyclopedia of Humor* (Peabody, MA: Hendrickson Publishers, 1998), www.pdfdocspace.com/docs/ 31004/an-encyclopedia-of-humor(100).html, accesat pe 28 septembrie 2012 (pagina nu mai este disponibilă).

10. Experiențele neplăcute: perspectiva învățării

1. Louisa Fletcher Tarkington, „The Land of Beginning Again", citat în Stanley Schell, ed., *Werner's Readings and Recitations*, nr. 51 (New York: Edgar S. Werner and Company, 1912), 128, http://books.google.com/books?id=yDAPAQAA MAA J&pg= PA128&lpg=PA128&dq=land+of+beginning+again+louisa+flet cher+tarkington&source=bl&ots=NAfj_raTbs&sig=c7PH0s _4yLsOO 0oUhBEy5FWOL 3A&hl=en&sa=X&ei=KiZfUd_IH oPA9QSm74DoDw&ved=0CF8Q6AEwBw#v=onepage&q= land%20of%20 beginning%20again%20louisa%20fletcher%20 tarkington&f=false, accesat pe 5 aprilie 2013.
2. Sursă necunoscută.
3. Pat Forde, „U.S. Olympic Swim Trials are Exhilarating for Top Two Finishers, Excruciating If You End Up Third", Yahoo! Sports, 24 iunie 2012, http://sports.yahoo.com/news/olympics-u-s-olympic-swim-trials-excruciating-if-you-finish-third.html, accesat pe 1 octombrie 2012.

11. Schimbarea: prețul învățării

1. Christopher Bonanos, *Instant: The Story of Polaroid* (New York: Princeton Architectural Press, 2012), 31.
2. Ibid., 32.

3. Ibid., 32, 34.
4. Ibid., 34.
5. Ibid., 44.
6. Ibid., 7.
7. Ibid., 135.
8. Ibid., 145.
9. Lance Secretan, „Unlearn and Then Dream", *Personal Excellence*, 11, www.calaministries.org/PE_1209_ap.pdf, accesat pe 4 octombrie 2012 (pagina nu mai este disponibilă).

12. Maturitatea: valoarea învăţării

1. Autor necunoscut.
2. Urban, *Life's Greatest Lessons*, 62.
3. Arthur C. Brooks, „Obama's Budget Flunks the Marshmallow Test", *Wall Street Journal*, 24 februarie 2012, http://online.wsj.com/article/SB10001424052970204880404577229220571408412.html, accesat pe 8 octombrie 2012.

13. Nu totul se rezumă la a câştiga, important este să înveţi

1. Dave Ramsey interview, *Success*, septembrie-octombrie 2006, 40.
2. Urban, *Life's Greatest Lessons*, 156.

Editori:
Dr. M.C. Popescu-Drânda
Dr. Cristian Cârstoiu

Director executiv: George Stanca
Redactor: Oana Cristina Țăranu
Traducere: Dorina Oprea

Prepress: AMALTEA TehnoPlus

Tehnoredactare: Gabriela Căpitănescu
Copertă: Petronella Andrei

Producție: Raluca Alexe
Distribuție: Mihaela Stanca, Alexandru Radu

Tipărit la **_Tipografia Shik&Stefan SRL_**
Telefon: 021.450.25.32 / 0756.196.191
email: edituirashik@yahoo.com